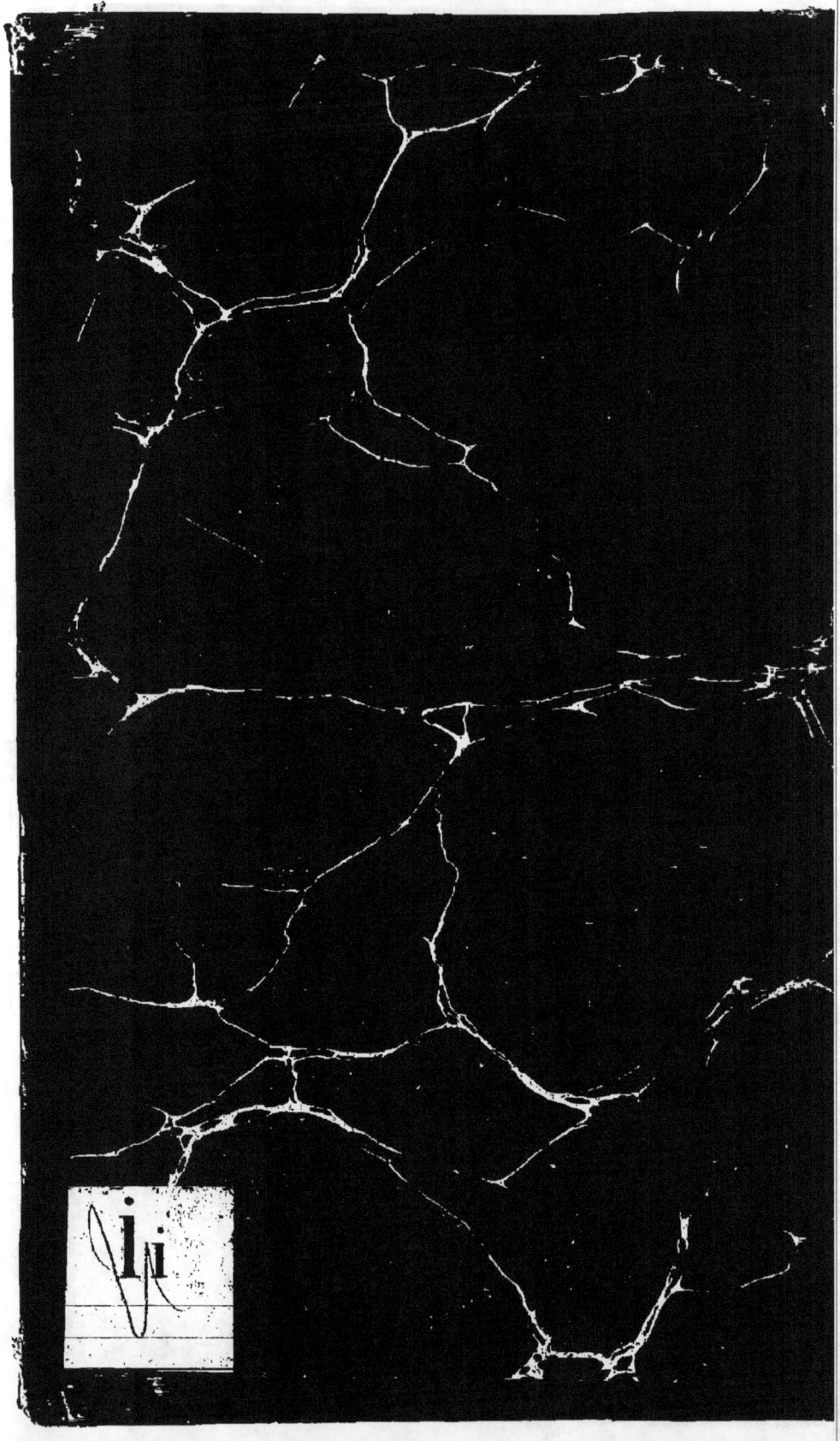

BIBLIOTHÈQUE
DES MERVEILLES

PUBLIÉE SOUS LA DIRECTION

DE M. ÉDOUARD CHARTON

LES MERVEILLES

DE LA PHOTOGRAPHIE

OUVRAGES DU MÊME AUTEUR

L'Eau. 3ᵉ édition. 1 vol. in-18 illustré. Hachette, 1875.

La Houille. 2ᵉ édition. 1 vol. in-18 illustré. Hachette, 1872.

Éléments de chimie. 3ᵉ édition. 4 vol. in-18 avec figures dans le texte. (En collaboration avec M. P.-P. Dehérain.) Hachette, 1870.

Voyages aériens. 1 vol. gr. in-8 illustré de 117 gravures sur bois et de 6 pl. en couleur. (En collaboration avec MM. Glaisher, Flammarion et de Fonvielle.) Hachette, 1870.

En Ballon! pendant le siége de Paris. — Souvenirs d'un aéronaute. 1 vol. in-18. E. Dentu, 1871.

Les Ballons dirigeables. Expériences de M. Henri Giffard en 1852 et en 1855 et de M. Dupuy de Lôme en 1872. Brochure in-18. E. Dentu, 1872.

PARIS. — IMP. SIMON RAÇON ET COMP., RUE D'ERFURTH, 1.

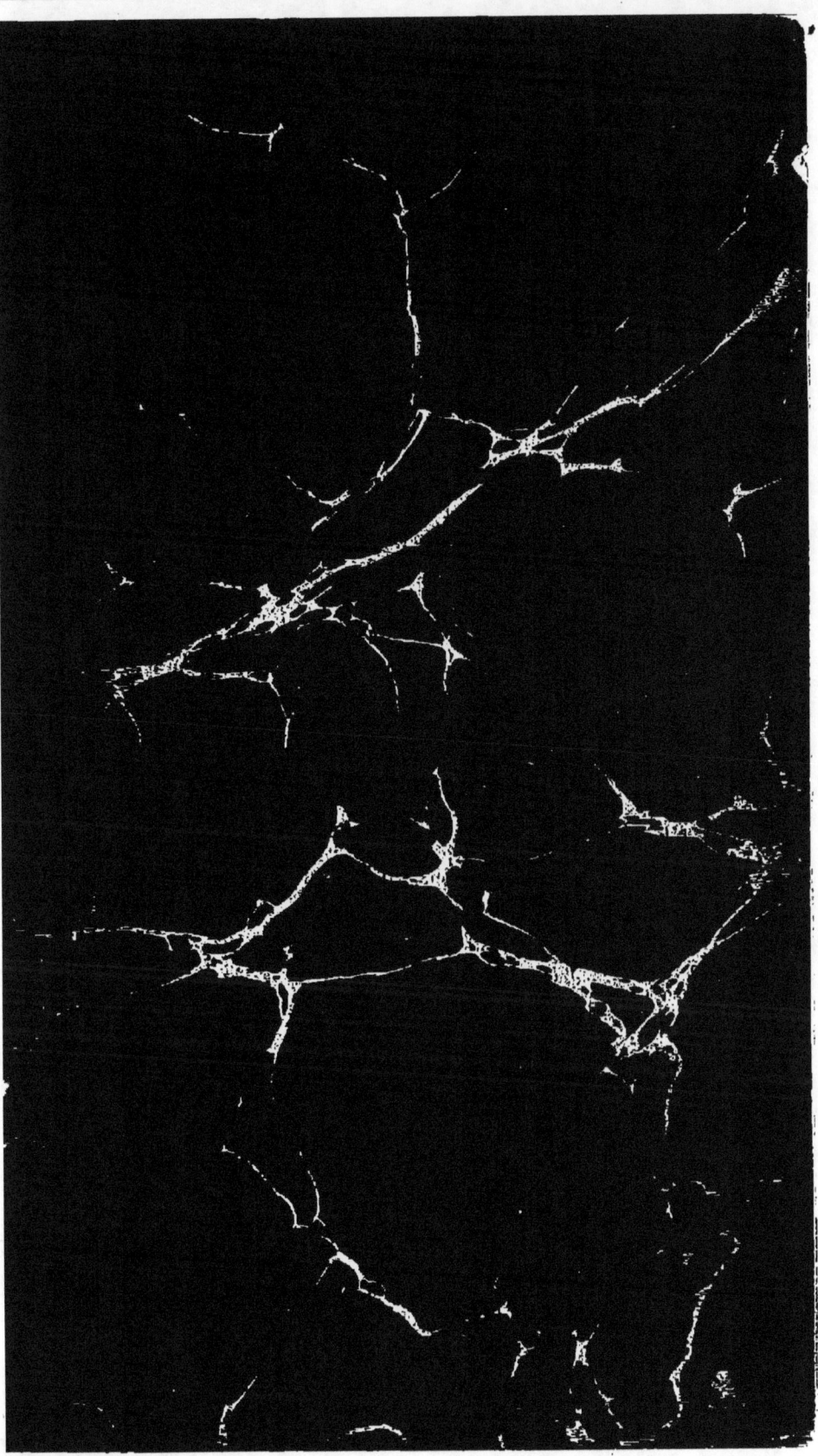

PHOTOGLYPTIE

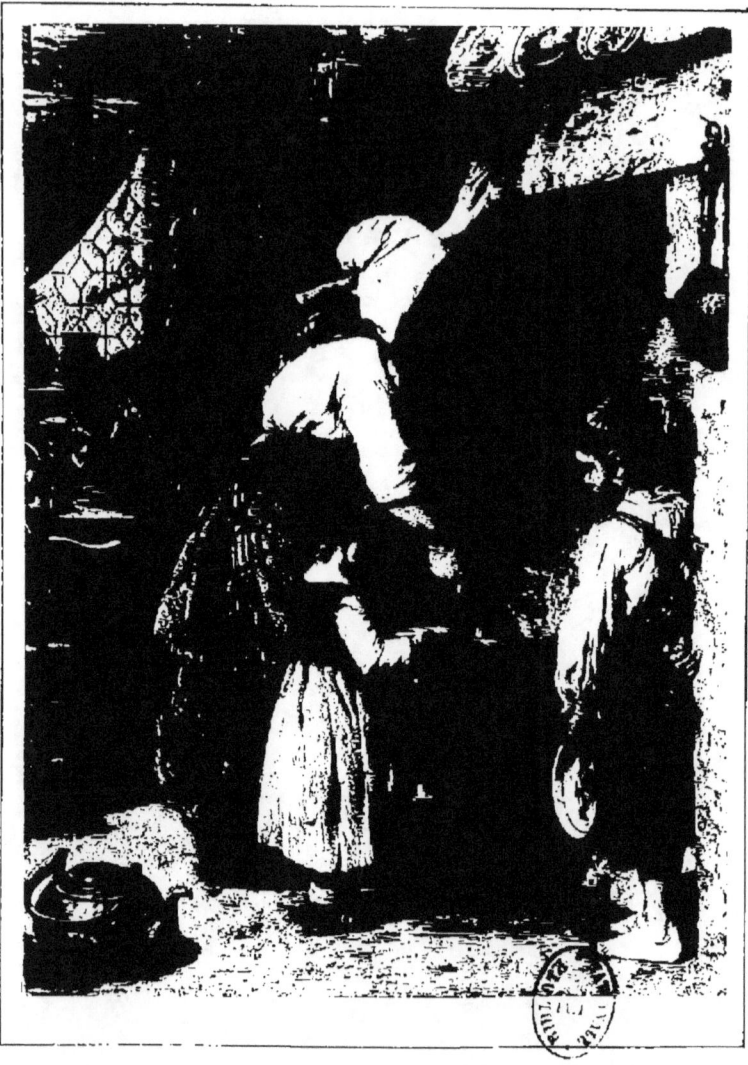

Épreuve tirée à l'encre de Chine gélatinée
par les presses photoglyptiques de MM Lemercier & Cie

Cliché d'après un tableau de Mr Castan.

BIBLIOTHÈQUE DES MERVEILLES

LES MERVEILLES
DE
LA PHOTOGRAPHIE

PAR

GASTON TISSANDIER

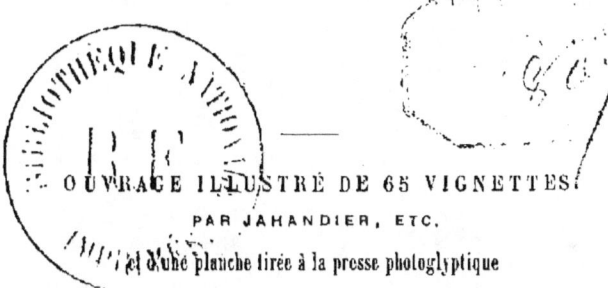

OUVRAGE ILLUSTRÉ DE 65 VIGNETTES
PAR JAHANDIER, ETC.
et d'une planche tirée à la presse photoglyptique

PARIS
LIBRAIRIE HACHETTE ET Cⁱᵉ
79, BOULEVARD SAINT-GERMAIN, 79
—
1874

Droits de propriété et de traduction réservés

PREMIÈRE PARTIE

L'HISTOIRE DE LA PHOTOGRAPHIE

CHAPITRE PREMIER

LES ORIGINES DE LA PHOTOGRAPHIE

J.-B. Porta et la chambre noire. — L'alchimiste Fabricius. — La lune cornée. — Les silhouettes du professeur Charles. — Wedgwood, Humphry Davy et James Watt.

La découverte de la photographie comptera parmi les plus merveilleuses applications de la science moderne ; elle est due au génie de Niepce et de Daguerre. Nous dirons les obstacles que ces ingénieux esprits ont dû vaincre pour conquérir au prix des plus rudes efforts la solution d'un problème longtemps qualifié d'utopie ; nous ferons voir ainsi de quelle persévérance l'inventeur doit s'armer pour atteindre son but. Mais avant d'entreprendre le récit des faits, il nous parait utile de pénétrer un peu plus loin dans le passé, pour y chercher leur cause. Rien n'est plus instructif que l'histoire impartiale des grandes découvertes ; elle nous fait voir combien est lente la marche du progrès et combien de jalons se succèdent à travers les siècles pour guider l'inventeur dans le chemin des découvertes. Un homme apparait d'abord qui sème le germe, d'autres plus tard le cultivent, jusqu'au moment où quelque génie le féconde et le fait éclore.

Le germe de la photographie, c'est la chambre noire, que J.-B. Porta, habile physicien italien découvrit dans la seconde moitié du seizième siècle. Le procédé qu'employait l'illustre napolitain était

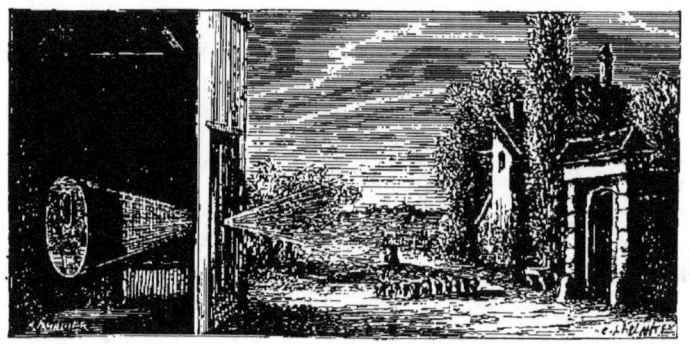

Fig. 1. — La chambre noire.

des plus simples. Il pratiquait une ouverture — où le petit doigt passait à peine, — dans le volet d'une fenêtre si hermétiquement close que tout accès y était interdit à la lumière. Les rayons solaires, pénétraient par le trou circulaire, dans la chambre obscure ; ils se projetaient sur un écran blanc, où se formait l'image renversée des objets extérieurs (fig. 1). Porta dans son traité de *la Magie naturelle*, s'extasie lui-même, et à juste titre, sur sa découverte dont il semble pressentir toute la future importance ; il en fait la description avec une admiration qu'il lui est impossible de contenir ; et quand il en a retracé le tableau, il s'écrie avec enthousiasme : « Nous pouvons découvrir les plus grands secrets de la nature! »

De quel étonnement devaient être frappés, en effet, ceux que Porta initiait aux mystères de son cabinet! avec quelle stupéfaction ne devaient-ils pas contempler cette image, si nette, si vivante, si délicate que le rayon lumineux dessine sur un écran, ainsi transformé en un fidèle miroir!

Bientôt, au moyen d'une lentille convexe, fixée dans l'ouverture de son volet, à l'aide d'une glace étamée qui redresse l'image, le physicien de Naples arrive à contempler la représentation des objets du dehors, non plus renversés, mais dans leur position naturelle. Aussi ne manque-t-il pas de recommander l'usage de la chambre noire à tous les peintres vraiment soucieux de l'exactitude et de la précision. Peu de temps après, le Canaletto tira profit de ces conseils; il employa l'appareil de Porta pour peindre ses admirables tableaux de Venise.

Qu'eussent dit alors le physicien de Naples et le peintre vénitien, si on leur avait affirmé que cette image de la chambre noire, se dessinerait un jour, non plus d'une manière fugitive, passagère, mais qu'elle s'imprimerait d'elle-même sur une glace humectée d'agents chimiques, qu'elle se transformerait en un dessin permanent, durable, dont l'exactitude ne pourrait se comparer qu'au reflet du miroir? Ce prodige devait en effet s'accomplir à l'insu de Porta ; mais son œuvre ne pouvait suffire à elle seule à conduire la science à un tel résultat ; d'autres travailleurs devaient apporter aussi leur pierre à l'édifice.

Pour rencontrer un des autres principes originels de la photographie, il faut quitter Naples, venir en France, se reporter à une époque un peu antérieure, où l'alchimie semblait avoir atteint l'apogée de son règne. C'est au milieu du seizième siècle que l'action de la lumière sur les sels d'argent fut observée fortuitement par un souffleur.

On a souvent calomnié les alchimistes. S'il est vrai qu'il y eût parmi les adeptes de l'*art sacré*, bien des charlatans et des empiriques, il ne faut pas oublier qu'un grand nombre de savants du moyen âge, infatigables chercheurs, étaient vraiment épris de leur art ; ils le cultivaient sinon avec méthode, du moins avec une invincible persévérance. C'est l'un de ces laborieux artisans qui produisit pour la première fois le chlorure d'argent ; il reconnut la propriété essentielle que possède cette substance de noircir sous l'action de la lumière. Ce disciple d'Hermès se nommait Fabricius.

Un beau jour, enfoui probablement dans le dédale de son laboratoire, après avoir évoqué le diable ou les mauvais esprits, après avoir cherché en vain à lire dans quelques-uns de ces livres de magie qui fourmillent au moyen âge, la formule de cette panacée qui devait prolonger la vie, guérir tous les maux, transmuter les métaux, il jette du sel marin dans la dissolution d'un sel d'argent. Il obtient un précipité (chlorure d'argent) que les alchimistes d'alors désignaient sous le nom de *lune cornée*. Il le recueille, et quel n'est pas son étonnement, lorsqu'il s'aperçoit que cette matière, aussi blanche que le lait, devient subitement noire, dès qu'un rayon solaire vient en frapper la surface !

Fabricius continue à étudier cette propriété remarquable, et dans son *Livre des métaux* publié en 1556, il rapporte que l'image projetée par une lentille de verre sur une couche d'argent corné se fixe en noir et en gris, suivant que les parties sont complétement éclairées, ou frappées seulement d'une lumière diffuse. Mais l'alchimiste s'arrête en si belle voie; ce fait, si gros d'enseignements, reste lettre morte entre ses mains. La science d'alors, impuissante faute de méthode, ignore encore l'art de puiser dans l'observation, vivifiée par l'expérience, la série de déductions qui en découlent. Les chimistes de cette époque ne savent pas voir, parce que leurs yeux n'ont pas appris à regarder : ils laissent échapper le fait, et courent après le rêve ; comme le chien de la fable, ils abandonnent la proie, et préfèrent l'ombre. Qu'importe à Brandt, s'il découvre le phosphore, à Basile Valentin, si l'antimoine sort de ses creusets, à Albert le Grand, si l'acide nitrique se distille dans sa cornue : tout cela pour ces esprits préoccupés, ce n'est pas la pierre philosophale. Il ne leur semble pas utile de s'arrêter à de telles inventions. Ils passent outre, et se condamnent à errer dans des labyrinthes sans issues, cheminant dans la vie, comme poussés par la fatalité vers un but chimérique qu'ils ne pourront jamais atteindre. Ils marchent à tâtons, sans se soucier des bonnes rencontres dont le hasard sème leur route ; ils ne se baissent même pas, pour saisir le diamant que la bonne fortune a jeté sous leurs pas !

C'est ainsi que Fabricius laissa passer le principe d'un des arts les plus étonnants des temps modernes. Que n'a-t-il été frappé de quelque pressentiment sublime, dont le génie semble avoir le secret, que ne fut-il tout à coup saisi d'une de ces inspirations fortuites que l'on retrouve chez des esprits particulièrement audacieux, ou quelquefois même extravagants ! C'est ainsi qu'en 1760, un écrivain bizarre, qui n'était pas un Fabricius, devina cependant la photographie. S'il est permis de considérer Cyrano de Bergerac comme un aéronaute né deux siècles avant les ballons, on peut de même regarder Tiphaine de la Roche, comme un photographe anticipé. Ce Tiphaine était Normand et grand amateur d'excentricités ; il nous a laissé un livre bizarre, où se trouvent beaucoup de choses étonnantes, noyées, il est vrai, dans un fatras indescriptible. Dans un des chapitres de cette œuvre fantastique, il raconte qu'il est saisi par un ouragan, et lancé dans le domaine des Génies, qui l'initient aux secrets de la nature : « Tu sais, dit l'un d'eux à Tiphaine, que les rayons de lumière, réfléchis des différents corps, font tableau, et peignent les corps sur toutes les surfaces polies, sur la rétine de l'œil par exemple, sur l'eau, sur les glaces. Les Esprits ont cherché à fixer ces images passagères ; ils ont composé une matière subtile, au moyen de laquelle un tableau est fait en un clin d'œil. Ils enduisent de cette matière une pièce de toile, et la présentent aux objets qu'ils veulent peindre. Le premier effet de la toile est celui du miroir ; mais ce qu'une glace ne saurait faire, la toile, au moyen de son enduit visqueux, retient les simulacres. Le miroir nous rend fidèlement les objets, mais n'en garde aucun. Nos toiles ne nous les rendent pas moins fidèlement, mais les gardent tous. Cette impression des images est l'affaire du premier instant. On ôte la toile et on la place dans un endroit obscur. Une heure après, l'enduit est sec, et vous avez un tableau d'autant plus précieux, qu'aucun art ne peut en imiter la vérité [1]. »

Tiphaine de la Roche, en écrivant ces lignes vraiment prophétiques, avait-il connaissance du livre de Fabricius, ou plutôt, n'avait-il pas expérimenté lui-même la chambre noire de Porta, en supposant, comme dans un rêve, que l'image fugitive est à

---

[1] Cette description est citée dans l'ouvrage publié sur *la Photographie*, par MM. Mayer et Pierson. Paris, 1862. 1 vol. in-12.

jamais fixée ? Quoi qu'il en soit, pour trouver des études sérieuses, vraiment scientifiques, il faut franchir les années, et arriver à la fin du dix-huitième siècle, à cette période la plus surprenante peut-être de l'histoire du progrès, où les ténèbres du passé se dissipent, où la lumière se fait, où le savant se frotte les yeux et pour la première fois regarde autour de lui.

Vers l'année 1780, le professeur Charles, qui, à l'apparition de la sublime découverte des frères Montgolfier, devait créer de toutes pièces, — après le ballon à feu, — l'aérostat à gaz hydrogène, fit le premier usage de la chambre obscure pour essayer de produire des photographies rudimentaires. Il ne manquait pas, dans ses cours de physique où se réunissaient un grand nombre d'auditeurs assidus, de produire devant l'assistance une expérience curieuse, merveilleuse même pour son époque. Au moyen d'un fort rayon solaire, il projetait la silhouette d'un de ses élèves sur un papier blanc. Ce papier avait été imbibé préalablement de chlorure d'argent. Sous l'influence de la lumière, il ne tardait pas à noircir dans les parties éclairées ; il restait blanc à l'endroit où l'ombre se projetait, de telle sorte que la silhouette fidèle du personnage, se découpait en blanc sur un fond noir (fig. 2)[1]. On se passait de main en main cette feuille

---

[1] Nous avons fait reproduire la curieuse expérience de Charles d'après les récits un peu vagues, un peu incomplets de l'époque du

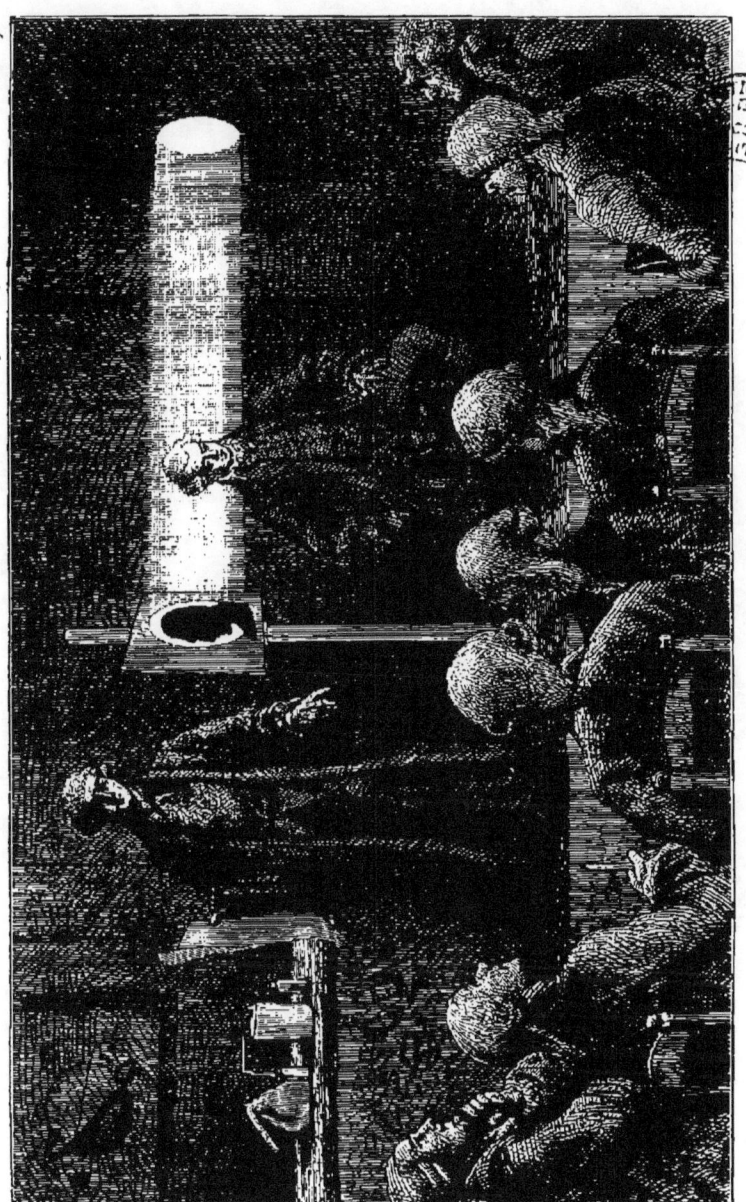

Fig. 2. — L'expérience du professeur Charles.

de papier, qu'on eût pu croire douée de propriétés féeriques, mais bientôt la lumière, agissait sur la silhouette d'abord blanche, la noircissait comme le fond, et le profil disparaissait peu à peu, comme sous une tache d'encre.

Weedgwood, habile physicien anglais, savait faire la même expérience avec un écran imbibé de nitrate d'argent ; il recevait l'image de la chambre noire sur un papier ainsi sensibilisé, et il obtenait un dessin grossier, qui ne pouvait se conserver que dans l'obscurité. James Watt, le célèbre créateur de la machine à vapeur, étudia de son côté, ce singulier phénomène ; le problème de la fixation des images de la chambre noire préoccupa pendant quelque temps cette grande intelligence, mais les résultats qu'il obtint furent sans doute insignifiants, car il n'en parle nulle part dans ses écrits. Il en fut à peu près de même de l'illustre chimiste anglais Humphry Davy, qui nous a laissé quelques lignes au sujet de l'expérience de Weedgwood.

« Il ne manque, dit-il, qu'un moyen d'empêcher les parties éclairées du dessin d'être colorées ensuite par la lumière du jour ; si l'on arrivait à ce résultat, le procédé deviendrait aussi utile qu'il

---

célèbre physicien. — Nous supposons dans notre gravure que l'expérience commence : la silhouette du personnage se découpe en noir ; quelques moments après, la partie du papier que l'on voit représentée en blanc va se noircir, et quand le personnage se retirera c'est son ombre, vue actuellement en noir, qui apparaîtra en blanc, puisque la lumière n'aura pas atteint cette partie du papier argentifère.

est simple. Jusqu'ici, il faut conserver dans un endroit obscur la copie du dessin ; on ne peut que l'observer à l'ombre, et encore pendant peu de temps. J'ai essayé en vain de tous les moyens possibles pour empêcher les parties incolores de noircir à la lumière. Quant aux images de la chambre obscure, elles étaient sans doute trop peu éclairées pour que j'aie pu obtenir un dessin apparent avec le nitrate d'argent. C'est là cependant qu'est le grand intérêt de ces recherches. Mais tous les essais ont été inutiles. »

Le problème qui arrêta Charles, Weedgwood et Watt, que Davy sut poser avec tant de netteté, sans oser même l'aborder, allait être résolu, par deux Français, dont les noms doivent être comptés parmi les gloires de notre génie national.

CHAPITRE II

DAGUERRE

Le décorateur Degotti. — La jeunesse de Daguerre. — Invention du diorama. — La chambre noire. — L'ingénieur Chevalier. — Histoire d'un inconnu. — Daguerre et Niepce.

Dans les premières années de notre siècle, il y avait à Paris un décorateur nommé Degotti, qui peignait avec art les plus belles toiles du grand Opéra. Son atelier était célèbre, le maître y produisait pour son époque de véritables merveilles, il initiait à son art, de nombreux élèves, qui se sentaient attirés par leurs dispositions naturelles plutôt vers l'indépendance de la couleur, et la liberté du pinceau, que dans le sein de l'école académique. Un jeune homme parmi ces adeptes de Degotti, s'était vite signalé par de rares capacités; il brossait les toiles avec la fougue d'un artiste véritablement épris des grands effets de la peinture. Ce jeune débutant se nommait Daguerre

Daguerre était né en 1787, tout près de Paris, à Cormeilles en Parisis. Au milieu des bourrasques politiques, des cataclysmes de la grande Révolution, son enfance avait été singulièrement négligée. Arrivé à l'âge où l'on cesse d'être un enfant, ses parents le laissèrent maître de se choisir une profession. Le jeune Daguerre se livra avec passion à la peinture. Dès sa plus tendre jeunesse, aussitôt qu'un crayon avait pu se tenir entre ses doigts, il s'était signalé par une facilité extraordinaire. Il excellait à rendre avec vérité les effets les plus difficiles d'une perspective la plus audacieuse, il s'efforçait de produire des paysages à effet ; aussi se trouva-t-il à l'aise dans l'atelier de Degotti, où il ne tarda pas à égaler, puis à dépasser bientôt le talent de son maître.

Non-seulement le jeune Daguerre avait le don inné de cette grande peinture à effet, qui est le propre des décorateurs de théâtre, mais il savait aborder et résoudre avec habileté les problèmes mécaniques de la mise en scène. Il substitua aux châssis mobiles des coulisses, de grandes toiles de fond, où pouvait se représenter tout un paysage, tout un vaste panorama. Mais non content de produire une peinture énergique, pleine de vigueur, il eut l'idée de lui donner une valeur complétement inconnue jusqu'alors en ayant recours aux précieuses ressources d'un puissant éclairage. Ses premiers essais eurent un succès inattendu. Daguerre, d'élève passa maître. Le rapin d'hier allait devenir l'élu de la vogue parisienne.

A l'Opéra, à l'Ambigu-Comique, dans *le Songe*, dans *la Lampe merveilleuse*, dans *le Vampire*, les décors du peintre nouveau, obtenaient tous les soirs un immense succès. Les chroniques théâtrales, les gazettes, ne parlaient plus que des effets de lune mobile, de soleil tournant, et le nom de Daguerre volait de bouche en bouche, emporté par la Renommée, si retentissante à Paris, quand elle célèbre surtout ce qui intéresse les plaisirs du public.

Le peintre décorateur ne s'arrête pas en si belle voie ; ses succès, loin de l'enorgueillir, lui servent de stimulant ; il rêve de nouveaux triomphes, et malgré la dissipation de la vie parisienne, il n'oublie jamais que le travail et la constance sont les deux leviers capables de soulever de grands résultats. Il a sans doute à lutter contre l'entraînement des plaisirs, car son tempérament est ardent, son esprit semble léger et fantaisiste. Daguerre, élevé au milieu des ateliers, des théâtres, est d'une nature gaie, joyeuse, un véritable gamin de Paris, comme semblent l'attester quelques faits authentiques que nous rapportent ses biographes. D'une agilité peu commune, les exercices du corps lui sont familiers; il excelle dans les culbutes, les tours de force; il se plaisait, dans une réunion de camarades ou d'amis intimes, à marcher sur les mains, la tête en bas et les jambes en l'air. On affirme même qu'il aimait à paraître *incognito* sur la scène de l'Opéra, où ses décors excitaient l'admiration de tous. Il revêtait un costume du corps de ballet, et figurait dans les groupes chorégraphiques, s'amusant des applaudissements du public, qui ne pouvait guère soupçonner que, sous le costume de ce danseur, se cachait un inventeur de génie.

Ces amusements un peu puérils n'empêchaient pas Daguerre de travailler et de rêver à la gloire et au succès. Cet esprit ingénieux, inventif, une fois entré dans le chemin de la célébrité, allait le suivre, en marquant chacune de ses étapes par une nouvelle conquête : son invention du *Diorama* excita un enthousiasme universel.

Le 1er juillet 1822, la foule se précipitait, compacte et curieuse, vers un nouvel établissement situé sur le Boulevard. Elle allait contempler pour la première fois un spectacle qui, pendant de longues années, devait être l'objet d'une admiration générale. Daguerre s'était associé au peintre Bouton, et tous deux avaient imaginé de reproduire la nature, au moyen d'immenses toiles, où les sujets étaient mis en relief, par un éclairage puissant et bien ménagé.

Ces décors du Diorama représentaient des vues, des intérieurs, des paysages, avec une prodigieuse vérité et un fini d'exécution vraiment surprenant. Mais ce qui excitait surtout l'étonnement des spectateurs, c'était le changement graduel des scènes, qui semblaient pour ainsi dire se fondre les unes dans les autres, pour se succéder sans interruption appréciable. Tout Paris voulut voir le Diorama de Daguerre, tout Paris applaudit à ces beaux tableaux de la *vallée de Sarnen*, du *tombeau de Charles X à Holyrood*, de la *basilique de Saint-Pierre*. Les effets produits par les toiles du Diorama étaient aussi beaux au point de vue de l'art, qu'ils étaient curieux comme changements à vue. On contemplait, par exemple, la vallée de Goldau, où dormait un lac paisible, où des sapins couronnaient comme d'un diadème de verdure les maisonnettes d'un humble village ; puis tout à coup le ciel s'assombrissait, des nuages épais, menaçants, apparaissaient, le firmament prenait la teinte d'un ciel orageux ; une violente secousse ébranlait la montagne, l'avalanche roulait, impétueuse, terrible, elle s'abattait sur le village, l'enfouissait sous des ruines ; à la scène paisible de tout à l'heure avait succédé un tableau désordonné d'amoncellements de rochers entassés pêle-mêle dans une effroyable chute.

On connaît aujourd'hui les procédés du Diorama, que nous ne pouvons décrire sans dépasser les limites de notre cadre. La gravure qui accompagne notre texte montre l'aspect général de l'appareil. Nous ajouterons que les toiles étaient peintes sur les deux côtés, et que suivant que l'éclairage était placé devant ou derrière, c'est-à-dire que la lumière y tombait par réflexion ou par réfraction, on voyait apparaître, l'une ou l'autre peinture, et grâce à cet artifice ingénieux le spectateur admirait les changements à vue les plus rapides et les plus surprenants (fig. 3).

Le succès du Diorama ne suffit pas à Daguerre; il fallait à cet esprit actif et ambitieux une fortune plus brillante encore.

Dans l'exécution de ses toiles, Daguerre emploie constamment la chambre noire; il s'efforce de reproduire fidèlement l'image si vive que la lumière retrace sur un écran après avoir filtré dans le cristal d'une lentille, mais il sent que son art est impuissant à copier un tel modèle, que son génie se heurtera en vain contre des obstacles que nul peintre ne peut surmonter. La chambre noire lui donne la nature prise au vif et sur le fait; c'est la vie, c'est la vérité, c'est la couleur qu'il contemple chaque jour sur son écran. L'artiste se frappe le front devant l'image fugitive que retrace la lumière inconstante.

— Que ne puis-je, s'écrie-t-il, conserver ces merveilles inimitables, que dessine le rayon solaire au foyer de ma lentille! que ne puis-je fixer cette image, la graver à jamais, afin que la nature marque elle-même de son sceau cette œuvre que nul génie ne saurait retracer!

Voilà Daguerre qui nourrit sans cesse son cerveau de ce rêve fantastique, digne des hallucinations féeriques ou folles. Il n'est pas assez savant pour bien saisir quelles sont les difficultés d'un tel pro-

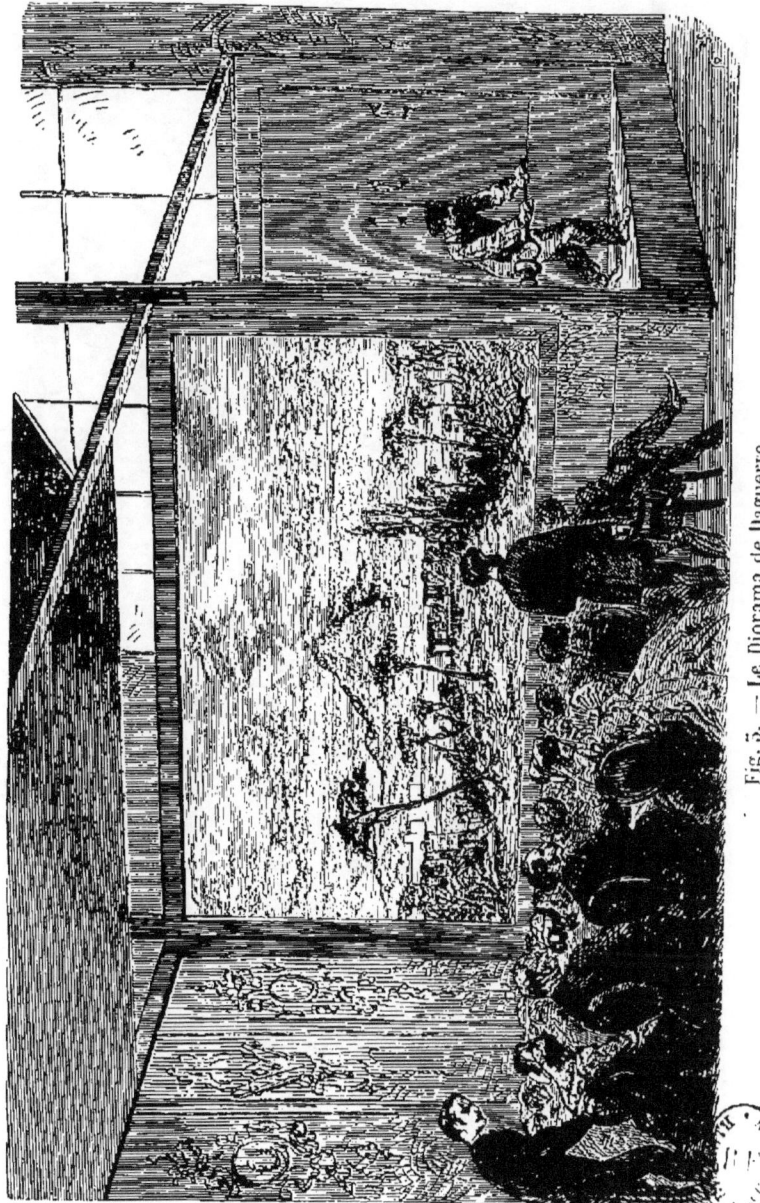

Fig. 3. — Le Diorama de Daguerre.

blême, mais il n'est pas non plus assez ignorant, pour croire qu'une telle tâche est au-dessus du possible. Il connait l'expérience du professeur Charles, il a entendu parler des ombres qui se découpaient nettement sur la feuille de papier, imbibée d'un sel d'argent; il pressent que le premier pas a été fait, qu'un suprême effort peut aider un audacieux à franchir l'abime qui sépare un fait isolé de la grande solution. Cet effort, il veut tenter de l'accomplir, désormais il n'aura plus de repos avant qu'il ait pu s'écrier comme Archimède : « J'ai trouvé[1] ! »

Dans le but de se procurer tous les renseignements que pouvait lui fournir un praticien sur la chambre noire, Daguerre allait très-fréquemment interroger l'opticien Chevalier dans son magasin du quai de l'Horloge. « Il était fort rare, dit Charles Chevalier lui-même, qu'il ne vint pas une fois par semaine à notre atelier. Comme on le pense bien, le sujet de la conversation ne variait guère, et si parfois on se laissait aller à quelque digression, c'était pour revenir bientôt avec une ardeur nouvelle à la disposition de la chambre noire, à la forme des verres, à la pureté des images ! »

A cette époque, la boutique de l'ingénieur Chevalier jouissait à Paris d'une grande célébrité; beaucoup d'amateurs et de savants s'enquéraient auprès

[1] *Guide du photographe.* Paris, 1854, in-8° (*Souvenirs historiques.*)

de l'opticien de renseignements analogues à ceux que demandait Daguerre. En 1825, il se passa, dans le magasin du quai de l'Horloge, un fait que rapporte Charles Chevalier, et qui nous a semblé trop curieux pour que nous le passions sous silence.

Un jour, un jeune homme, mal vêtu, timide comme la misère, malingre comme un pauvre, entre chez l'opticien ; il s'approche de Charles Chevalier, qui était seul, et lui dit :

— Vous construisez de nouvelles chambres noires, où l'objectif ordinaire est remplacé par un objectif à ménisque convergent : quel en est le prix ?

La réponse de l'opticien fit pâlir le jeune homme. La valeur de l'objet en question était, sans doute pour lui, comparable à celle de toutes les mines réunies du Pérou et de la Californie. Il baissa tristement la tête sans proférer une parole.

— Pourriez-vous me dire, continua Charles Chevalier, ce que vous voulez faire d'une chambre noire ?

— Je suis parvenu, répondit l'inconnu, à fixer sur le papier l'image de la chambre obscure. Mais je n'ai qu'un appareil grossier, une espèce de caisse de bois de sapin, garnie d'un objectif, que je place à ma fenêtre, et qui me sert à obtenir des vues de l'extérieur. Je voudrais me procurer votre chambre noire à prisme, afin de continuer mes essais avec un appareil optique plus puissant et plus sûr.

L'ingénieur Chevalier en entendant ces mots se dit à part lui : Voilà encore un de ces pauvres fous qui veulent fixer l'image de la chambre noire! Il savait bien que ce problème occupait des esprits tels que Talbot et Daguerre, mais il ne le considérait pas moins comme une utopie et un rêve.

— Je connais, ajouta-t-il, plusieurs physiciens qui s'occupent de cette question. Mais ils ne sont encore arrivés à aucun résultat. Auriez-vous été plus heureux?

A ces mots, le jeune homme sort de sa poche un vieux portefeuille que l'usure et la vétusté assortissent avec son costume; il l'ouvre, il en tire tranquillement un papier qu'il place sur la vitrine de l'opticien.

— Voilà, dit-il, ce que je puis obtenir.

Charles Chevalier regarde, et ne peut contenir sa stupéfaction : il aperçoit sur ce papier une vue de Paris, aussi nette que l'image de la chambre noire. Ce n'était ni un dessin ni une peinture, on eût dit l'ombre de toits, de cheminées et du dôme du Panthéon. L'inventeur avait fixé la vue de Paris que lui offrait l'ouverture de sa fenêtre.

Chevalier questionne le jeune homme, qui tire de sa poche une fiole, remplie d'un liquide noirâtre :

— Voilà, dit-il, la liqueur avec laquelle j'opère; en suivant mes instructions, vous obtiendrez les mêmes résultats que moi.

L'inconnu explique à l'opticien comment il faut

agir, puis il se retire, maudissant son sort et sa destinée, qui ne lui ont pas permis de posséder la chambre noire, l'objet de ses rêves. Il promet de revenir, mais il disparaît à tout jamais.

Charles Chevalier n'obtint rien avec le liquide de cet infortuné, mais il est probable qu'il opéra mal, et qu'il ne prit pas la précaution de préparer dans l'obscurité son papier sensibilisé. Il attendit longtemps une visite de son inconnu, ayant comme un remords de sa réserve. Il ne le revit jamais.

Le nom de ce pauvre inventeur est ignoré. Personne ne sut jamais ce qu'il devint. Il est possible, hélas! qu'un lit d'hospice ait été son dernier refuge!

Charles Chevalier raconte cette curieuse histoire à Daguerre; celui-ci n'en tient pas compte; il examine légèrement ce qu'il reste de la liqueur noire de l'étranger, et l'esprit rempli de ses propres recherches, il ne tarde pas à cesser de s'en préoccuper.

On voit que l'histoire de cet inconnu est digne de fixer notre attention. Quoiqu'elle reste forcément sans dénouement, nous avons cru devoir rendre hommage à un esprit ingénieux, à un homme de génie, peut-être, que la misère a fatalement condamné à l'oubli!

Mais revenons à Daguerre, et nous le verrons poursuivre ses études avec une nouvelle énergie. Il s'est construit un véritable laboratoire, où il a réuni une collection d'appareils où il a rassemblé d'innombrables produits chimiques de toute nature et de toute espèce; il étudie les réactions, il manipule sans cesse, toujours anxieux d'atteindre un but qui pour tous les savants semblait chimérique. Daguerre affirme bientôt qu'il a réussi à fixer l'image fugitive, sans toutefois donner aucune preuve à l'appui de son affirmation. Au mois de décembre 1825, il dit à qui veut l'entendre que le grand problème est enfin résolu. « J'ai enfin saisi la lumière s'écrie-t-il avec enthousiasme, je l'ai arrêtée au passage! C'est le soleil qui désormais va peindre mes tableaux! »

Quelques jours après, au mois de janvier 1826, il se rend chez Charles Chevalier, pour parler toujours de son sujet favori.

— Outre le jeune homme dont je vous ai parlé, dit l'ingénieur, je connais en province une personne qui se flatte d'avoir obtenu de son côté le même résultat que vous. Il y a fort longtemps qu'elle s'occupe de reproduire des gravures par l'action de la lumière sur certains agents chimiques. Peut-être feriez-vous bien de vous mettre en rapport avec elle.

— Et comment se nomme cet heureux émule? demanda Daguerre.

Charles Chevalier prit une plume, écrivit quelques mots sur un papier qu'il remit ensuite à l'auteur du diorama. On y lisait cette adresse : M. Niepce, propriétaire, au Gras, près Châlon-sur-Saône.

Quelques jours après, Daguerre écrivait à cet

inconnu ; mais celui-ci, en provincial méfiant, jeta au feu la lettre qu'il venait de recevoir; il se contenta de murmurer entre ses dents :

— Voilà encore un Parisien qui veut me tirer les vers du nez [1].

C'est sous de tels auspices que commencèrent les relations des deux inventeurs; ils devaient cependant unir plus tard leurs travaux et créer, pour ainsi dire, en commun, un art qui restera dans les siècles à venir comme un des prodiges de notre époque.

---

[1] *Historique de la découverte improprement nommée Daguerréotype*, précédé d'une notice sur son véritable inventeur, feu M. Joseph Nicéphore Niepce, de Châlon-sur-Saône, par son fils Isidore Niepce. Paris, Astier, août 1841.

CHAPITRE III

NICÉPHORE NIEPCE

Les deux frères Niepce. — Leur enfance. — Leurs travaux. — Le pyréolophore. — Machine hydraulique. — Culture du pastel. — Recherches de Nicéphore sur l'héliogravure. — Résultats obtenus.

Joseph-Nicéphore Niepce naquit à Châlon-sur-Saône, le 7 mars 1765 ; son frère aîné, Claude, lui fut toujours attaché par les liens de la plus solide amitié ; leurs travaux, leurs méditations furent si étroitement liés, qu'il est impossible de séparer ces deux intelligences, rivées l'une à l'autre par la plus belle affection fraternelle. L'union des frères Niepce rappelle, comme nous allons le voir, celle des deux Montgolfier ; ils marchèrent ensemble dans la vie, la main dans la main, se soutenant mutuellement de leurs conseils, et ne manquant jamais d'échanger et de fondre ensemble toutes leurs pensées, étroitement cimentées au sceau de l'amitié.

Leur père était Claude Niepce, intendant du duc de Rohan-Chabot, leur mère était fille d'un célèbre avocat nommé Barault. « Joseph-Nicéphore Niepce et son frère Claude, rapporte un de leurs historiens, furent élevés avec un soin tout particulier et une grande sollicitude par leur père, qui leur donna en outre pour précepteur un homme fort instruit, le respectable abbé Montangerand... Les deux frères firent de grands et rapides progrès dans la connaissance des langues, des sciences et des belles-lettres. Élevés avec amour, sous les yeux de leurs parents, ces enfants, doués d'un caractère doux, timide, savaient se suffire à eux-mêmes et ne se livraient pas aux jeux et aux amusements habituels des enfants de leur âge. Ils semblaient nés pour les luttes de l'esprit et de l'intelligence. Nicéphore et Claude employaient les heures de la récréation à construire de petites machines en bois, munies de roues, d'engrenages, avec le seul secours de leurs couteaux. Ces machines fonctionnaient fort bien, à la grande joie de leurs auteurs ; elles produisaient les mouvements ascendants et descendants d'une grue[1]. »

Nicéphore Niepce, comme Daguerre, comme tous les hommes de son époque, eut à subir l'influence de la grande Révolution ; le 10 mai 1792, il échangea l'habit ecclésiastique qu'il avait d'abord revêtu,

---

[1] Nous empruntons les documents relatifs à la vie de Nicéphore Niepce, à une remarquable et rare brochure de M. Victor Fouque. Cet opuscule est intitulé : *la Vérité sur l'invention de la photographie. Nicéphore Niepce, sa vie, ses essais, ses travaux, d'après sa correspondance et autres documents inédits*, Paris, 1867.

contre le costume militaire; il entra comme sous-lieutenant au 42ᵉ régiment de ligne.

Le jeune Niepce est nommé lieutenant le 16 floréal de l'an Iᵉʳ; il fait la campagne de Cagliari, en Sardaigne. La même année (1793), il fait partie de l'armée d'Italie, dont il partage les glorieux exploits. Le 18 ventôse an II, il est nommé adjoint de l'adjudant général Frottier. Mais notre héros est bientôt atteint d'une grave et dangereuse maladie; il se réfugie à Nice. Là, grâce aux soins de la maîtresse de la maison où il habite, madame Romero, grâce au dévouement de la fille de celle-ci, mademoiselle Marie-Agnès, il recouvre la santé. Mais le jeune lieutenant s'est épris de la fille de son hôtesse, il lui offre sa main et l'épouse le 17 thermidor de l'an II.

La maladie qui l'a frappé a modifié sa constitution. Nicéphore Niepce est obligé de quitter la carrière militaire; il se retire près de Nice, à Saint-Roch, où il vit avec sa femme et son frère Claude. — C'est pendant leur séjour à Saint-Roch que les deux frères conçurent la première idée d'une force motrice pouvant faire marcher un navire sans le secours de voiles ni de rames. — La machine imaginée par les Niepce était mise en mouvement par l'air chaud; ils lui donnèrent le nom de *pyréolophore*, et bientôt revenus dans leur ville natale, à Châlon, ils firent marcher sur la Saône un bateau muni de leur nouvel appareil. — Plus tard, le gouvernement du premier empire mit au concours les plans d'une machine hydraulique destinée à remplacer celle de Marly ; les deux Niepce ne manquèrent pas d'envoyer un modèle de pompe, aussi simple qu'ingénieux, et ce nouveau système, comme le pyréolophore, leur mérita les éloges de l'Institut.

Pendant le blocus continental, le gouvernement fait appel aux savants, pour remplacer l'indigo provenant de l'étranger, et si utile à la teinture des laines, par le *pastel*, dont le suc peut être usité dans l'art tinctorial; les frères Niepce, en 1811, contribuèrent à jeter les bases d'une nouvelle culture : elle rendit à la France les plus grands services pendant les années qui précédèrent la chute du premier empire.

Cependant les deux frères Niepce sont bientôt obligés de se séparer ; en 1811, Claude part pour Paris, il quitte Châlon et le toit paternel pour n'y plus revenir. Son but est de *lancer* le pyréolophore, et la grande ville lui paraît le seul centre où ses travaux pourront enfin être couronnés de succès. Ses efforts se heurtent en vain contre des obstacles invincibles ; il échoue dans ses tentatives comme dans ses démarches. Il abandonne Paris et la France pour s'installer définitivement à Kiew, près de Londres. Les deux frères, séparés par les événements et la distance, échangent constamment entre eux une correspondance assidue, que M. Victor Fouque a publiée dans le bel ouvrage qu'il consacre à la mémoire d'un des inventeurs de la photographie. Les lettres que M. Fouque a mises au jour sont un rare exemple d'une tendresse mutuelle et pleine de sollicitude, d'un épanchement toujours touchant, où se groupent aussi nombreuses les conceptions ingénieuses d'esprits laborieux que les marques d'affection de cœurs tendres et dévoués.

Nicéphore Niepce, demeuré seul à sa campagne *des Gras*, près de Châlon, reprend assidûment ses travaux, qu'encouragent la vie calme de la campagne et la douce solitude de la maison paternelle.

C'est un simple et modeste bâtiment qui fut le berceau de la photographie naissante. Quelques arbres y portaient une ombre protectrice du travail, l'eau de la Saône y donnait une douce et vivifiante fraîcheur. Sous cet humble toit, Nicéphore Niepce consacra dix années de sa vie à poursuivre le problème de la fixation des images de la chambre noire.

Après ses nombreux travaux sur la mécanique, sur la culture du pastel, Nicéphore se dirigea dans une voie nouvelle, au moment où la lithographie fit son apparition en France. Cette grande découverte de l'Allemand Aloys Senefelder, fut importée en France en 1802 par le comte de Lasteyrie-Dussaillant, qui, dix années après ses premiers essais, fonda à Paris un admirable établissement lithographique. Cet art nouveau obtint en France un succès inouï; Nicéphore Niepce suivit le courant de l'enthousiasme général; il se passionna pour la lithographie, et sut apprendre seul à en utiliser les moyens; mais loin de Paris il ne pouvait se procurer des appareils et des pierres ; aussi, à leur défaut, résolut-il d'en confectionner lui-même.

« En 1813, — écrit M. Isidore Niepce, fils de Nicéphore, — mon père fit des essais de gravures et de reproduction de dessins à l'instar de la lithographie, récemment importée en France et qui l'avait frappé d'admiration. Des pierres cassées, destinées à réparer la grande route de Châlons à Lyon, et qui provenaient des carrières de Chagny, lui parurent susceptibles, par la finesse de leur grain, d'être utilement employées à la lithographie. Nous choisîmes les plus grandes, que mon père fit polir par un marbrier de Châlon; je fis sur elles différents dessins, ensuite elles furent enduites par mon père d'un vernis qu'il avait composé, puis il grava mes dessins au moyen d'un acide.

« Mais mon père trouvant que ces pierres n'avaient pas le grain fin et suffisamment régulier, il les remplaça par des planches d'étain poli, et y grava de la musique ; il essayait sur ces planches divers vernis de sa composition, puis il appliquait dessus des gravures qu'il avait préalablement vernies, afin d'en rendre le papier transparent, et il exposait ensuite le tout à la lumière de la fenêtre de sa chambre. Voilà le commencement, bien imparfait, si vous voulez, de l'*héliographie*. »

Une fois lancé sur la pente de la découverte, Nicéphore Niepce continue ses travaux avec l'acharnement, la persévérance dont l'inventeur seul semble avoir le monopole. — Il ne tarde pas à recourir à la chambre noire, mais il est seul, dans un pays éloigné de tout centre scientifique, il faut qu'il s'ingénie à fabriquer lui-même ce qui lui manque. Il se fait menuisier et opticien ; il façonne ses chambres obscures, ses appareils, et pour se reposer de ses labeurs, il prend la plume et ouvre son cœur à son cher Claude. Ses progrès en héliographie marchent assez vite, comme l'atteste la lettre suivante, document remarquable et précieux pour l'histoire de la photographie. — Cette lettre, que nous reproduisons presque en entier, est datée du 5 mai 1818.

« Tu as vu, dit Nicéphore Niepce à son frère, que j'avais cassé l'objectif de ma chambre obscure ; mais qu'il m'en restait un autre dont j'espérais tirer parti. Mon attente a été trompée ; ce verre avait le foyer plus court que le diamètre de la boîte ; ainsi je n'ai pu m'en servir. Nous sommes allés à la ville lundi dernier ; je n'ai pu trouver chez Scotti qu'une lentille d'un foyer plus long que la première ; et il m'a fallu faire allonger le tuyau qui la porte, et au moyen duquel on détermine la vraie distance du foyer. Nous sommes revenus ici mercredi soir ; mais depuis ce jour-là, le temps a toujours été couvert, ce qui ne m'a pas permis de donner suite à mes expériences. Et j'en suis d'autant plus fâché qu'elles m'intéressent beaucoup. Il faut se déplacer de temps en temps, faire des visites, ou en recevoir : c'est fatigant. Je préférerais, je te l'avoue, être dans un désert.

« Lorsque mon objectif fut cassé, ne pouvant plus me servir de ma chambre obscure, je fis un œil artificiel avec le baguier d'Isidore, qui est une petite boîte de seize à dix-huit lignes en carré. J'avais heureusement les lentilles du microscope solaire qui, comme tu le sais, vient de notre grand-père Barrault. Une de ces petites lentilles se trouva précisément du foyer convenable ; et l'image des objets se peignait d'une manière très-nette et très-vive sur un *champ* de treize lignes de diamètre.

« Je plaçai l'appareil dans la chambre où je travaille, en face de la volière, et les croisées ouvertes. Je fis l'expérience d'après le procédé que tu connais, mon cher ami, et je vis sur le papier blanc toute la partie de la volière qui pouvait être aperçue de la fenêtre et une légère image des croisées qui se trouvaient moins éclairées que les objets extérieurs. On distinguait les effets de la lumière dans la représentation de la volière et jusqu'au châssis de la fenêtre. Ceci n'est qu'un essai encore bien imparfait ; mais l'image des objets était extrêmement petite. La possibilité de peindre de cette manière me paraît à peu près démontrée ; et si je parviens à perfectionner mon procédé, je m'empresserai, en t'en faisant part, de répondre au tendre intérêt que tu veux bien me témoigner. Je ne me dissimule point qu'il y a de grandes difficultés, surtout pour fixer les couleurs ; — mais avec du travail et beaucoup de patience, on peut faire bien des choses. Ce que tu avais prévu est arrivé. Le fond du tableau est noir, et les objets sont blancs, c'est-à-dire plus clairs que le fond. »

Dans la suite de sa correspondance, Nicéphore Niepce entretient constamment son frère de ses efforts, de ses recherches, de ses espérances. — Le 19 mai 1816, il lui dit : « Je vais m'occuper de trois choses : 1° de donner plus de relief à la représentation des objets ; 2° de transposer les couleurs (il faut probablement entendre, par ces mots, rétablir les véritables tons de la nature) ; 3° et enfin de les fixer, ce qui ne sera pas aisé. » — Le 28 du même mois, il envoie à Claude Niepce quatre plaques métalliques qui portent des impressions produites par la lumière.

Malheureusement, il est impossible de savoir quelle est la substance qu'employait Nicéphore pour sensibiliser ses plaques ; par prudence et par crainte de quelque indiscrétion, il ne la mentionne jamais dans aucune de ses lettres. Ses écrits nous prouvent toutefois qu'il ne tarda pas à l'abandonner, parce qu'il dit plus tard à son frère qu'il a essayé d'utiliser des solutions alcooliques de chlorure de fer. — En 1817, il a recours pour ses études *héliographiques*, comme il les appelle déjà, au chlorure d'argent, puis à des matières organiques telles que la résine de gaïac, puis enfin au phosphore, qui d'abord blanc rougit peu à peu, comme on le sait, au contact de la lumière. — Il ne tarde pas à mettre de côté ce nouvel agent, qu'il qualifie à juste titre de « dangereux combustible. »

Le 2 juillet 1817, il déclare que ses expériences n'ont pas encore complétement réussi, mais il ajoute sans perdre espoir : « Je n'ai pas encore assez varié mes expériences, pour me regarder comme battu, et je ne me décourage point. »

Ici s'arrêtent momentanément les documents qui se rattachent à l'intéressante histoire de la photographie ; aucune lettre de Niepce ne s'est retrouvée pendant un espace de neuf ans, de 1817 à 1826 ; mais il est certain que l'illustre et laborieux inventeur n'a jamais abandonné ses travaux. En 1826, il s'arrête définitivement au *baume de Judée*, matière résineuse qui, étalée en couche mince et soumise à l'action de la lumière, blanchit notablement. Quand on la place au foyer de la chambre noire, l'image qui s'y dessine apparaît en traits blanchâtres. Nicéphore Niepce, en possession de ce fait qu'il avait patiemment conquis au prix des plus patients travaux, reproduisait les estampes par l'action de la lumière, et fixait d'une manière fugitive l'image de la chambre noire.

En ce qui concerne le premier point, Nicéphore Niepce vernissait sur le *verso* l'estampe à reproduire et la rendait ainsi transparente ; puis il l'appliquait sur une lame d'étain, préalablement enduite d'une couche mince de bitume de Judée. Les parties transparentes de l'estampe, celles où le burin n'avait pas permis à l'encre de mordre, laissaient filtrer la lumière, qui allait blanchir la couche de bitume de

Judée. — On obtenait ainsi sur métal une reproduction assez fidèle de la gravure qu'on y avait placée. La plaque métallique était plongée dans l'essence de lavande; ce liquide dissolvait les parties de bitume de Judée que n'avaient pas atteintes les rayons solaires, et l'image se conservait sans se détériorer à la lumière.

Mais cette reproduction de gravures n'offrait qu'un simple caractère de curiosité scientifique; le grand problème, c'était la fixation de l'image dans la chambre noire. Niepce jeta les bases premières de sa solution.

Il plaçait au foyer de la chambre noire une plaque d'étain couverte d'une couche de bitume de Judée. La lumière blanchissait la résine dans les parties qu'elle frappait de ses rayons, et modifiait cette substance en la rendant insoluble dans l'essence de lavande. La plaque d'étain impressionnée était plongée dans l'essence de lavande; ce carbure liquide dissolvait seulement le bitume que n'avait pas atteint la lumière; on obtenait ainsi une photographie où les clairs correspondaient aux clairs, et les ombres aux ombres; les premiers étaient formés par la résine blanchie, les secondes par le métal qu'avait mis à nu l'essence dissolvante.

Ces dessins métalliques, on le conçoit, n'avaient qu'une valeur médiocre, ils étaient mous, pâles, ternes. Niepce voulut en renforcer les tons, en exposant la plaque aux vapeurs d'iode, ou au sulfure de potassium; mais ses tentatives furent vaines. Entre ses mains, l'art naissant de l'héliographie devait en rester là; l'inventeur usé par dix ans d'efforts avait accompli son œuvre.

La création de Nicéphore Niepce n'était que le germe de la photographie; elle offrait en effet de graves inconvénients. Le bitume de Judée est une substance qui ne se modifie que très-lentement, et d'une façon peu sensible, sous l'action de la lumière. Il fallait laisser la plaque métallique, au foyer de la chambre noire, pendant plus de dix heures; le soleil déplaçait les lumières et les ombres pendant ce long espace de temps : l'image, sans netteté, n'apparaissait qu'indécise et trouble.

Niepce eut surtout en vue d'appliquer sa découverte à la reproduction des gravures; il parvint à creuser par un acide les parties de ses plaques que ne protégeait pas l'enduit résineux, attaqué par la lumière, et produisait ainsi des planches, dont pouvaient faire usage les graveurs en taille-douce. Il créa donc l'héliogravure, et de son vivant un artiste nommé Lemaître mit au jour des types vraiment remarquables de ce procédé si ingénieux.

Niepce, d'ailleurs, n'avait à sa disposition que des appareils imparfaits; ses chambres noires étaient grossières et mal conçues, ses lentilles de verre n'avaient pas la puissance de réfrangibilité qu'elles possèdent aujourd'hui; malgré les ressources de son imagination, malgré la puissance de son travail, les hardiesses de ses conceptions, la ténacité de sa patience, ce grand ouvrier de la science ne pouvait mieux faire avec d'aussi mauvais outils. Niepce, nous le répétons, n'alla pas plus loin; peut-être, à tort, abandonna-t-il les sels d'argent, que ses prédécesseurs avaient employés, peut-être se renferma-t-il trop à l'étroit dans le cercle de la reproduction des gravures; quoi qu'il en soit, il n'eut aucun soupçon des *agents révélateurs*, c'est-à-dire des substances usitées aujourd'hui, qui ont pour mission, de faire apparaître tout à coup l'image mystérieusement empreinte comme à l'état latent, sur la plaque photographique. C'est donc à tort que des écrivains ont voulu enlever à Daguerre la part de gloire qui lui revient, comme on va le voir, dans l'invention de la photographie, pour la reporter uniquement sur le nom de Niepce. Saluons en celui-ci une intelligence d'élite; accordons-lui les marques d'admiration qui lui sont dues, mais ne séparons pas son nom de celui de son futur associé, Daguerre. L'inventeur du diorama n'eût rien fait peut-être sans un prédécesseur, mais il dépassa de beaucoup l'œuvre de Niepce. Si Daguerre ne conquit son Amérique que lorsqu'un homme lui montra du doigt le chemin qu'il fallait suivre, il eut du moins la gloire de parcourir jusqu'au bout cette route hérissée de barrières et d'entraves.

L'histoire de la photographie a été envisagée avec une passion regrettable par quelques écrivains, dont nous nous garderons bien de suspecter la sincérité, mais qui certainement se sont laissé égarer loin de la vérité, probablement parce que, dénués de notions scientifiques suffisantes, ils étaient incapables de bien juger le principe même de la photographie. On a été jusqu'à vouloir effacer complétement le nom de Daguerre dans l'histoire de la photographie, pour reporter sur Niepce, d'une façon trop exclusive, toute la gloire de l'invention. Nous croyons rester dans les termes de la plus stricte équité en répétant que les deux noms de Niepce et de Daguerre doivent rester unis : chacun de ces grands esprits a eu sa part de travail dans l'œuvre que nous étudions.

CHAPITRE IV

LA SOCIÉTÉ NIEPCE-DAGUERRE

Correspondance échangée entre les deux inventeurs. — Méfiance et réserve de Niepce. — Son voyage à Paris. — Ses entrevues avec l'inventeur du diorama. — Son voyage à Londres. — Acte d'association. — Mort de Niepce.

Nous avons vu que la première lettre adressée par Daguerre à Niepce fut accueillie avec une grande méfiance par le laborieux inventeur de Châlon. Le créateur du diorama laissa s'écouler près d'un an sans songer à cette affaire, mais il écrivit encore à Niepce à la fin de janvier 1827. Il lui disait cette fois, en termes plus explicites, qu'il s'occupait de fixer les images de la chambre noire et qu'il était arrivé à des résultats assez importants, quoique bien imparfaits. Il sollicitait un échange mutuel de secrets dans les procédés obtenus de part et d'autre. Devant une telle insistance, Nicéphore Niepce, sans abandonner sa prudente réserve, demanda cependant à Lemaître, auquel il avait confié le soin de faire le tirage de ses planches héliographiques, des renseignements sur Daguerre, et, sur la réponse favorable du célèbre graveur, voici ce qu'il écrivit au peintre de Paris.

« Monsieur Daguerre,

« J'ai reçu hier votre réponse à ma lettre du 25 janvier 1826. Depuis quatre mois, je ne travaille plus ; la mauvaise saison s'y oppose absolument. J'ai perfectionné d'une manière sensible mes procédés pour la gravure sur métal ; mais les résultats que j'ai obtenus, ne m'ayant point encore fourni d'épreuves assez correctes, je ne puis satisfaire le désir que vous me témoignez. Je dois sans doute le regretter plus pour moi que pour vous, monsieur, puisque le mode d'application auquel vous vous livrez est tout différent, et vous promet un degré de supériorité que ne comporterait pas celui de la gravure ; ce qui ne m'empêche pas de vous souhaiter tout le succès que vous pouvez ambitionner. »

On voit que Niepce, fort de ses travaux, refusait de se découvrir et de dévoiler ses secrets. Ce génie persévérant et laborieux connaissait les difficultés du problème ; il ne croyait pas qu'un homme eût pu dégager mieux que lui des inconnues si bien cachées, et les compliments qu'il adresse à Daguerre cachent évidemment, sous un laconisme prudent, quelques pointes d'une fine ironie.

Daguerre ne se tient pas pour battu. Désireux d'avoir en sa possession les procédés de l'expérimentateur de Châlon, il lui envoie un dessin imitant une sépia et fait par un procédé qui lui est propre. Ce fait est confirmé par une lettre que M. Fouque reproduit dans son intéressant ouvrage historique.

« J'avais oublié de vous dire, dans ma dernière lettre, écrit Niepce au graveur Lemaître à la date du 3 avril 1827, que M. Daguerre m'a écrit et m'a envoyé un petit dessin très-élégamment encadré, fait à la sépia et terminé à l'aide de son procédé. Ce dessin, qui représente un intérieur, produit beaucoup d'effet, mais il est difficile de déterminer ce qui est uniquement le résultat de l'application du procédé, puisque le pinceau y est intervenu. Peut être, monsieur, connaissez-vous déjà cette sorte de dessin que l'auteur appelle *dessin fumée*, et qui se vend chez Alphonse Giroux.

« Quelle qu'ait pu être l'intention de M. Daguerre, comme une prévenance en vaut une autre, je lui ferai passer une planche d'étain, légèrement gravée d'après mes procédés, en choisissant pour sujet une des gravures que vous m'avez envoyées, cette communication ne pouvant en aucune manière compromettre le secret de ma découverte. »

Bientôt Daguerre reçoit de Châlon une petite caisse, contenant une planche d'étain gravée par les procédés héliographiques de Niepce. Mais le prudent Nicéphore a eu soin de laver l'épreuve avec le plus grand soin, de telle façon qu'il est impossible de retrouver la moindre trace de bitume de Judée. Cette image, d'après l'expression de Niepce, est très-défectueuse et beaucoup trop faible. « Je pense, monsieur, ajoute en terminant l'auteur de l'héliographie, que vous aurez donné suite à vos premiers essais, vous étiez en trop beau chemin pour en rester là ! Nous occupant du même objet, nous devons trouver un égal intérêt dans la réciprocité de nos efforts pour atteindre le but. J'apprendrai donc avec bien de la satisfaction que la nouvelle expérience que vous avez faite à l'aide de votre chambre perfectionnée a eu un succès conforme à votre attente. Dans ce cas, monsieur, et s'il n'y a pas d'indiscrétion, de ma part, je serais aussi désireux d'en connaître le résultat que je serais flatté de pouvoir vous offrir celui de mes recherches du même genre qui vont m'occuper. »

On voit que, peu à peu, un trait d'union rapproche les deux inventeurs. Voilà Niepce qui fait une invite à Daguerre ; il consent à lui donner ses secrets en échange de ceux que peut avoir à lui révéler ce dernier.

Un événement devait bientôt mettre en présence ces deux intelligences qui poursuivaient le même but. Au mois d'août 1827, Nicéphore Niepce apprend que son frère Claude est gravement malade ; la mort menace de l'enlever dans la force de l'âge. Nicéphore, accompagné de sa femme, part pour l'Angleterre ; il passe à Paris, où des circonstances inattendues l'obligent à rester quelques jours. Il profite de ce séjour dans la capitale pour voir Lemaître et Daguerre. Les détails de sa curieuse entrevue avec l'auteur du diorama nous sont conservées dans une

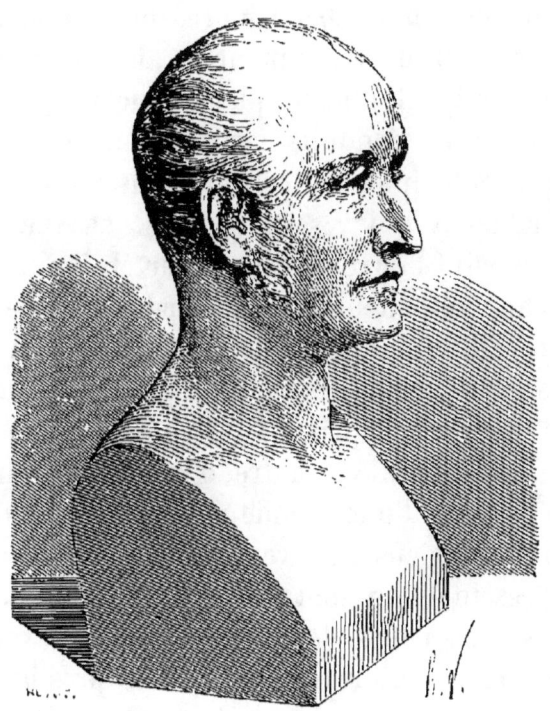

Fig. 4. — Joseph Niepce.

lettre trop intéressante, pour que nous hésitions à la reproduire entièrement.

« J'ai eu, écrit le 4 septembre 1827 Nicéphore Niepce à son fils Isidore, de fréquentes et longues entrevues avec M. Daguerre. Il est venu nous voir hier. La séance a été de trois heures ; nous devons retourner chez lui avant notre départ, et je ne sais trop le temps que nous y resterons ; car ce sera pour la dernière fois, et la conversation, sur le chapitre qui nous intéresse est vraiment intarissable.

« Je ne puis, mon cher Isidore, que te répéter ce que j'ai dit à M. de Champmartin. Je n'ai rien vu ici qui m'ait fait plus de plaisir que le diorama. Nous y avons été conduits par M. Daguerre, et nous avons pu contempler tout à notre aise les magnifiques tableaux qui y sont exposés. La vue intérieure de Saint-Pierre de Rome, par M. Bouton, est bien à coup sûr quelque chose d'admirable, et qui produit l'illusion la plus complète. Mais rien n'est au-dessus des deux vues peintes par M. Daguerre ; l'une d'Édimbourg, prise au clair de lune, au moment d'un incendie ; l'autre d'un village suisse, prise à l'entrée d'une grande rue, et en face d'une hauteur prodigieuse, couverte de neiges éternelles. Ces représentations sont d'une telle vérité, même dans les plus petits détails, qu'on croit voir la nature agreste et sauvage avec tout le prestige que lui prêtent le charme des couleurs et la magie du clair-obscur. Le prestige est même si grand, qu'on serait tenté de sortir de sa loge pour parcourir la plaine et gravir jusqu'au sommet de la montagne. Il n'y a pas, je t'assure, la moindre exagération de ma part, les objets étant d'ailleurs ou paraissant de grandeur naturelle. Ils sont peints sur toile ou taffetas enduits d'un vernis qui a l'inconvénient de poisser, ce qui nécessite des précautions lorsqu'il s'agit de rouler cette sorte de décoration pour la transporter : car il est difficile en la déroulant, de ne pas faire quelque déchirure.

« Mais revenons à M. Daguerre. Je te dirai, mon cher Isidore, qu'il persiste à croire que je suis plus avancé que lui dans les recherches qui nous occupent. Ce qui est bien démontré, maintenant, c'est que son procédé et le mien sont tout à fait différents. Le sien a quelque chose de merveilleux, et dans les effets une promptitude qu'on peut comparer à celle du fluide électrique. M. Daguerre est parvenu à fixer sur sa substance chimique quelques-uns des rayons colorés du prisme ; il en a déjà réuni quatre et il travaille à réunir les trois autres, afin d'avoir les sept couleurs primitives. Mais les difficultés qu'il rencontre croissent dans le rapport des modifications que cette même substance doit subir pour pouvoir retenir plusieurs couleurs à la fois ; ce qui le contrarie le plus, et le déroute entièrement, c'est qu'il résulte de ces combinaisons diverses des effets tout opposés. Ainsi un verre bleu, qui projette sur la dite substance une ombre plus foncée, produit une teinte plus claire que la partie soumise à l'impression directe de la lumière. D'un autre côté, cette fixation des couleurs élémentaires se réduit à des nuances fugitives si faibles qu'on ne les aperçoit point en plein jour ; elles ne sont visibles que dans l'obscurité et voici pourquoi : la substance en question est de la nature de la *pierre de Bologne* et du *pyrophore*; elle est très avide de lumière, mais elle ne peut la retenir longtemps, parce que l'action un peu prolongée de ce fluide finit par la décomposer; aussi M. Daguerre ne prétend point fixer par ce procédé l'image colorée des objets, quand bien même il parviendrait à surmonter tous les obstacles qu'il rencontre : il ne pourrait employer ce moyen que comme intermédiaire. D'après ce qu'il m'a dit, il aurait peu d'espoir de réussir, et ses recherches ne seraient guère autre chose qu'un objet de pure curiosité. Mon procédé lui paraît donc préférable et beaucoup plus satisfaisant à raison des résultats que j'ai obtenus. Il sent combien il serait intéressant pour lui de se procurer des points de vue à l'aide d'un procédé également simple, facile et expéditif. Il désirerait que je fisse quelques expériences avec des verres colorés, afin de savoir si l'impression produite sur ma substance serait la même que sur la sienne. Je viens d'en demander cinq à Chevalier (Vincent), qui en a déjà fait pour M. Daguerre. Celui-ci insiste principalement sur la grande célérité dans la fixation des images; condition bien essentielle, en effet, et qui doit être le premier objet de mes recherches. Quant au mode d'application à la gravure sur métal, il est loin de le déprécier; mais comme il serait indispensable de retoucher et de creuser avec le burin, il croit que cette application ne réussirait que très imparfaitement pour les points de vue. Ce qui lui semble bien préférable pour ce genre de gravure, c'est le verre, en employant l'acide fluorhydrique. Il est persuadé que l'encre d'impression appliquée avec soin à la surface corrodée par l'acide produirait sur un papier blanc l'effet d'une bonne épreuve, et aurait de plus quelque chose d'original qui plairait encore davantage. Le composé chimique de M. Daguerre est une poudre très-fine qui n'adhère point au corps sur lequel on le projette : ce qui nécessite un plan horizontal. Cette poudre, au moindre contact de la lumière, devient si lumineuse que la chambre noire en est parfaitement éclairée. Ce procédé a la plus grande analogie, autant que je puis me le rappeler, avec le sulfate de baryte, ou la *pierre de Bologne*, qui jouit également de la propriété de retenir certains rayons du prisme....

« Nos places sont retenues pour Calais, et nous partons décidément samedi prochain, à huit heures du matin. Nous n'avons pas pu les avoir plus tôt; le voyage du roi à Calais attire beaucoup de monde de ce côté.

« Adieu, reçois, ainsi que *Génie* et votre cher enfant, nos embrassements et l'assurance de notre tendre affection. »

Nicéphore arrive en Angleterre; il trouve son frère Claude gravement malade, affaibli par les travaux, l'intelligence altérée par les méditations. Il reste à Kiew pendant quelques semaines, et fait la connaissance d'un Anglais fort distingué, sir Francis Bauv, qui l'engage à présenter le résultat de ses travaux héliographiques à la Société royale de Londres. Mais Niepce ne veut pas révéler ses secrets, et la société savante anglaise n'accepte aucune communication d'un auteur qui tient cachés ses procédés.

Nicéphore repasse bientôt à Paris, revient à Châlon, et continue de correspondre assidûment avec Daguerre. Il finit par proposer à celui-ci de s'associer avec lui : après bien des hésitations, bien des lenteurs, l'auteur du Diorama se rend enfin dans la ville natale de Niepce, et là les deux inventeurs, signent un traité dont nous reproduisons le texte à l'appendice de cet ouvrage. (Note A.)

D'après ce document, Niepce et Daguerre s'engagent à se révéler mutuellement leurs procédés. Ils devront en commun poursuivre leur œuvre, l'améliorer, pour atteindre ensemble, le but qu'ils poursuivent : la fixation des images de la chambre noire. — Une société est ainsi constituée sous le nom de Niepce-Daguerre ; son siége est à Paris, et les produits de l'exploitation de la nouvelle découverte seront partagés entre les deux signataires.

Après avoir signé ce traité, Niepce donne à Daguerre les procédés qu'il emploie pour la préparation des planches héliographiques ; faible résultat comme on l'a déjà vu. Mais l'inventeur du Diorama, n'apporta presque rien à celui qui ne lui donnait que peu de chose. — Il revient à Paris, après avoir vu fonctionner l'appareil de Niepce à Châlon, résolu de travailler sans trêve ni relâche, jusqu'au moment où le succès aura couronné ses efforts.

« Tout à coup dit Charles Chevalier, Daguerre devint invisible ! Renfermé dans un laboratoire qu'il avait fait disposer dans les bâtiments du Diorama, où il résidait, il se mit à l'œuvre avec une ardeur nouvelle, étudia la chimie, et pendant deux ans environ, vécut presque continuellement au milieu des livres, des matras, des cornues et des creusets. J'ai entrevu ce mystérieux laboratoire, mais il ne me fut jamais permis, ni à moi, ni à d'autres d'y pénétrer. — Madame veuve Daguerre, MM. Bouton, Sibon, Carpentier, etc... peuvent témoigner de l'exactitude de ces souvenirs[1]. »

Au milieu de ses recherches et de ses essais, Daguerre fut un jour favorisé par un de ces hasards qui se présentent souvent aux travailleurs persévérants. — Il avait laissé une cuiller d'argent sur une plaque métallique qu'il avait traitée par l'iode : quelle ne fut pas sa stupéfaction, quand il enleva la cuiller, d'en voir l'image nettement empreinte sur la surface iodurée.

Cette observation est pour Daguerre une révélation précieuse. Il abandonne le bitume de Judée, et lui substitue l'iodure d'argent, qui noircit avec une rapidité extraordinaire, sous l'action des rayons lumineux. Pour faire sa préparation, il expose une

---

[1] *Guide du photographe* (Souvenirs historiques).

plaque argentée à l'influence des vapeurs d'iode, et il obtient ainsi une surface qui s'impressionne sous le jeu de la lumière, au foyer de la chambre noire. Mais la plaque ne laisse pas nettement apparaître l'image qui n'existe encore qu'à l'état latent; après avoir essayé d'une infinité de substances, d'agents chimiques de toute nature, Daguerre finit par reconnaître que l'huile de pétrole a la propriété de développer les tons gravés par le soleil sur son cliché rudimentaire. Cette découverte est un pas immense vers le but; Daguerre a mis la main sur une substance révélatrice. Il ne s'arrête pas en chemin, il marche, sans cesse, et substitue enfin, à l'huile minérale, les vapeurs de mercure, qui font apparaître comme par enchantement, et avec une netteté merveilleuse, l'image invisible, que la lumière a préparée sur la lame d'argent iodurée.

La photographie est désormais créée. Daguerre n'a pas manqué d'écrire régulièrement à son associé; il lui a parlé de l'emploi qu'il fait de l'iodure d'argent, mais Niepce ne croit pas à l'efficacité de cette substance. Avant de connaître les résultats presque définitifs, obtenus par l'inventeur du Diorama, il est frappé d'une congestion cérébrale et meurt le 5 juillet 1833.

CHAPITRE V

LE DAGUERRÉOTYPE

Recherches et travaux de Daguerre. — Il cède son invention à l'État. — Arago et la photographie naissante. — Un projet de loi. — Exposé des motifs du ministre Duchâtel. — La séance de l'Académie des sciences du 10 août 1839.

Daguerre a perdu son associé Niepce ; il reste seul pour continuer la tâche qu'il a résolu de mener à bonne fin, en dépit des difficultés sans nombre dont elle abonde. L'ingénieux artiste a révélé à la chimie un fait gros de promesses : il a vu que l'image, tracée pour ainsi dire à l'état latent par le rayon solaire sur une plaque couverte d'iodure d'argent, se révèle subitement, c'est-à-dire apparaît visible et manifeste quand on l'expose à l'action des vapeurs mercurielles. L'inventeur tient dans ses mains le fil qui le conduira dans le labyrinthe de ses recherches, il n'y marchera plus en aveugle, car il est en possession du guide qui va le mener à la lumière.

Mais les jours et les mois se passent en labeurs

continuels ; ce n'est qu'au prix de deux années, entièrement consacrées au travail, que Daguerre imagine enfin l'admirable méthode qui doit immortaliser son nom !

En 1835, Daguerre est en mesure de présenter au fils de Nicéphore, Isidore Niepce, les perfectionnements qu'il a obtenus ; il est temps d'exploiter la découverte de l'héliographie. Un acte additionnel, est écrit à la suite du traité dont nous avons parlé précédemment. Deux années se passent encore, au milieu de recherches et de travaux constants. En 1837 enfin, Daguerre et Isidore Niepce signent un véritable acte d'association, où ils font appel à des actionnaires pour l'exploitation de la découverte nouvelle [1].

Le 15 mars 1838, la souscription est ouverte. Mais le public incrédule ne répond pas à l'appel qui lui est adressé, les fonds se cachent pour cette œuvre ignorée de tous ; les capitaux semblent fuir l'art de la photographie naissante.

Daguerre se décide alors à céder son invention à l'État. Il s'adresse à plusieurs savants et frappe à la porte d'Arago. L'illustre astronome, le grand physicien, est saisi de vertige quand on lui montre la première plaque daguerrienne ; il ne tarit pas d'éloges et de marques d'enthousiasme. Le créateur de l'héliographie a trouvé son avocat. Arago envoie l'inventeur au ministre de l'intérieur Du-

---

[1] Voyez appendice, notes B et C.

châtel, qui offre à Daguerre et à Isidore Niepce une pension viagère (bien modeste hélas!) en échange de leurs secrets.

Le 15 juin 1839, le ministre de l'intérieur présente à la Chambre au sujet de la nouvelle découverte un projet de loi, précédé de l'*Exposé des motifs* dont voici le texte :

« Nous croyons aller au-devant des vœux de la Chambre, en vous proposant d'acquérir, au nom de l'État, la propriété d'une découverte aussi utile qu'inespérée, et qu'il importe, dans l'intérêt des sciences et des arts, de pouvoir livrer à la publicité.

« Vous savez tous, et quelques-uns d'entre vous ont déjà pu s'en convaincre par eux-mêmes, qu'après quinze ans de recherches persévérantes et dispendieuses, M. Daguerre est parvenu à fixer les images de la chambre obscure et à créer ainsi, en quatre et cinq minutes, par la puissance de la lumière, des dessins où les objets conservent mathématiquement leurs formes jusque dans leurs plus petits détails, où les effets de la perspective linéaire, et la dégradation des tons provenant de la perspective aérienne, sont accusés avec une délicatesse inconnue jusqu'ici.

« Nous n'avons pas besoin d'insister sur l'utilité d'une semblable invention. On comprend quelles ressources, quelles facilités toutes nouvelles elle doit offrir pour l'étude des sciences; et, quant aux arts, les services qu'elle peut leur rendre ne sauraient se calculer.

« Il y aura pour les dessinateurs et pour les peintres, même les plus habiles, un sujet constant d'observations dans ces reproductions si parfaites de la nature. D'un autre côté, ce procédé leur offrira un moyen prompt et facile de former des collections d'études qu'ils ne pourraient se procurer, en les faisant eux-mêmes, qu'avec beaucoup de temps et de peine, et d'une manière bien moins parfaite.

« L'art du graveur, appelé à multiplier, en les reproduisant, ces images calquées sur la nature elle-même, prendra un nouveau degré d'importance et d'intérêt.

« Enfin, pour le voyageur, pour l'archéologue, aussi bien que pour le naturaliste, l'appareil de M. Daguerre deviendra d'un usage continuel et indispensable. Il leur permettra de fixer leurs souvenirs sans recourir à la main d'un étranger. Chaque auteur désormais composera la partie géographique de ses ouvrages; en s'arrêtant quelques instants devant le site le plus étendu, il en obtiendra sur-le-champ un véritable fac-simile.

« Malheureusement pour les auteurs de cette belle découverte, il leur est impossible d'en faire un objet d'industrie et de s'indemniser des sacrifices que leur ont imposés tant d'essais si longtemps infructueux.

« Leur invention n'est pas susceptible d'être protégée par un brevet. Dès qu'elle sera connue, chacun pourra s'en servir. Le plus maladroit fera des dessins aussi exactement qu'un artiste exercé. Il faut donc nécessairement que ce procédé appartienne à tout le monde ou qu'il reste inconnu. Et quels justes regrets n'exprimeraient pas tous les amis de l'art et de la science si un tel secret devait demeurer impénétrable au public, s'il devait se perdre et mourir avec les inventeurs !

« Dans une circonstance aussi exceptionnelle, il appartient au gouvernement d'intervenir. C'est à lui de mettre la société en possession de la découverte dont elle demande à jouir dans un intérêt général, sauf à donner aux auteurs de cette découverte le prix, ou plutôt la récompense de leur invention.

« Tels sont les motifs qui nous ont déterminé à conclure avec MM. Daguerre et Niepce fils une convention provisoire dont le projet de loi que nous avons l'honneur de vous soumettre a pour objet de vous demander la sanction.

« Avant de vous faire connaître les bases de ce traité, quelques détails sont nécessaires.

« La possibilité de fixer passagèrement les images de la chambre obscure était connue dès le siècle dernier ; mais cette découverte ne promettait aucun résultat utile, puisque la substance sur laquelle les rayons solaires dessinaient les images n'avait pas la propriété de les conserver et qu'elle devenait complètement noire aussitôt qu'on l'exposait à la lumière du jour.

« M. Niepce père inventa un moyen de rendre

ces images permanentes. Mais, bien qu'il eût résolu ce problème difficile, son invention n'en restait pas moins encore très-imparfaite. Il n'obtenait que la silhouette des objets, et il lui fallait au moins douze heures pour obtenir le moindre dessin.

« C'est en suivant des voies entièrement diffé-

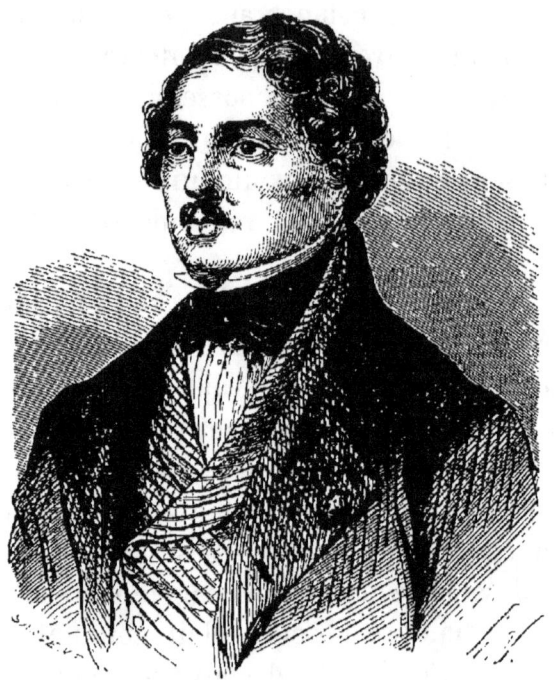

Fig. 5. — Daguerre.

rentes, et en mettant de côté les traditions de M. Niepce, que M. Daguerre est parvenu aux résultats admirables dont nous sommes aujourd'hui témoins, c'est-à-dire l'extrême promptitude de l'opération, la reproduction de la perspective aérienne et tout le jeu des ombres et des clairs. La méthode de M. Daguerre lui est propre, elle n'appartient qu'à lui et se distingue de celle de son prédécesseur aussi bien dans sa cause que dans ses effets.

« Toutefois, comme avant la mort de M. Niepce père, il avait été passé entre lui et M. Daguerre un traité par lequel ils s'engageaient mutuellement à partager tous les avantages qu'ils pourraient recueillir de leurs découvertes, et comme cette stipulation a été étendue à M. Niepce fils, il serait impossible de traiter isolément avec M. Daguerre, même du procédé qu'il a non-seulement perfectionné, mais inventé. Il ne faut pas oublier, d'ailleurs, que la méthode de M. Niepce, bien qu'elle soit demeurée imparfaite, serait peut-être susceptible de recevoir quelques améliorations, d'être appliquée utilement en certaines circonstances, et qu'il importe, par conséquent, pour l'histoire de la science, qu'elle soit publiée en même temps que celle de M. Daguerre.

« Ces explications nous font comprendre, messieurs, par quelle raison et à quel titre MM. Daguerre et Niepce fils ont dû intervenir dans la convention que vous trouverez annexée au projet de loi. »

Après la lecture de ce document, que nous avons cru devoir reproduire entièrement, pensant qu'on ne saurait trop s'attacher à l'impartialité dans l'histoire, le ministre de l'intérieur donna l'énoncé du projet de loi qui attribuait à Daguerre une pension annuelle et viagère de 6,000 francs, à Isidore Niepce une pension annuelle et viagère de 4,000 fr., réversibles toutes deux par moitié sur les veuves de Daguerre et de Niepce.

On reste stupéfait de l'exiguïté des sommes qui furent accordées en échange d'une de nos plus grandes inventions modernes. On en avait cependant bien apprécié toute la portée, et on ne doutait point des grands avantages de toute nature que l'on devait en retirer. Il est vrai qu'on ajoutait à la valeur de ces pensions, en les décorant justement du nom de *Récompense nationale*. Si le gouvernement crut devoir se montrer aussi économe de l'argent public, la nation du moins prodigua à Daguerre les marques de la plus grande admiration et du plus profond enthousiasme.

La loi fut votée par acclamation à la Chambre, elle fut promulguée de même à la Chambre des pairs. Arago, en sa qualité de secrétaire perpétuel de l'Académie des sciences, fut chargé de communiquer à la docte assemblée la description des procédés du *daguerréotype*. C'était le nom qui, à compter de ce jour, fut consacré à la merveilleuse découverte.

Le 10 août 1839, la foule se précipitait, curieuse et avide de détails, aux abords de l'Institut. L'Académie des beaux-arts s'était réunie, pour cette circonstance exceptionnelle, à l'Académie des sciences. Les bancs réservés au public étaient couverts de tout ce que l'on comptait alors à Paris d'hommes éminents. Tous les yeux étaient fixés sur Daguerre, qui, dans sa modestie, fuyait ces innombrables regards, et semblait vouloir se dérober à un triomphe que le grand Arago avait pris sous son patronage.

Il ne faudrait pas connaître le public parisien, éminemment impressionnable et exalté, pour se demander si les abords de l'Institut regorgeaient de monde. Tout ce que Paris contient d'artistes, de jeunes savants et de curieux se trouvait aux portes du palais Mazarin. La foule attendait le grand secret, comme autrefois les chrétiens, l'esprit céleste. Arago a parlé; sa voix se répète de proche en proche, elle passe par cent bouches, circule dans les corridors, et s'élance sur les quais, où les commentaires vont et viennent, plus ou moins explicites. — C'est l'iodure d'argent et le mercure, s'écrie un des assistants. — Non, dit un autre, c'est le bitume de Judée! — Allons donc! reprend un troisième, on a dit qu'il fallait employer l'hyposulfite de soude! — Les propos s'échangent au milieu des boutades et des cris, mais personne n'a rien compris au secret de Daguerre.

Cependant les heures se passent, les journaux donnent le compte rendu de la séance solennelle de l'Académie; ils expliquent plus clairement le procédé du daguerréotype. Les opticiens font quelques essais et affichent à leur montre des chambres noires et des réactifs propres à faire du daguerréotype.

On se précipite partout chez eux, on se dispute ces appareils que chacun veut expérimenter, et tout Paris est pris de la fièvre du daguerréotype. Les artistes sont saisis d'étonnement et d'admiration : Paul Delaroche a vu Daguerre, il lui a arraché des mains une plaque impressionnée par la lumière. Il la montre partout en s'écriant : « La peinture est morte à dater de ce jour ! »

L'art des Raphaël et des Michel-Ange n'était pas tué ; il venait de trouver, au contraire, dans les inspirations d'un grand inventeur, de nouvelles ressources, et la Science venait de tendre la main à l'Art !

CHAPITRE VI

LES PROGRÈS D'UN ART NAISSANT

Les procédés du daguerréotype. — Substances accélératrices — Perfectionnement de l'objectif. — Les portraits. — Agents fixateurs. — Création de la photographie sur papier par Talbot. — M. Blanquart-Évrard.

Peu de temps après la mémorable séance du 10 août 1839, les procédés de Daguerre furent connus de tout Paris, de toute la France, et on peut même le dire, tant fut rapide le succès du nouvel art, du monde civilisé tout entier.

On voyait partout, dans la capitale, des chambres noires, juchées sur les balcons des maisons, des objectifs braqués dans les promenades, devant les monuments; les nouveaux photographes improvisés n'obtenaient le plus souvent que des images informes, où se distinguaient à peine quelques objets secondaires de la vue qu'ils voulaient fixer dans la chambre noire. La méthode était simple et précise, mais elle exigeait cependant une certaine pratique de manipulations délicates, et il fallut quelque temps pour que de bons opérateurs pussent en tirer profit.

Les images photographiques obtenues par l'auteur désormais illustre du Diorama se formaient, comme nous l'avons dit, à la surface d'une lame de cuivre argentée. La première opération consistait à iodurer l'argent. Le plaqué d'argent devait être parfaitement poli, bien décapé, et d'une propreté irréprochable. Avant tout, on devait le frotter avec un tampon, un *olissoir* (fig. 6) afin de lui donner un brillant

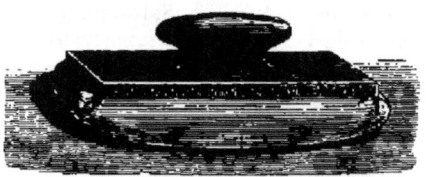

Fig. 6. — Polissoir pour le daguerréotype.

parfait, et d'enlever de sa surface les plus petites parcelles de corps étrangers qui avaient pu s'y fixer.

La plaque d'argent ainsi préparée était placée dans la boîte à ioder, où elle était maintenue par un cadre, au-dessus des cristaux d'iode.

La vapeur d'iode agit sur l'argent, se combine avec le métal pour y former une couche jaune d'iodure d'argent.

La lame d'argent se trouve sensibilisée. On l'expose au foyer de la chambre noire, où elle reçoit l'image formée par l'objectif. La lumière décompose l'iodure d'argent, elle agit principalement sur les parties vivement éclairées ; elle exerce une action d'autant moins énergique qu'elle est moins vive, et par conséquent les ombres laissent une marque intacte sur les parties de la plaque où elles correspondent, tandis que les demi-teintes sont impressionnées d'une façon intermédiaire entre les ombres et les clairs.

La plaque daguerrienne, retirée de la chambre noire, n'offre à l'œil aucune marque visible, mais l'image y est tracée à l'état latent. Pour la faire apparaître, il faut soumettre le plaqué d'argent ioduré à l'opération du développement. On le place dans une boîte, à une faible distance d'un bain de mercure légèrement chauffé à la température de 50° environ, que donne un thermomètre, comme le montre la figure 7. Le mercure émet des vapeurs qui arrivent en contact avec le métal, et qui, par un fait encore inexpliqué de nos jours, se condensent uniquement sur les parties que la lumière a impressionnées. Tout à l'heure on avait entre les mains une plaque d'argent rendue jaune par l'iode, on l'avait exposée au foyer de la chambre obscure, et cette plaque en était retirée sans qu'elle ait paru subir la moindre modification. On l'a exposée aux vapeurs du mercure, et tout à coup, la plaque mystérieuse reproduit comme par enchantement l'objet devant lequel on l'a placée quelques minutes auparavant. On dirait un miroir magique qui reflète, après coup, les images.

Après le développement, il reste à fixer la plaque

daguerrienne. Elle est encore imprégnée d'iodure d'argent ; si, dans cet état, on l'exposait à la lumière, elle continuerait à noircir, les parties claires et les demi-teintes disparaîtraient pour se fondre dans la nuance des ombres. Pour éliminer l'iodure d'argent que la lumière n'a pas altéré, on plonge

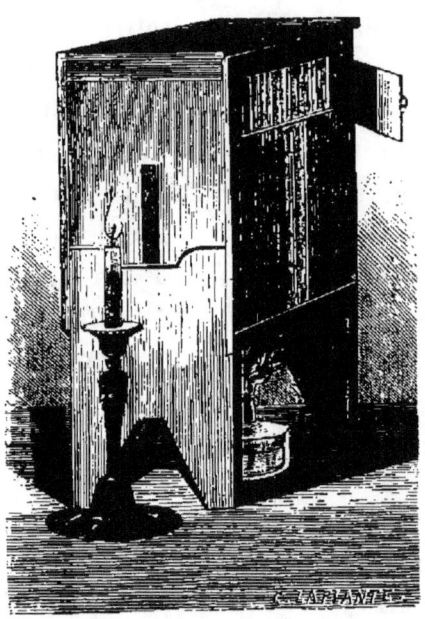

Fig. 7. — Boîte à développement par le mercure.

la plaque dans une dissolution d'hyposulfite de soude. Les parties claires du cliché subsistent intactes, les demi-teintes et les ombres se dépouillent de l'iodure d'argent non impressionné, qui seul se dissout dans le bain d'hyposulfite.

L'image daguerrienne est fixée ; elle est formée,

comme on le voit, d'un mince sédiment de mercure ; ce métal s'est déposé sur la surface d'argent, il apparaît brillant dans les parties claires ; il ne s'est pas attaché au contraire sur les parties d'ombre ; celles-ci sont représentées par le fond bruni de l'argent métallique. Cette image offre de graves inconvénients. Son miroitement en est un des plus saillants ; pour regarder le dessin fixé sur la plaque, il faut lui donner, par rapport aux rayons lumineux, une certaine incidence, et souvent il semble plutôt avoir les propriétés d'un miroir ou d'un moiré métallique que celui d'une gravure artistique.

A l'époque de Daguerre, le temps de pose dans la chambre noire devait être au moins de quinze minutes, on ne pouvait, par conséquent, songer à faire des portraits. Quand on abordait le paysage, les masses de verdure étaient représentées par des silhouettes blanches, par des taches monotones.

Outre ces inconvénients, la plaque daguerrienne ne pouvait supporter le moindre contact ; on effaçait tout le dessin en y passant le doigt ; elle ne se conservait pas intacte, et un temps d'assez faible durée lui faisait perdre sa netteté.

Nous devons ajouter que l'on est parvenu à protéger l'image daguerrienne par l'opération désignée sous le nom d'*avivage*. Grâce à ce procédé, il est possible de passer le doigt sur la plaque, sans en effacer le dessin. L'avivage consiste en une véritable dorure, opérée par un liquide contenant de l'or en dissolution. L'hyposulfite d'or et de soude donne, sous ce rapport, d'excellents résultats.

On dissout ce sel dans une grande quantité d'eau, on en arrose la plaque daguerrienne, et on la chauffe légèrement au-dessus d'une lampe à esprit-de-vin, comme nous l'indiquons dans la figure 8.

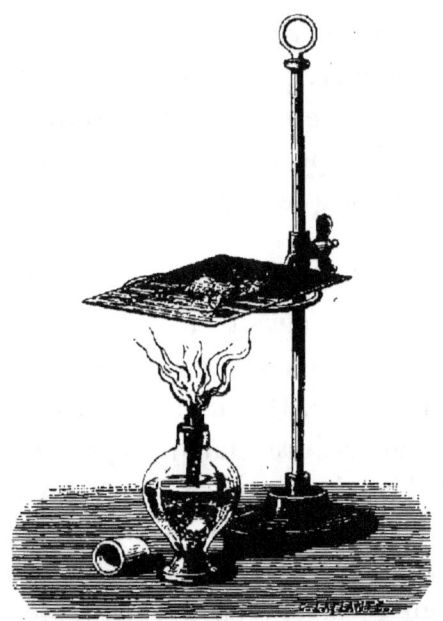

Fig. 8. — Dorure de la plaque daguerrienne.

On sait en chimie qu'un métal oxydable en déplace un autre moins facilement oxydable ; par cette raison, le mercure se dissout et l'or le remplace à la surface de l'argent. On comprendra que l'épreuve, à la suite de cette substitution de l'or au mercure, change d'aspect, mais elle gagne singulièrement à l'échange, elle acquiert de la vigueur, devient plus agréable à la vue ; elle est susceptible enfin de résister au frottement. Quand l'avivage est terminé, un lavage à grande eau enlève l'excès de sel, et après avoir été séchée l'épreuve est enfin terminée.

Dès que l'invention de Daguerre fut connue, un grand nombre de savants et d'artistes s'attachèrent à la mettre en pratique et à la perfectionner. On comprit qu'une amélioration essentielle consistait à diminuer le temps de pose dans la chambre noire. Pour arriver à ce résultat, il fallait faire subir surtout des modifications à l'objectif qui produit l'image. Daguerre avait donné des règles qui fixaient les dimensions de l'objectif, correspondant aux diverses grandeurs des plaques argentées que l'on voulait employer. Mais ces observations de l'habile expérimentateur s'appliquaient surtout à la reproduction des vues d'ensemble d'un paysage ou d'objets éloignés. On se demandait de toutes parts avec anxiété si le daguerréotype n'allait pas pouvoir mettre au jour des portraits, et si, comme le rappelle un écrivain de cette époque, le prodige accompli dans une histoire d'Hoffmann devait bientôt se réaliser, si l'amant, comme le dit l'auteur des *Contes fantastiques*, ne pourrait donner à sa maîtresse le miroir où son image serait restée.

Il était indispensable, pour résoudre ce problème, de raccourcir le foyer de la lentille, il fallait condenser sur la plaque daguerrienne une grande quantité de lumière, afin de l'éclairer avec plus de vigueur et d'impressionner plus vite la surface sensibilisée. Charles Chevalier construisit une chambre obscure à deux objectifs achromatiques, qui faisaient fonction de lentilles, et qui permettaient de donner naissance à une image très-nette et très-fortement éclairée. Grâce à ce progrès, le temps de pose se réduisit à quelques minutes.

« Toutefois, dit M. L. Figuier dans une excellente étude qu'il a publiée sur la photographie, ce problème capital d'abréger la durée de l'exposition lumineuse ne fut complétement résolu qu'en 1841, grâce à une découverte d'une haute importance. Claudet, artiste français, qui avait acheté à Daguerre le privilége exclusif d'exploiter en Angleterre les procédés photographiques, découvrit en 1841 les propriétés des *substances accélératrices*. »

On donne en photographie le nom de substances accélératrices à certains composés qui, appliqués sur la plaque *préalablement iodée*, en exaltent à un degré extraordinaire la sensibilité lumineuse. Par elles-mêmes, ces substances ne sont pas *photogéniques*, c'est-à-dire qu'employées isolément, elles ne formeraient point une combinaison capable de s'influencer chimiquement au contact de la lumière ; mais si on les applique sur une plaque déjà iodée, elles communiquent à l'iode la propriété de s'impressionner en quelques secondes.

Les composés capables de stimuler ainsi l'iodure

d'argent sont nombreux. Le premier, dont la découverte est due à Claudet, est le chlorure d'iode ; mais il cède de beaucoup en sensibilité aux composés qui furent découverts postérieurement. Le brome en vapeur, le bromure d'iode, la chaux bromée, le chlorure de soufre, le bromoforme, l'acide chloreux, la liqueur hongroise, la liqueur de Reiser, le liquide de Thierry, sont les substances accélératrices les plus actives. Avec l'acide chloreux on a pu obtenir des épreuves irréprochables dans une demi-seconde.

La découverte des substances accélératrices permet de reproduire avec le daguerréotype l'image des êtres animés. On put dès lors satisfaire au vœu universel formé depuis l'origine de la photographie, c'est-à-dire obtenir des portraits. Déjà en 1840, on avait essayé de faire des portraits au daguerréotype ; mais le temps considérable qu'exigeait l'impression lumineuse avait empêché toute réussite. On opérait alors avec l'objectif à court foyer, qui ne transmet dans la chambre obscure qu'une lumière d'une faible intensité ; aussi fallait-il placer le modèle en plein soleil et prolonger l'exposition pendant un quart d'heure. Comme il est impossible de supporter si longtemps, les yeux ouverts, l'éclat des rayons solaires, on avait dû se résoudre à faire poser les yeux fermés. Quelques amateurs intrépides osèrent se dévouer, mais le résultat ne fut guère à la hauteur de leur courage. On voyait en 1840, à l'étalage de Susse, à la place de la Bourse, une triste procession de *Bélisaires*, sous l'étiquette usurpée de portraits photographiques[1]. »

La création des objectifs à court foyer permit, pour l'exécution des portraits, de réduire à quatre ou cinq minutes le supplice du patient, condamné à l'immobilité absolue. Mais il fallait encore poser en plein soleil. Le modèle prenait une pose gracieuse, il se campait sur la hanche, le jarret tendu, la main perchée sur le dos d'une chaise. Mais le soleil lui tombait en plein sur les yeux ; il s'efforçait de faire bonne contenance et de donner à sa physionomie une impression riante, au moment où l'opérateur enlevait le couvercle de l'objectif. Les secondes se passaient, se succédaient, et semblaient des siècles ; le modèle, malgré toute sa volonté, était vaincu par le rayon solaire, les paupières allaient et venaient, son visage se contractait, l'immobilité à laquelle il était contraint devenait une torture. Ses traits se crispaient, les larmes lui tombaient des yeux, la sueur froide perlait sur son front, sa respiration était haletante, saccadée, son corps entier s'agitait comme celui d'un épileptique qui ne veut pas remuer, et la plaque daguerrienne lui apportait bientôt l'image d'un supplicié qui aurait été en proie aux tortures de la question du feu. Les progrès apportés au daguerréotype par les précieuses substances accélératrices,

---

[1] L. Figuier, *les Merveilles de la science*.

permirent, un peu après, de reproduire des portraits avec quelque sentiment artistique.

Notre but n'est pas de décrire minutieusement les diverses opérations du daguerréotype, et nous nous bornerons à citer parmi les progrès qui se signalèrent, les faits découverts par M. Fizeau, physicien français. Cet ingénieux opérateur découvrit le moyen de *fixer* les épreuves, en recouvrant l'épreuve daguerrienne d'une légère couche d'or. Il arrivait à ce résultat en versant sur la plaque une dissolution de chlorure d'or et d'hyposulfite de soude et en chauffant légèrement. A compter de ce jour, la photographie avait reçu le complément des procédés qu'elle emploie ; l'image de la chambre noire, fixée à l'état latent, sur une substance impressionnable, était mise en évidence par des agents *révélateurs*, le temps de pose était *accéléré*, et l'image obtenue pouvait être *fixée*, c'est-à-dire rendue indélébile par l'action d'agents chimiques.

Bientôt, d'autres nouvelles découvertes allaient transformer de toutes pièces l'art de Daguerre ; mais l'illustre inventeur n'eut pas la consolation de les connaître. Il mourut le 10 juillet 1851, entrevoyant par la pensée les nouveaux horizons, à la conquête desquels, allait rapidement marcher, l'art prodigieux qu'il avait créé !

Pendant que Daguerre élaborait son œuvre en France, en 1834, M. Talbot en Angleterre s'efforçait, de son côté, de fixer l'image de la chambre obscure, mais il cherchait à les fixer sur le papier. Ce savant modeste et ignoré faisait agir la lumière sur une feuille de papier imbibée d'iodure d'argent ; et il *révélait* l'image, formée comme de la daguerréotypie à *l'état latent*, par l'acide gallique. L'emploi de cette substance fit faire de grands pas à la photographie.

M. Talbot était plongé dans ces travaux quand il apprit la publication de l'invention de Daguerre. Il envoie les résultats de ses recherches en France, à Biot, qui en donne communication à l'Académie des sciences. Mais le daguerréotype semblait à Paris avoir seul le privilège d'occuper l'attention ; on était habitué depuis peu à voir surgir, innombrables, de nouveaux perfectionnements, qui n'étaient que les rêves creux d'esprits exaltés et inexpérimentés. La publication de Talbot n'eut pas la faveur d'attirer les regards du monde savant. Elle fut cependant considérée à sa juste valeur par un laborieux esprit, M. Blanquart-Évrard, qui profita habilement des faits signalés par le savant d'outre-Manche, et ne tarda pas à mettre au jour un mémoire intéressant sur un procédé de photographie sur papier. On attendait avec anxiété un tel résultat, on n'avait pas tardé à reconnaître que le miroitement de la plaque daguerrienne était incompatible avec un dessin vraiment artistique ; on se disait avec raison qu'une épreuve sur papier serait plus douce et ressemblerait à une *sépia*. Aussi, quand M. Blanquart-Évrard, de Lille, fit connaître sa méthode, ses communications furent-elles accueillies avec de véritables sentiments de joie, qu'exprimèrent tous les amateurs de photographie.

M. Blanquart plongeait son papier dans des substances impressionnables ; quand il était sec, il l'emprisonnait à l'étroit, entre deux plaques de verre, et l'exposait ainsi dans la chambre noire. Ces nouvelles manipulations, on doit le reconnaître, étaient tout à fait comparables à celles qu'employait M. Talbot, le physicien anglais. Cet ingénieux expérimentateur, se servait d'iodure d'argent comme agent impressionnable pour obtenir une épreuve positive sur papier ; il employait le chlorure d'argent sur le papier négatif et *révélait* l'image au moyen de l'acide gallique [1]. Il eut le premier l'idée de faire d'abord une image négative, servant de base à la production d'une image directe ; on doit le considérer comme le véritable créateur de l'épreuve sur papier, et son nom doit être inscrit dans les annales de la photographie directement après ceux de Niepce et de Daguerre.

M. Blanquart-Évrard profitant des beaux travaux de Talbot, contribua à assurer de nouveaux progrès à l'art photographique ; il l'étudia surtout en artiste, il se demanda quelles étaient les règles qu'il fallait observer, pour obtenir des épreuves véritablement harmonieuses et vraiment dignes d'être considérées

[1] Parmi ceux qui ont contribué à populariser à son origine le procédé de photographie sur papier, il faut citer M. Bayard, qui, après de patientes études, est parvenu à produire des épreuves photographiques remarquables pour son époque. En 1846, M. Despretz les montrait à ses auditeurs de la Sorbonne.

par un peintre. Il trouva des moyens ingénieux de donner de la puissance aux ombres, du coloris à l'épreuve définitive, et cela par tâtonnements, en mélangeant quelques substances chimiques aux réactifs déjà employés.

Pour la première fois, enfin, M. Blanquart arriva à faire produire à une épreuve négative jusqu'à 30 à 40 épreuves positives, tandis que l'on arrivait seulement à 3 ou 4 avant lui. Il y aurait ingratitude à oublier son nom, dans l'histoire de l'art photographique [1].

---

[1] Voir, pour plus de détails à ce sujet, le *Traité de photographie sur papier*, par M. Blanquart-Évrard (de Lille). — Paris, 1851.

CHAPITRE VII

LA PHOTOGRAPHIE

John Herschell. — L'hyposulfite de soude. — Le négatif sur verre de M. Niepce de Saint-Victor. — Le coton-poudre et le collodion. — M. Auguste Poitevin.

Il est un fait remarquable dans l'histoire des grandes découvertes, c'est que l'inventeur arrive rarement à donner lui-même aux résultats que lui a révélés son génie les perfectionnements qui leur assurent dans l'avenir la consécration de la pratique. L'esprit de l'innovateur, si ingénieux qu'il soit, ne parvient à créer que lentement et péniblement. Que de fois, après avoir apporté quelques matériaux nouveaux à l'édifice de la science, ne semble-t-il pas épuisé, et ne cède-t-il pas sa tâche à d'autres mains! Les exemples abondent dans cet ordre d'idées. Fulton, par exemple, s'élance à la conquête des mers sur un bateau à vapeur, grossier et primitif; quand ce premier modèle est sorti de son cerveau, il s'arrête comme épuisé ; on dirait que ses facultés n'ont plus le don de produire, elles ont mis au jour ce sublime nouveau-né, elles sont incapables de le faire croître ; il est réservé à d'autres de lui donner le développement de l'âge mûr. Daguerre, après quinze ans de labeurs, a montré au monde la plaque daguerrienne, premier rudiment de la photographie ; puis il reste en place et ne reprend plus son essor.

Mais le germe semé sur le champ des découvertes est cultivé par d'autres esprits éminents, dont les labeurs assurent les fruits de la moisson. A côté du créateur apparaît la foule de ceux qui savent perfectionner et qui souvent seraient incapables de créer. L'histoire de la photographie en est un remarquable exemple, Fizeau, Chevalier, Talbot, Blanquart ont déjà apporté leurs pierres au monument dont Niepce et Daguerre ont creusé la fondation ; d'autres grands ouvriers vont arriver en foule apporter leur précieux concours à l'œuvre d'édification : le monument s'élève de jour en jour, plus majestueux et plus grandiose à travers les âges.

La nouvelle découverte a soulevé l'admiration de tous ; tout le monde y fixe ses regards. Voici le grand Herschell, l'illustre astronome anglais, qui fait des épreuves photographiques ; mais une si grande intelligence ne pouvait pas placer ses mains sur la plaque daguerrienne sans y exercer une salutaire influence. Il fixe l'image sur le papier par la méthode dont il a lu les descriptions ;

il lui vient à l'idée de remplacer les agents employés jusque-là par l'hyposulfite de soude. Il réussit au delà de tout espoir, et l'hyposulfite de soude prend rang, à compter de ce jour, parmi les plus utiles substances du laboratoire photographique.

Dès que Blanquart-Évrard eut fait connaître le procédé de photographie sur papier, on se mit presque partout à l'essayer en abandonnant l'usage de la plaque de cuivre argenté. Celle-ci, on le reconnaissait, offrait bien l'avantage d'être pratique et de produire des dessins très-nets et d'une grande finesse d'exécution dans les détails; elle donnait des épreuves d'une extrême délicatesse dans le rait, d'une incomparable douceur. Mais avec le papier, plus de miroitement, plus de ces reflets métalliques qui ne permettent de voir l'épreuve qu'après l'avoir fait pivoter dans tous les sens au milieu du rayon lumineux.

Il n'y a pas de médaille sans revers, et l'emploi du papier, on ne se le dissimulait pas, était entaché de plus d'un inconvénient : la texture même du papier n'est pas très-lisse, sa nature fibreuse y produit des sillons, des aspérités, qui empêchent sa surface d'être impressionnée rigoureusement de la même façon dans toute son étendue. Le papier est en outre assez poreux, il est extensible, et ne s'imbibe pas d'une façon constante des liquides dans le sein desquels il est plongé; l'épreuve photographique obtenue n'était plus caractérisée par la

6

rigueur absolue des lignes, par une mélodieuse dégradation des ombres et des lumières. Pour mieux faire, il était indispensable de perfectionner le papier photographique, de purifier sa pâte, d'aplanir les grains qui le recouvraient, d'adoucir les rugosités dont il était hérissé; il était nécessaire de le transformer en une surface homogène, lisse, aussi plane, aussi nette que celle de la plaque métallique.

Ce problème fut habilement étudié et résolu par un expérimentateur, qui a joué un rôle considérable dans l'histoire de la photographie, M. Niepce de Saint-Victor, cousin du créateur de l'héliographie. Il eut l'heureuse idée de recourir au verre, dont la surface est aussi plane que celle du métal, et d'y étendre une couche mince d'un liquide visqueux, doué de la propriété de se solidifier, et dans lequel on pouvait dissoudre les substances impressionnables.

Pour faire son négatif, M. Niepce de Saint-Victor, étalait sur une plaque de verre une légère couche d'albumine (blanc d'œuf) qui y formait un enduit homogène, lisse, et parfaitement apte à être soumis dans de bonnes conditions à l'action de la fixation des images. Pour sensibiliser cette couche d'albumine, l'inventeur l'imbibait d'iodure d'argent; à cet effet, il la plongeait d'abord dans un bain d'iodure de potassium, puis dans une dissolution de nitrate d'argent. Une fois sèche, la plaque de verre sensibilisée servait à obtenir une image négative au foyer de la chambre noire. Le cliché fixé permettait de reproduire sur papier des épreuves positives, au moyen des procédés que nous avons déjà décrits.

M. Niepce de Saint-Victor, par la découverte de ce procédé ingénieux, fit faire un pas immense à l'art de la photographie. Mais il ne s'en tint pas à ces premiers perfectionnements, il sut dans la suite en conquérir d'autres d'une importance telle, que nous croyons devoir donner quelques détails sur l'habile cousin de Nicéphore Niepce.

Comme le fondateur de l'héliographie, il s'était destiné à la carrière militaire; sorti de l'École de cavalerie de Saumur en 1827, il fut admis comme lieutenant au 1er dragons en 1842. C'est à cette époque qu'il s'adonna spécialement aux recherches de physique, qui avaient toujours attiré son attention éminemment scientifique.

« En 1842, dit M. Louis Figuier, dans l'étude que nous avons déjà mentionnée et qui contient de curieux détails personnels, le ministre de la guerre manifesta l'intention de changer en couleur *aurore* la couleur distinctive *rose* des premiers régiments de dragons : on désirait n'être pas obligé de défaire les uniformes confectionnés. La question des moyens à employer pour remplir cet objet délicat ne laissait pas que d'embarrasser l'administration, lorsqu'on apprit qu'un lieutenant de dragons de la garnison de Montauban s'offrait à remplir cette condition difficile. Le lieutenant fut mandé à Paris; on soumit à une commission le moyen qu'il proposait et qui consistait à passer avec une brosse un certain liquide qui opérait la réforme désirée, sans qu'il fût même nécessaire de découdre les fracs. L'exécution de ce procédé expéditif épargna au Trésor un déboursé de plus de 100,000 francs. Après avoir reçu, avec les compliments de ses chefs, une gratification de 500 francs du maréchal Soult, le lieutenant reprit le chemin de Montauban.

« Ce lieutenant était M. Abel Niepce de Saint-Victor, cousin de Nicéphore Niepce, le Christophe Colomb de la photographie.

« Pendant son séjour à Paris, M. Abel Niepce de Saint-Victor avait senti s'accroître son goût pour les manipulations scientifiques. La découverte de son parent avait jeté sur le nom qu'il portait une gloire impérissable, et, comme par une sorte de piété de famille, il se sentait instinctivement poussé dans les voies de la science. Il commença donc à s'occuper de physique et de chimie, et s'attacha particulièrement à l'étude des phénomènes daguerriens. Mais une ville de province offre peu de ressources à une personne placée dans la situation de M. Niepce. Convaincu que la capitale lui offrirait plus d'avantages pour continuer ses recherches, il demanda à entrer dans la garde municipale, à Paris.

« Il y fut admis, en 1845, avec le grade de lieutenant, et fut caserné, avec sa brigade, au faubourg Saint-Martin. C'est alors que M. Niepce de Saint-Victor découvrit les curieux phénomènes auxquels donne naissance la vapeur d'iode, quand elle se condense sur les corps solides... A la suite de ce premier travail, qui commença à attirer sur lui l'attention, M. Niepce imagina le négatif photographique sur verre, découverte qui sera pour lui un titre de gloire durable.

« Ces intéressantes recherches, qui apportaient un puissant secours aux progrès de la photographie, M. Niepce les exécutait dans le plus étrange des laboratoires. Il y avait à la caserne de la garde municipale du faubourg Saint-Martin une salle toujours vide : la salle de police des sous-officiers ; c'est là qu'il avait installé son officine. Le lit de camp formait sa table de travail, et sur les étagères qui garnissaient les murs, se trouvaient disposés les appareils, les réactifs, et tout le matériel indispensable à ses travaux. C'était un spectacle assez curieux que ce laboratoire installé en pleine caserne ; c'était surtout une situation bien digne d'intérêt que celle de cet officier poursuivant avec persévérance des travaux scientifiques, malgré les continuelles exigences de sa profession. Nos savants sont plus à l'aise d'ordinaire ; ils ont, pour s'abandonner à leurs recherches, toute une série de conditions favorables, entretenues et préparées de longue main par un budget clairvoyant ; ils ont de vastes laboratoires où tout est calculé pour faciliter leurs travaux ; après avoir eu des maîtres pour les initier, ils ont des disciples auxquels ils transmettent les connaissances qu'ils ont acquises. Quand le succès a couronné leurs efforts, ils ont le public qui applaudit à leurs découvertes, l'Académie qui les récompense, et, au loin, la gloire qui leur sourit. M. Niepce était seul ; comme il avait été sans maître, il était sans disciples ; sa solde de lieutenant formait tout son budget ; une salle de police lui servait de laboratoire. Le jour, dans tout l'attirail du savant, il se livrait à des recherches de laboratoire, entrecoupées des mille diversions de son état ; la nuit, il s'en allait par la ville, le casque en tête et le sabre au côté, veillant en silence, à la tranquillité des rues, et s'efforçant de chasser de son esprit le souvenir inopportun des travaux de la journée. »

Le laboratoire de ce savant officier fut brûlé le 24 février 1848, mais depuis M. Niepce de Saint-Victor a pu continuer ses intéressants travaux dans d'excellentes conditions, et des faits du plus haut intérêt au point de vue de la photographie furent encore révélés par le parent de l'illustre Nicéphore Niepce.

En 1847, M. Chevreul fit connaître à l'Académie des sciences le nouveau procédé de M. Niepce de Saint-Victor. Mais quelques années après, en 1850, l'albumine allait être remplacée par une nouvelle substance qui devait offrir de tels avantages qu'elle ne tarda pas à se généraliser à l'exclusion de toute autre ; nous voulons parler du *collodion*.

C'est à M. Legray qu'est due l'introduction du collodion dans les opérations photographiques ; une brochure publiée par cet habile photographe vers la fin de 1856, fait mention de cette substance, que MM. Bingham et Cundell essayaient de leur côté de substituer à l'albumine quelques mois plus tard. Peu de temps après ces publications, Scott Archer, en Angleterre, faisait de l'emploi du collodion la base d'un procédé négatif remarquable par sa netteté et sa perfection. C'est ce procédé qui, depuis plus de vingt années, enrichi de perfectionnements divers, est devenu le point de départ de presque tous les travaux photographiques. Le principe en est simple, du reste : dans un mélange d'alcool et d'éther, on dissout du pyroxyle ou coton-poudre en quantité convenable, et le collodion ainsi obtenu, additionné d'iodures et quelquefois de bromures solubles, est versé sur une glace. Aussitôt que, par évaporation éventuelle, il a fait prise, on plonge la glace dans un bain d'azotate d'argent, de manière à l'imprégner d'iodure et de bromure d'argent. Chargée de ces composés insolubles, couverte encore d'azotate libre, la glace est exposée au foyer de la chambre noire pendant quelques secondes. Rentrée ensuite dans une pièce obscure, elle est soumise à l'action d'agents réducteurs susceptibles d'achever la décomposition que la lumière a commencée et de transformer l'image latente en une image visible et négative. Le sulfate de fer, l'acide pyrogallique sont principalement employés pour obtenir cet effet. — Après ce *développement*, l'image est *fixée*, c'est-à-dire débarrassée des sels encore impressionnables au moyen de l'hyposulfite de soude ou du cyanure de potassium. Préparé de cette façon, le *cliché* peut, superposé à des feuilles de papier recouvertes de sels d'argent, fournir autant d'épreuves positives que l'opérateur le désire [1].

Avec l'apparition du collodion, la photographie est définitivement créée : l'histoire de cet art étonnant doit s'arrêter à cette époque.

[1] M. Aimé Girard.

DEUXIÈME PARTIE

LES OPÉRATIONS ET LES PROCÉDÉS PHOTOGRAPHIQUES

CHAPITRE PREMIER

L'ATELIER ET LES APPAREILS

Organisation d'un bon atelier. — Cabinet noir. — Terrasse. — Atelier de pose. — De l'influence de la lumière. — Dispositions à prendre pour éclairer les objets ou les personnes que l'on veut photographier. — Les appareils. — Objectifs et chambres noires.

L'atelier du photographe doit se composer d'une pièce éclairée, où s'opère la manipulation des substances qui ne sont pas altérées par l'action des rayons solaires, et d'un cabinet obscur. Il ne faut pas que ce cabinet soit absolument plongé dans les ténèbres, puisqu'on y opérera des manipulations ; on y laisse pénétrer la lumière du jour par l'intermédiaire d'un carreau de couleur jaune orangé ; on peut encore l'éclairer à l'aide d'une bougie, en ayant soin d'entourer la flamme d'un papier huilé ou jaune, à la façon des marchands d'orange.

La première partie de l'atelier ne nécessite pas de dispositions spéciales. Seulement des planches devront être fixées au mur pour recevoir les flacons et les fioles nécessaires ; une balance de précision, une grande table munie de tiroirs, destinée au nettoyage des glaces, sont en outre indispensables.

Le cabinet noir doit être organisé avec le plus grand soin ; c'est là que l'on prépare les plaques sensibles, c'est là que se produisent et s'étalent sur la glace les substances impressionnables. Nous avons dit que ce cabinet ne reçoit aucun rayon de lumière blanche. Il doit être commodément aménagé, afin que l'opérateur trouve sous la main tous les objets dont il a besoin pendant le cours des manipulations qu'il exécute avec une assez grande célérité (fig. 9). — Une table étroite, fixée au mur, supporte les cuvettes à bains sensibilisateurs, que l'on a soin de maintenir un peu inclinées. Une étagère reçoit sur ses planches les flacons à collodion et les substances révélatrices. — A côté de la table, il est bon d'avoir une pierre d'évier, au-dessus de laquelle est placé un robinet d'eau pour le lavage des épreuves. — Il est très-commode de disposer ce robinet en cou de cygne, et de faire écouler l'eau à travers une pomme d'arrosoir, de manière à ce que l'eau tombe en pluie sur la plaque à laver et la mouille subitement sur une assez grande surface.

Une terrasse bien exposée à la lumière est nécessaire au photographe ; il y place les châssis qui contiennent les clichés à reproduire sur le papier. Il

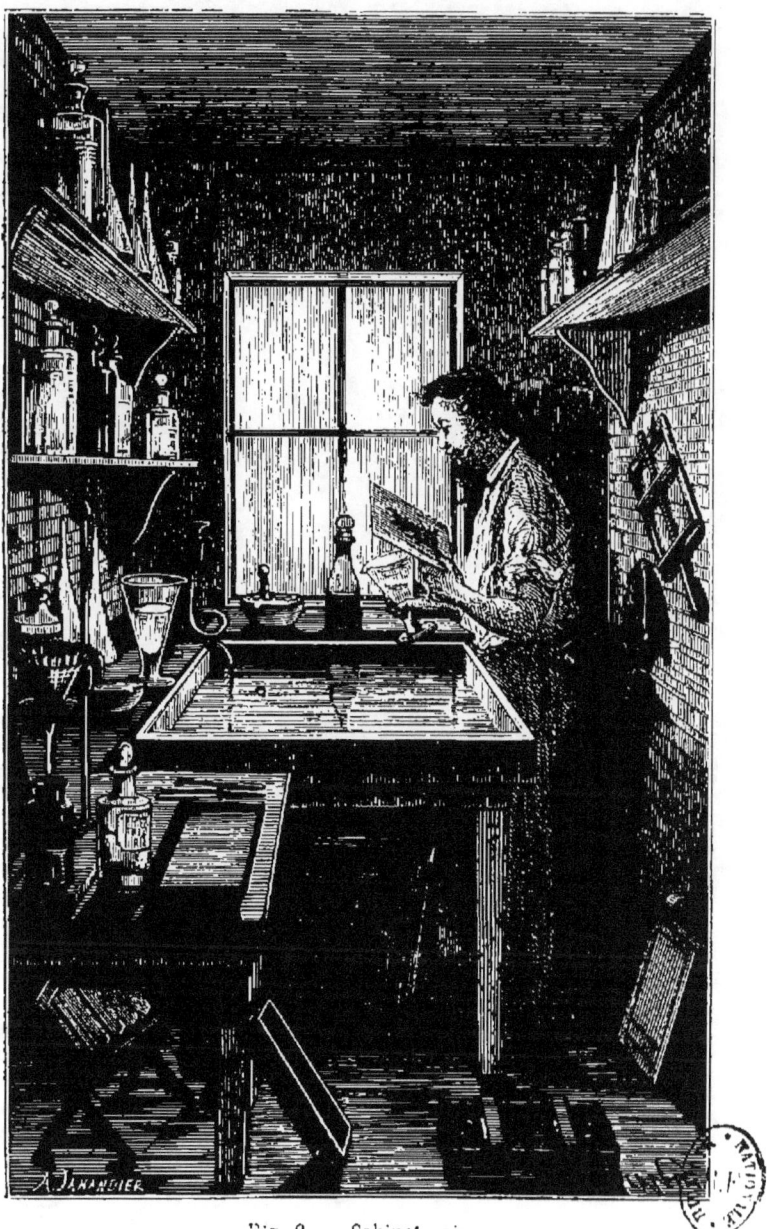

Fig. 9. — Cabinet noir.

est assez utile de disposer, si cela est possible, d'un second cabinet obscur, placé près de la terrasse, et destiné à préparer les papiers photographiques qui servent au tirage des épreuves positives.

Le salon de pose est la pièce la plus essentielle d'un bon établissement photographique ; il doit être construit dans un endroit très-accessible à la lumière et éclairé d'une façon toute spéciale. — Le mode de distribution de la lumière, dans le salon de pose contribue à donner aux images produites l'harmonie qui caractérise les photographies vraiment artistiques.

Si le salon de pose est éclairé seulement par des fenêtres verticales, placées d'un côté ; s'il reçoit le jour de touts côtés à la fois, la lumière qui y pénétrera trop faible ou trop vive rendra impossible la confection de bonnes épreuves.

La première condition d'un bon salon de pose est d'être situé du côté du nord ; s'il est placé sur le haut d'une maison, on l'éclairera par un de ses côtés et par le haut en perçant le toit, pour y construire un vitrage à la façon des serres. — Les verres d'un bleu clair, colorés au cobalt, devront être choisis de préférence à tous les autres ; ils ont la propriété de tamiser la lumière, en laissant passer les rayons chimiques et en produisant un éclairage harmonieux et doux. — Au-dessus de la pièce sont suspendus de grands rideaux bleus, glissant facilement le long de tringles à l'aide d'anneaux, afin qu'il soit possible de réduire, s'il y a lieu, l'intensité de l'éclairage. A ces premières précautions il faut en ajouter d'autres, qui nous sont particulièrement recommandées par un opérateur expert, M. Liebert.

« La propreté des verres, dit ce savant expérimentateur[1], est également d'une grande importance au point de vue de la rapidité des opérations. L'extérieur du toit vitré sera donc lavé aussi souvent qu'il sera nécessaire pour que la lumière puisse produire son maximum de rapidité... Il sera bon de peindre à la colle en bleu ou en gris clair toutes les parois intérieures de ce salon pour adoucir et atténuer l'effet de la grande lumière sur les yeux affaiblis... Il faudra écarter du salon les couleurs vertes, jaunes ou rouges, qui donnent des reflets défavorables. »

Empruntons encore à M. Liebert quelques renseignements utiles sur l'emploi de la lumière en photographie :

« L'action chimique de la lumière varie beaucoup, selon l'état de l'atmosphère : par un jour beau et clair, elle sera plus rapide que par un temps couvert et sombre... La lumière, pour agir sur les substances chimiques employées à la formation de l'image photographique, doit être blanche. La lumière du gaz, d'une bougie, même celle du soleil traversant un verre jaune, n'a en quelque sorte aucune action sur les sels d'argent. La lumière élec-

---

[1] *La Photographie en Amérique.* Paris, 1864.

trique, la lumière au magnésium, avec celle du soleil, les fait noircir.

Toutes les couleurs ne se reproduisent pas également vite; ainsi le noir, le rouge, le jaune et le vert sont beaucoup plus longs à s'impressionner que le blanc, le bleu, le lilas, le rose. On devra donc tenir compte des couleurs du modèle à reproduire pour se guider sur la durée de l'exposition.

Pour les vues naturelles, les conditions de lumière qui sont préférables sont celles qui placent les points du paysage à reproduire dans un éclairage d'une intensité à peu près égale partout, à l'heure où le soleil, aux environs du zénith, projette la lumière de haut, parce qu'alors les ombres portées sont peu considérables. Les levers et couchers du soleil, si beaux en nature, se traduisent très-mal en photographie, en raison des couleurs peu photogéniques qui se reflètent en rouge sur tout l'ensemble du paysage. On devra donc choisir l'instant où le sol, sous le rapport de l'éclat, se trouve en harmonie aussi grande que possible avec le ciel, pour que tous les objets produisent une impression à peu près égale à la chambre noire; on évitera ainsi la solarisation. »

L'instrument photographique au moyen duquel on opère consiste en une boîte à soufflet au fond de laquelle est adaptée une glace en verre dépoli. Cette boîte joue l'office de chambre noire. Le devant de cette chambre noire est muni d'un tube de cuivre, qui constitue l'objectif (fig. 10).

L'objectif est l'âme de la photographie. Il doit être construit dans les meilleures conditions, formé de lentilles achromatiques.

Tout le monde sait que l'objectif est formé d'une lentille convergente, qui a pour effet de donner une image réduite et renversée des objets extérieurs. Cette image est projetée sur l'écran, en verre dépoli, placé au fond de la chambre noire à soufflet. Est-il nécessaire de dire que la gran-

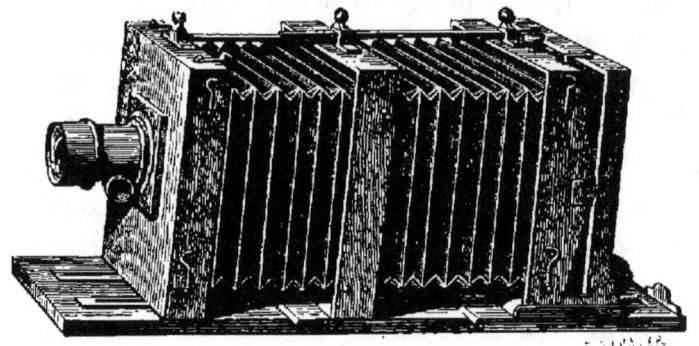

Fig. 10. — Appareil photographique à soufffet.

deur de l'image dépend de la grandeur de la lentille et de la distance qui la sépare de l'objet à reproduire ? Cela est évident pour tous ceux qui possèdent les plus élémentaires notions de l'optique.

Les photographes distinguent deux espèces d'objectifs : l'objectif simple et l'objectif à lentilles combinées ; le premier est principalement usité pour le paysage ; il est construit de telle façon qu'il puisse donner à toutes les parties de l'image le même caractère de finesse, de netteté et d'exactitude. Le second est surtout employé pour l'exécution des portraits ; la courbe de ses lentilles permet à l'opérateur d'exécuter un cliché rapide et lui donne au centre de la glace un maximum de netteté qui va, pour ainsi dire, en diminuant à mesure que l'on s'éloigne de ce centre en se rapprochant des bords du cliché.

L'objectif simple comprend deux lentilles superposées : l'une convexe, qui s'emboîte dans la concavité de l'autre. En réalité, ce système de deux verres ne forme bien qu'une seule lentille *achromatique*, qui a pour but de détruire la coloration de l'image sur ses bords. L'objectif double comprend le système précédent, auquel vient se joindre un autre système de deux lentilles, la première convergente et la deuxième concave-convexe. Avec cet objectif, il est possible par un temps clair d'obtenir une épreuve photographique en quelques secondes; c'est ce qui l'a fait employer, comme nous l'avons déjà dit, pour l'exécution des portraits. On construit actuellement des objectifs à foyer moyen qui sont susceptibles de servir indifféremment à l'exécution d'un paysage ou d'un portrait ; dans tous les cas, l'appareil est muni d'un diaphragme destiné à rétrécir le champ de la lumière, et qui peut se retirer au gré de l'opérateur. L'objectif est en outre muni d'un pignon et d'une crémaillère destinés à faire mouvoir facilement les tuyaux de cuivre à l'intérieur desquels sont fixées les lentilles. La figure 11 représente ce mécanisme, placé à portée de la main, à la partie supérieure du tuyau. A la droite de notre gravure, on a représenté le diaphragme et le couvercle destiné à empêcher l'accès de la lumière.

L'objectif se fixe à la chambre noire par l'intermédiaire d'une rondelle de cuivre où il est vissé. Le corps de la chambre noire est formé de deux parties distinctes, rentrant l'une

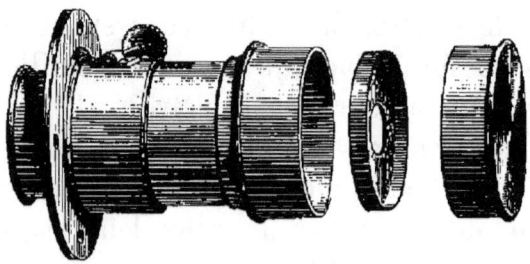

Fig. 11. — Objectif, avec sa crémaillère, son diaphragme et son couvercle.

dans l'autre, de telle façon que l'opérateur peut à volonté faire varier la distance qui sépare l'écran de l'objectif. Cette mobilité de l'écran a été réalisée d'une façon très-simple, très-pratique, en l'adaptant à un véritable soufflet, dont le jeu est combiné de manière à donner à l'écran toutes les positions qu'exige, dans des circonstances variées, la confection du cliché photographique.

La figure 10 représente une chambre noire à soufflet et à charnière ; il est possible après l'opération de démonter l'appareil ; les deux parties se ferment en comprimant le soufflet, et ne forment plus alors qu'un léger bagage très-portatif.

Dans un très-grand nombre de cas, on peut arriver à d'excellents résultats avec une chambre noire sans soufflet, disposée comme le montre la figure 12. Les deux parties de la chambre noire sont en bois, et représentées en M et en N. A et B

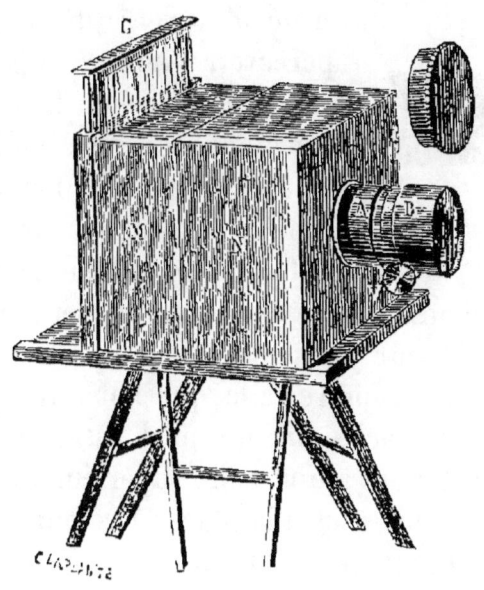

Fig. 12. — Appareil photographique simple.

sont les tuyaux porteurs de lentilles, mobiles au moyen de la vis V, qui met en action la crémaillère. Le couvercle de l'objectif est dessiné un peu au-dessus. L'écran de verre dépoli est figuré en G, avec le cadre de bois qui permet de le faire glisser dans la rainure adaptée au fond de la chambre noire. La coupe de l'objectif de cet appareil est donnée figure 13. A est le tuyau fixe, B le tuyau mobile qui enveloppe le premier, et qui permet de faire mouvoir les deux systèmes de lentilles E et D.

L'objectif, comme nous l'avons expliqué, a pour but de projeter les images extérieures sur un écran placé au fond de la chambre noire. Cet écran est formé d'un verre dépoli ; pour y apercevoir l'image, l'opérateur a soin de se cacher la tête dans une étoffe de serge qu'il maintient au-dessus de l'appareil de manière à ce que ses yeux se trouvent dans un milieu obscur. Cette petite manœuvre est trop connue pour que nous croyions devoir y insister.

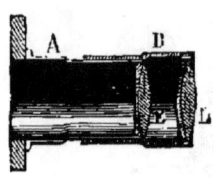

Fig. 13. — Détail de l'objectif.

La chambre noire telle que nous venons de la décrire est placée sur un pied assez compliqué, destiné à donner à une table supérieure des inclinaisons diverses et à la placer à volonté à des niveaux différents (fig. 14). Une fois que la table a été placée dans la position voulue, on la maintient fixe et solide au moyen d'un système de vis représenté à la partie supérieure de notre gravure.

Pour exposer la plaque sensible dans la chambre noire, on la fixe dans un *châssis* qui est glissé dans les rainures de la chambre noire, à la place même du verre dépoli, où l'opérateur a pu étudier au préalable l'image à reproduire.

Le châssis est représenté figure 15 ; il est formé d'un cadre formant boîte. A l'arrière de ce cadre, s'ouvre une porte qui, une fois fermée, maintient la glace à l'aide d'un ressort. En avant, une planche à coulisse glisse dans une rainure, et quand

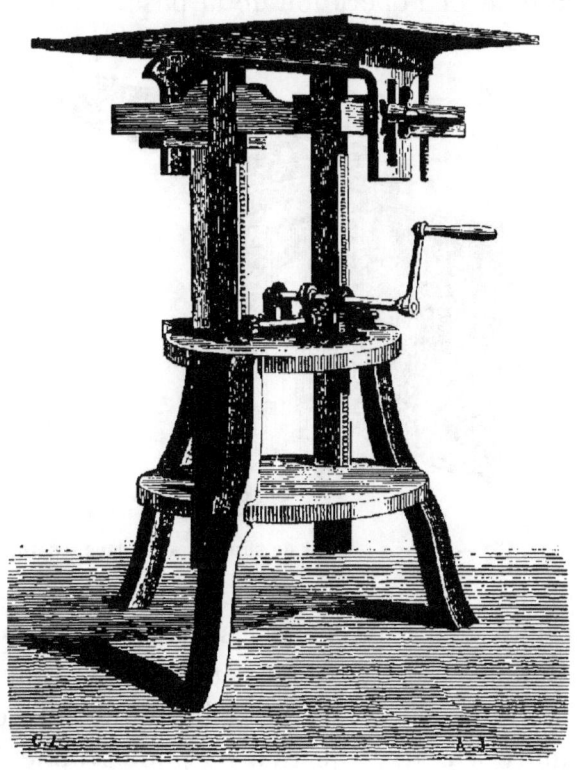

Fig. 14. — Support de la chambre noire.

elle est levée, comme nous le figurons, la lumière vient frapper la partie sensibilisée de la glace. Quand, au contraire, elle est fermée, elle maintient dans l'obscurité la glace sensible, et permet à l'opérateur de la transporter du cabinet obscur où il l'a préparée jusqu'à l'appareil photographique. La planche mobile n'est levée que lorsque le châssis est fixé à la chambre noire, au moment où l'on va enlever le couvercle de l'objectif et commencer l'opération de la pose.

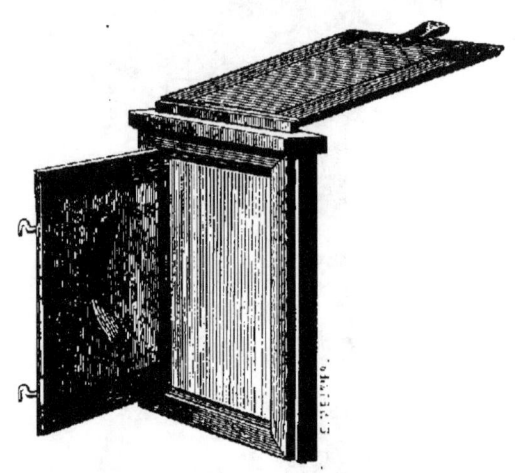

Fig. 15. — Châssis servant de support à la glace sensible.

La figure 16 représente les différentes positions du châssis avant de commencer l'opération. Elle donne en même temps l'ensemble d'une belle chambre noire à deux objectifs. Le photographe a examiné l'image de l'objet à reproduire sur l'écran de la chambre noire ; il lui a donné la netteté en faisant mouvoir les lentilles au moyen de la crémaillère ; il a exécuté, en un mot, la *mise au point*, c'est-à-dire trouvé par tâtonnement le seul point où l'image présente une netteté parfaite, le point du *foyer* optique ; il peut à présent placer à ce foyer la glace sensibilisée : Il l'apporte dans son châssis, la pose un instant derrière l'appareil et lui fait prendre rapidement la place qu'occupait auparavant l'écran de verre dépoli. Une fois le châssis glissé dans la rainure, il soulève la planche mobile, et met ainsi à nu la glace sensible. Il

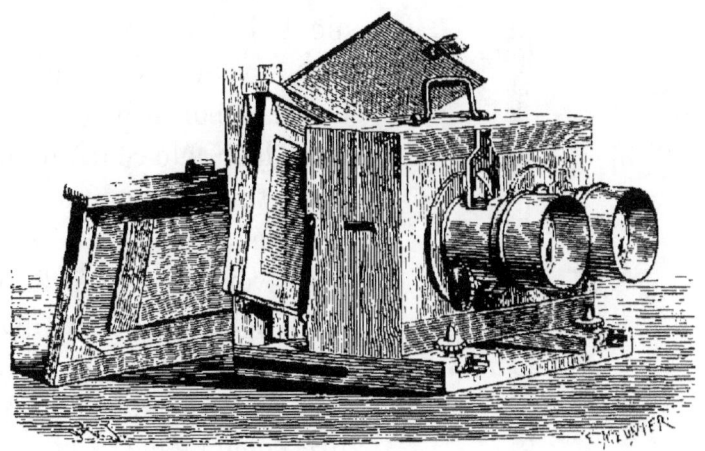

Fig. 16. — Chambre noire photographique avec ses tuyaux porteurs d'objectifs, et son châssis.

enlève le couvercle de cuivre qui ferme l'objectif, tout en criant le sacramentel : « Ne bougeons plus ! »

Il nous resterait à décrire un grand nombre d'appareils si nous voulions dès à présent parler de tous ceux qui sont appelés à passer entre les mains du photographe. Au fur et à mesure des diverses opérations photographiques, nous les indiquerons ; nous terminerons cependant ce

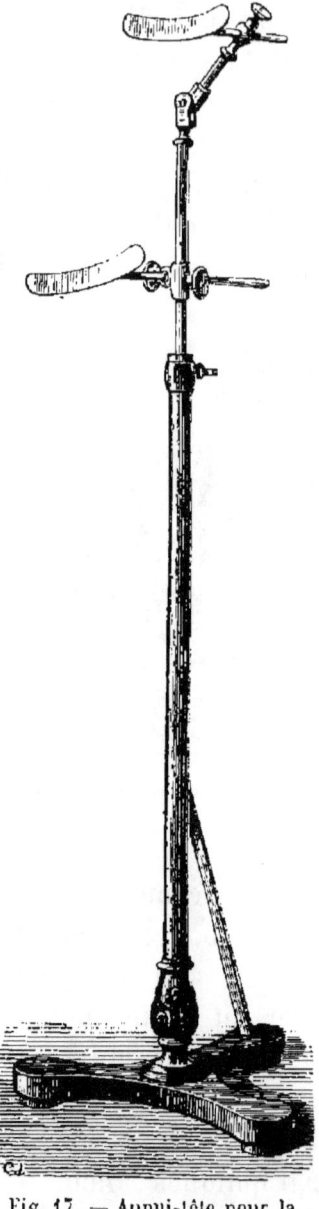

Fig. 17. — Appui-tête pour la pose des modèles.

chapitre en mentionnant encore l'*appui-tête*, dont il est utile de se servir pour l'exécution des portraits. Il est bien peu de personnes qui puissent rester complétement immobiles. Leur tête remue sans qu'elles en aient le soupçon. Quand elles auront pris la pose voulue, il est bon de placer derrière leur tête ce demi-anneau soutenu par un pied lourd et solide (fig. 17); il faut avoir soin de le faire avec délicatesse, de manière à ne pas changer la position prise pour ainsi dire spontanément par le modèle. Si au dernier moment l'appui-tête est maladroitement placé, vous n'obtiendrez plus sur le cliché un portrait vivant et ressemblant, vous aurez une image d'une roideur désespérante, qui transforme trop souvent, hélas! le cliché en une caricature!

CHAPITRE II

LE CLICHÉ OU LE NÉGATIF

Manipulations du photographe. — Nettoyage des glaces. — Comment on étend le collodion. — Mise au bain d'argent. — Exposition à la chambre noire. — Développement, fixage et vernissage.

Notre atelier et nos appareils sont prêts : arrivons à faire une photographie et décrivons les manipulations délicates et minutieuses qu'exige une bonne réussite.

Nettoyage de la glace. — Nous avons à notre disposition des glaces d'excellente qualité, exemptes de rayures, de bulles et parfaitement planes. Il est indispensable de les nettoyer avec le plus grand soin ; mais cette opération ne consiste pas, comme on pourrait le croire, en une simple friction à l'aide d'un linge, — elle est bien autrement minutieuse et délicate. — La glace est placée dans une petite presse à polir où un appareil à vis de bois la maintient solide, sans qu'on soit obligé de la toucher avec ses doigts (fig. 18). — Le contact seul de la main, toujours un peu grasse, empêcherait plus tard l'adhérence du collodion. — On y saupoudre un peu de terre pourrie calcinée, que l'on humecte d'alcool; on la frotte avec la boue ainsi formée au moyen d'un tampon de flanelle. Quand la glace a été fortement frictionnée dans tous les sens, on l'essuie avec du papier à filtre ou mieux un papier mousseline, d'une grande délicatesse, dit *papier japonais*. En hiver, il est bon de chauffer légèrement les gla-

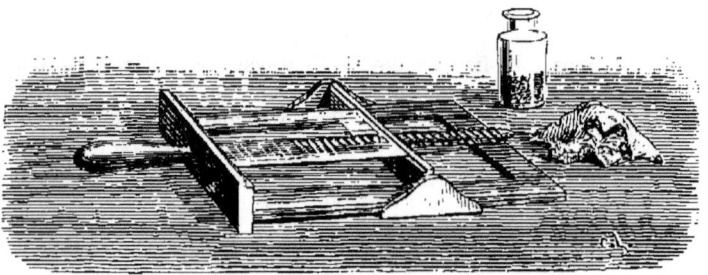

Fig. 18. — Presse à polir les glaces.

ces pour en enlever l'humidité. Nous ne saurions trop insister sur l'importance extrême du nettoyage des glaces; si l'on ne prend pas soin de l'exécuter avec le plus grand soin, le succès de l'opération est tout à fait compromis.

Le collodion, sa préparation. — Le collodion est un liquide transparent et épais, qui a la propriété de se solidifier quand il reste exposé à l'air. Il est formé d'une dissolution de pyroxyle ou cotonpoudre dans un mélange d'alcool et d'éther. Quoiqu'il soit facile de se procurer du collodion de bonne qualité dans quelques bonnes maisons de produits pharmaceutiques, il ne nous semble pas inutile de donner le moyen de le fabriquer soi-même.[1]

Étendage du collodion. — Le collodion est obtenu, il est sensibilisé à l'aide de certains iodures et bromures ; nous l'avons sous notre main dans un flacon placé dans notre cabinet noir : nous voulons produire un cliché photographique.

La glace, que nous avons nettoyée avec le plus grand soin, doit être couverte d'une mince couche

---

[1] Voici d'abord comment on peut préparer soi-même le coton-poudre destiné à la confection du collodion : On mélange 1 partie en poids d'azotate de potasse (salpêtre) sec et pulvérisé avec 3 parties d'acide sulfurique concentré. On ne verse que peu à peu l'acide sulfurique dans la capsule de porcelaine où l'on a jeté auparavant le salpêtre. On mêle les deux substances avec une baguette de verre, de manière à former une sorte de bouillie bien homogène. On chauffe légèrement jusqu'à ce que la température du mélange mesurée à l'aide d'un thermomètre à mercure soit de 60° centésimaux. On immerge à ce moment le coton dans le mélange, en le foulant et l'agitant, au moyen d'une spatule de verre, de façon à l'imbiber dans toutes ses parties ; on le laisse en contact avec l'acide sulfurique nitré, pendant deux heures consécutives, et on le lave à grande eau. — Il suffit ensuite de le faire sécher, et le coton-poudre est fabriqué. — Il est nécessaire d'employer du coton de belle qualité, bien cardé, très-fin et bien pur.

Pour s'assurer que le coton-poudre est bien préparé, on en enflamme une petite portion ; il doit brûler très-rapidement, sans laisser de résidu noir.

Le coton-poudre, une fois acheté ou préparé, est jeté dans un mélange d'alcool ou d'éther, d'après les proportions suivantes :

    Alcool à 40°. . . . . 100 centimètres cubes.
    Éther sulfurique à 58°. 160   —

On peut dissoudre dans le liquide ainsi obtenu 5 grammes de coton-poudre. — Celui-ci se dissoudra très-bien si l'on a soin de le chauffer préalablement dans une étuve à 45° environ. — On verse d'abord l'alcool dans un flacon de verre, à large ouverture et bouché à l'émeri. On y introduit le coton-poudre, on l'agite de manière à de collodion sensibilisé. Cette opération de l'étendage du collodion doit s'opérer avec délicatesse ; elle nécessite de l'habileté et de la pratique. — On prend la glace par un angle, entre le pouce et l'index ; on la maintient horizontale ; saisissant le flacon à collodion de l'autre main, on verse le liquide visqueux petit à petit, au milieu de la glace, en quantité suffisante pour que le volume étalé puisse couvrir la surface entière (fig. 19) ; par un mouvement de rotation très-lent, on fait répandre

bien l'humecter ; on verse ensuite l'éther et on secoue le flacon avec énergie, jusqu'à ce que la dissolution soit opérée. Le liquide obtenu est visqueux, sirupeux ; il est utile de le laisser au repos pendant 48 heures et de le décanter ensuite dans un flacon bien sec et bien propre, où on le conservera jusqu'au moment où il devra être sensibilisé.

Pour sensibiliser le collodion, il faut y ajouter des agents chimiques qui, en se combinant avec l'azotate d'argent, forment un enduit impressionnable à la lumière. Ces substances sont diverses ; les iodures et les bromures sont les plus habituellement employés.

Voici une solution alcoolique recommandée par M. A. Liebert, pour sensibiliser le collodion :

Iodure de potassium.	22 grammes.
Bromure de potassium.	8 —
Iodure d'ammonium.	18 —
Bromure d'ammonium.	10 —
Iodure de cadmium.	20 —
Bromure de cadmium.	10 —
Iodure de zinc.	12 —
Alcool à 40°.	1 litre.

Les recettes varient, on peut le dire, à l'infini, et nous n'avons pas l'intention d'insister sur les formules, qui nous entraîneraient loin de notre but et donneraient à ce livre la forme d'un traité. Nous répéterons ici que les amateurs, et les photographes eux-mêmes, ont l'habitude d'acheter chez de bons fabricants le collodion sensibilisé tout préparé. Les méthodes que nous donnons ont surtout en vue de faire comprendre au lecteur le mécanisme chimique de l'opération photographique.

le collodion sur tous les points de la glace, et on en reverse l'excès dans le flacon, en le faisant écou-

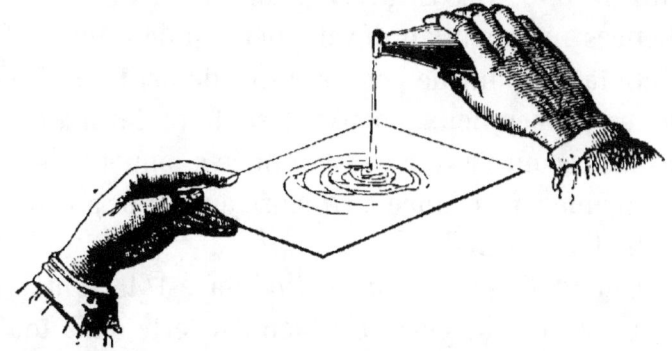

Fig. 19. — Manière d'étendre le collodion. Première position des mains.

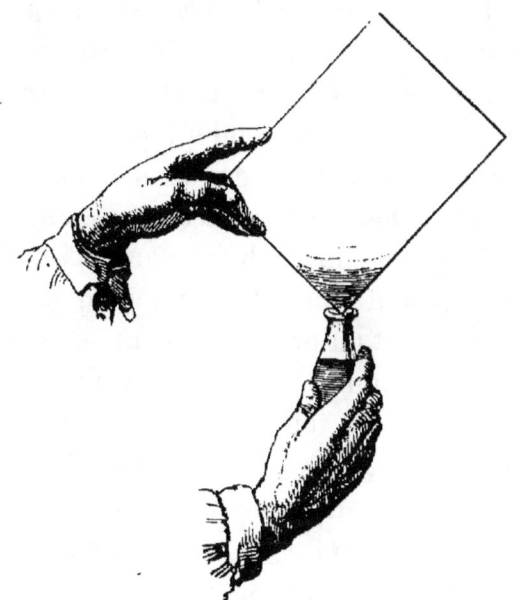

Fig. 20. — Deuxième position des mains.

ler par l'angle opposé à celui que l'on tient dans la main (fig. 20). Il faut avoir soin que le collodion ne repasse jamais sur les parties qu'il a déjà couvertes ; au lieu d'avoir une surface plane, on aurait une viscosité irrégulière, où des proéminences nuiraient au développement de l'image. Les débutants, pour ne pas user inutilement un liquide assez dispendieux, peuvent se faire la main, en ayant recours à une eau gommée à laquelle ils donnent une consistance sirupeuse analogue à celle du collodion normal.

Quand l'étendage du collodion est terminé, on s'assure que la glace est bien couverte dans toutes ses parties d'une pellicule homogène, dépourvue de stries, de points et de taches ; si l'inspection ne laisse rien à désirer, si la couche visqueuse est uniforme, claire et transparente dans toutes ses parties, on la laisse sécher pendant quelques moments, et l'on se dispose à la plonger dans un bain d'argent.

Immersion dans le bain sensibilisateur. — Pour plonger la glace dans le bain d'argent[1], il faut opérer avec précipitation, de manière que la couche collodionnée soit au même moment en contact avec le liquide dans toutes ses parties. On soulève la cuvette de manière à faire couler le liquide dans sa partie inférieure, on y place la base de la glace que l'on fait tomber dans le bain, en même temps qu'on fait reprendre à celui-ci sa position horizontale (fig. 21). Cette opération se fait facilement en se ser-

---

[1] Le bain d'argent s'obtient en dissolvant 7 à 10 grammes de nitrate d'argent dans de l'eau distillée, parfaitement pure et exempte de chlorures

vant d'un petit crochet (fig. 22) dont ne manquent pas de se munir les bons opérateurs. Il va sans dire

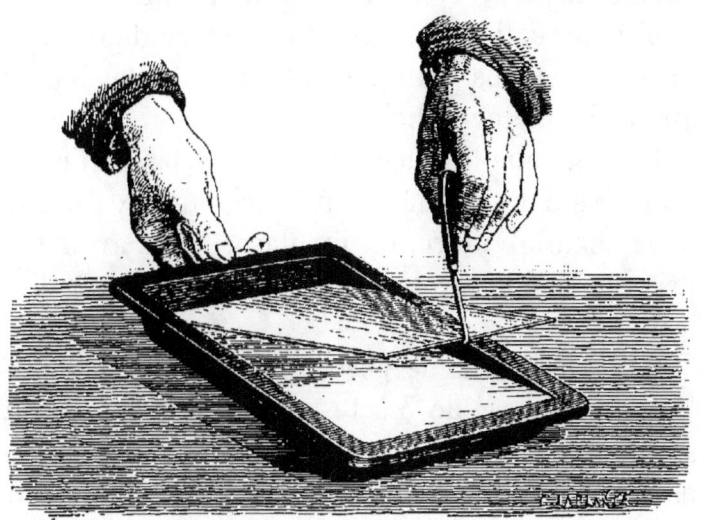

Fig. 21. — Immersion de la glace dans le bain d'argent.

que la mise au bain d'argent s'exécute dans le cabinet noir, éclairé par l'intermédiaire d'un carreau jaune.

On laisse séjourner la glace dans le bain pendant quelques secondes, jusqu'à ce que la surface collodionnée présente uniformément une teinte opaline translucide.

Quand cette opération est réussie, la glace est apte à être impressionnée par la lumière et à donner une image nette, régulière, dans d'excellentes conditions.

Fig 22. — Crochet de la mise au bain.

Exposition à la chambre noire. — Il est bien difficile de déterminer à l'avance le temps de pose ; il varie avec la puissance de l'instrument dont l'opérateur dispose, avec le degré de lumière, avec la qualité du collodion, la nature des couleurs à reproduire, etc. La pratique seule, l'habitude, peuvent guider le photographe.

Une fois que la glace est sortie du bain d'argent, on la fixe dans le châssis qui s'adapte aux rainures de la chambre noire, on l'y place, après avoir bien pris son point, et l'on ôte le couvercle de l'objectif.

Dans un atelier de pose, le temps d'exposition à la lumière varie de 3 à 12 secondes. Pour les paysages, la glace doit être impressionnée après un espace de temps, variable selon les produits que l'on emploie, la qualité des bains révélateurs, etc.

L'opérateur doit s'habituer à compter les secondes mentalement, afin d'éviter l'emploi toujours incommode de montres à secondes. Quand la glace sensibilisée a été impressionnée par la lumière, on referme le couvercle du châssis qui l'emprisonne, et on le porte au milieu de son enveloppe de bois dans le cabinet noir, où il s'agit de développer l'image.

Développement de l'image. — On retire la glace de son châssis, on la tient par un coin entre le pouce et l'index ; à l'aide d'un verre à précipité, on y verse rapidement, — afin de mouiller d'un seul coup la surface tout entière, — le liquide révélateur, généralement formé d'une dissolution aqueuse de sulfate de fer additionnnée d'acide pyrogallique ou acétique[1] (fig. 25). — Cette opération est très-importante : elle s'exécute au-dessus d'un bassin, ou d'une pierre d'évier. — Quand le liquide révélateur est versé sur la glace, on maintient celle-ci dans une position horizontale afin que la solution s'y maintienne également répartie sur toute sa surface ; on rejette le liquide dans le verre à expérience, puis on le reverse sur la glace, et ainsi de suite à plusieurs reprises.

L'image se développe successivement, les lumières, les ombres, les demi-teintes apparaissent, l'image se révèle peu à peu. Seulement elle est négative, c'est-à-dire que les blancs du modèle ressortent en noir sur le verre, et inversement.

C'est pendant cette opération que l'on peut facilement s'apercevoir si le temps de pose a été suffisamment prolongé. Si le temps de pose a été trop

---

[1] Le liquide révélateur pour les négatifs au collodion est formé d'une solution de sulfate de protoxyde de fer dans l'eau distillée. On a l'habitude d'y ajouter une petite quantité d'acide pyroligneux, légèrement additionnée de quelques gouttes d'alcool. Voici une formule d'un liquide révélateur :

Eau distillée.	100 parties en poids.	
Sulfate de protoxyde de fer. . . .	2)	— —
Acide acétique.	8	— —
Alcool.	4	— —

Il suffit souvent de préparer cette solution au moment même de l'opération, sans se donner la peine de peser les substances. On place dans un verre à pied quelques cristaux de sulfate de fer, que l'on dissout par l'agitation dans l'eau distillée. On y ajoute quelques gouttes d'acide acétique et d'alcool. Avec quelque habitude, on prépare en un instant le liquide voulu court, les blancs apparaissent de suite sur le cliché en teintes noires comme de l'encre ; dans les ombres et les noirs la couche collodionnée reste opaline et ne varie pas. — S'il a été au contraire trop prolongé, la surface entière se voile d'un nuage grisâtre, et l'image ne prend aucune netteté. — Dans l'un ou l'autre cas, il est prudent de recommencer l'opération.

Quand le temps de pose a été bien calculé, la

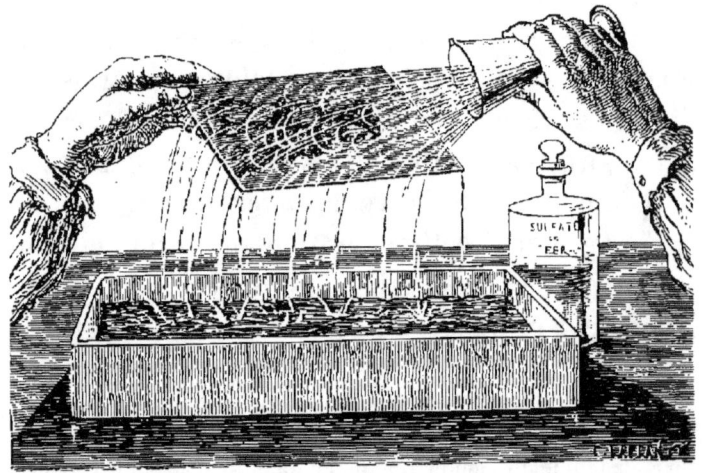

Fig. 25. — Développement de l'image.

solution de fer versée sur le cliché le développe petit à petit, l'image surgit comme par enchantement claire, pure, précise ; les détails sont admirables de netteté ; les clairs sont exempts de taches, et les noirs, au contraire, sont représentés par des nuances accusées, variant suivant l'intensité des ombres.

On connaît aujourd'hui un grand nombre de substances qui sont susceptibles de développer les images : le sulfate double de fer et d'ammoniaque, l'acide pyrogallique additionné d'acide formique, ont été recommandés par divers opérateurs.

Il arrive souvent qu'une épreuve négative est parfaitement réussie comme netteté, mais qu'elle manque d'intensité. Dans ce cas, on peut lui donner la vigueur propre à produire une bonne épreuve positive, au moyen du renforcement.

Renforcement. La glace développée est lavée à grande eau; on la couvre de nouveau d'une couche de solution révélatrice au sulfate de fer, additionnée d'une petite quantité de nitrate d'argent en dissolution (à 3 pour 100 d'eau). On peut encore se servir, comme liquide de renforcement, d'eau additionnée d'acide pyrogallique en dissolution dans l'alcool, et d'acide acétique.

L'opération du renforçage, comme celle du développement, est suivie par un lavage de la glace à grande eau. On ménage l'écoulement de l'eau pour éviter d'enlever la pellicule de collodion, mais on la prolonge un temps suffisant pour que la surface de la glace soit complétement dépouillée de toute trace de fer et des réactifs qui ont été employés.

Fixation du négatif. — Pour fixer le négatif, il faut le débarrasser de l'iodure d'argent dont il est encore couvert, et qui n'ayant pas été impressionné par la lumière, noircirait au contact du jour.

L'hyposulfite de soude dissout l'iodure d'argent non impressionné.

Le cliché développé, lavé, est plongé dans une cuvette de porcelaine contenant une dissolution aqueuse d'hyposulfite de soude; on l'y maintient jusqu'à ce que la couche jaune d'iodure d'argent se soit complètement dissipée. On soulève la glace de temps à autre à l'aide du crochet; on l'examine par transparence et à l'envers, jusqu'à ce que l'on n'aperçoive plus la plus légère trace de marques jaunâtres; on la lave ensuite à grande eau pour la débarrasser entièrement de la solution d'hyposulfite de soude qui en couvre la surface.

On peut remplacer ce dernier sel par le cyanure de potassium à 3 pour 100, qui exerce une action plus lente, mais peut-être plus vigoureuse, plus nette, en donnant une finesse particulière aux détails, un modelé remarquable aux demi-teintes.

Renforçage au bichlorure de mercure. — Le cliché, fixé et lavé, manque quelquefois de vigueur. Pour lui donner du ton, de la force, on y verse rapidement une dissolution de bichlorure de mercure, aiguisée d'acide chlorhydrique[1]. Aussitôt le cliché se fonce, et si on le regarde à l'envers, l'image apparaît comme un positif.

[1] Vingt grammes de bichlorure de mercure sont d'abord dissous dans l'acide chlorhydrique et additionnés d'un litre d'eau.

Vernissage de la glace. — Le cliché est terminé ; il peut être exposé sans inconvénient à la lumière. Mais la pellicule de collodion qui le couvre est très-peu stable ; elle pourrait s'enlever au contact de l'ongle ou d'un corps dur ; il faut la consolider, la rendre résistante, afin qu'il soit possible de la manier sans la rayer.

Pendant qu'elle est encore humide, on y verse

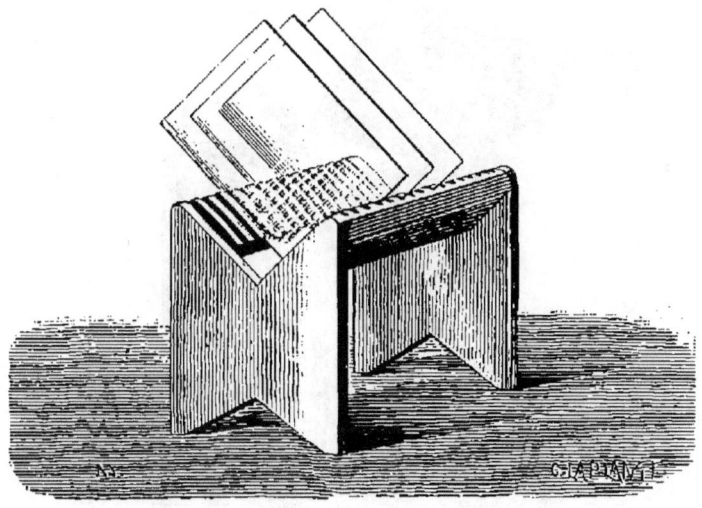

Fig. 24. — Support à rainures pour les clichés.

un liquide sirupeux, formé d'une dissolution de gomme arabique dans l'eau (10 pour 100 environ). — La gomme sèche et protège le cliché suffisamment pour qu'il puisse donner un certain nombre d'épreuves sur papier.

Si toutefois on voulait garder un cliché pendant un temps de longue durée, on pourrait le couvrir, d'un véritable vernis, formé de gomme laque et de sandaraque dissous dans l'esprit-de-vin. Ces vernis doivent s'étendre comme le collodion; une fois qu'ils sont étalés sur la glace, on les fait sécher à l'air libre.

Il est très-commode, pour opérer ce séchage, d'employer un support à rainure, où les clichés sont maintenus verticaux, soutenus seulement sur leur

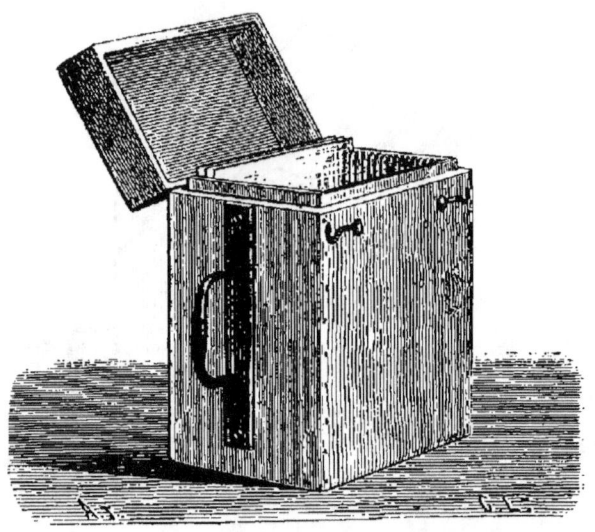

Fig. 25. — Boîte à rainures.

tranche (fig. 24). On peut en placer un assez grand nombre les uns à côté des autres, sans craindre le contact accidentel d'un corps étranger. Pour transporter les clichés, on se sert d'une boîte en bois, à rainures intérieures, qui maintiennent les glaces isolées les unes des autres (fig. 25).

Le cliché, verni et sec, est complétement protégé d'une détérioration accidentelle; l'image de la chambre noire, développée, est fixée sur le verre; elle y adhère, mais elle donne un dessin négatif dont les noirs sont les blancs du modèle.

Nous allons voir comment nous obtiendrons le positif, l'épreuve définitive sur papier, mais il ne nous parait pas inutile d'indiquer auparavant quelques caractères qui permettent de bien apprécier la valeur d'un cliché. Cette inspection n'est pas toujours facile; tel cliché paraîtra excellent à des yeux peu experts, tandis qu'un opérateur habile y apercevra des défauts qui nuiront au tirage du positif.

Pour que le cliché soit dans les meilleures conditions, pour qu'il soit capable de fournir une bonne épreuve sur papier, il faut que les noirs du modèle, les draperies, les étoffes apparaissent avec un grand caractère de transparence. Les blancs du modèle doivent au contraire apparaître en véritables taches noires ou opaques.

En regardant un bon cliché par transparence, on saisit en outre une nuance très-appréciable, très-sensible, entre les demi-teintes, une gradation bien définie dans les clairs-obscurs. Si dans cet examen on aperçoit des pointillés, des taches, des stries, si les moindres détails ne se montrent pas nets, purs, bien arrêtés, si les plus petits objets ne sont pas découpés sur le fond du tableau avec une précision rigoureuse, il faut recommencer l'opération de l'impression lumineuse. Les défauts du cliché imparfait s'amplifieraient encore, en se reproduisant sur le papier; toute la besogne faite dans la suite serait inutile.

Il arrive souvent que l'exécutant cherche en vain la cause des imperfections d'un cliché qu'il aura exécuté avec tous les soins imaginables; il est impossible d'énoncer à cet égard des règles fixes et déterminées.

Le photographe, comme le chimiste, doit être patient, persévérant, et recourir sans cesse à ce grand maître que l'on nomme l'expérience.

CHAPITRE III

LE POSITIF

Tirage des épreuves positives sur papier. — De la nature et de la qualité des papiers photographiques. — Épreuves dégradées. — Exposition à la lumière. — Virage. — Fixage. — Satinage des épreuves.

Le cliché négatif, produit sur un verre transparent, donne une épreuve positive quand on l'applique sur une feuille de papier sensibilisé que l'on expose à la lumière. Les rayons solaires traversent les parties blanches du cliché et dessinent les ombres sur le papier.

Préparation du papier sensibilisé. — Le papier photographique se trouve tout préparé chez les bons fournisseurs ; il est formé d'une pâte à grains serrés ; sa surface est lisse, satinée.

Il est facile de s'en procurer. On peut toutefois le préparer soi-même. On prend à cet effet un papier de bonne qualité, dont la surface unie est exempte de taches. Il est indispensable que son encollage ait été exécuté avec le plus grand soin. Les différents procédés de l'encollage agissent sur la couleur du positif. S'il a été obtenu au moyen de l'albumine, la photographie sera légèrement rougeâtre; elle sera au contraire d'un rouge orangé, si l'encollage est dû à la gélatine.

Le papier une fois choisi, et c'est généralement du papier albuminé, que se servent les photographes, on le plonge dans une dissolution aqueuse de sel marin, ou chlorure de sodium (30 gr. de sel environ par litre d'eau). On l'y laisse séjourner pendant quelques minutes, puis on le fait sécher à l'air. — Pour sensibiliser ce papier, il suffit ensuite de le tremper dans un bain d'argent (200 grammes de nitrate d'argent pour 1 litre d'eau distillée) contenu dans une cuvette photographique en porcelaine. Quand la feuille de papier est bien imbibée de chlorure d'argent, on la sèche dans l'obscurité.

Le papier albuminé du commerce renferme déjà du chlorure de sodium, ou d'ammonium; pour le sensibiliser, il suffit de le tremper dans le bain d'argent. Il est bon de ne pas sensibiliser le papier photographique trop longtemps à l'avance. Il ne tarderait pas à jaunir, même en le conservant dans l'obscurité.

Tirage des épreuves positives. — On emploie pour cette opération un châssis spécial, formé d'un cadre rectangulaire, au fond duquel est placée une glace. On pose le cliché sur cette glace, en ayant soin de ne pas le faire du côté collodionné. On y applique le papier sensibilisé, et on ferme le châssis au moyen d'une planchette brisée à charnière, dont les deux parties mobiles sont solidement maintenues par des traverses en bois (fig. 26). Le système est exposé au soleil. Comme il est indispensable de surveiller la venue de l'image, on construit ces appareils de telle façon qu'il soit possible de regarder la surface du papier : on ouvre la moitié supérieure de la plaque à charnière et on voit si l'épreuve est d'un ton assez intense. Cette inspection s'exécute dans la chambre noire. La seconde moitié du papier

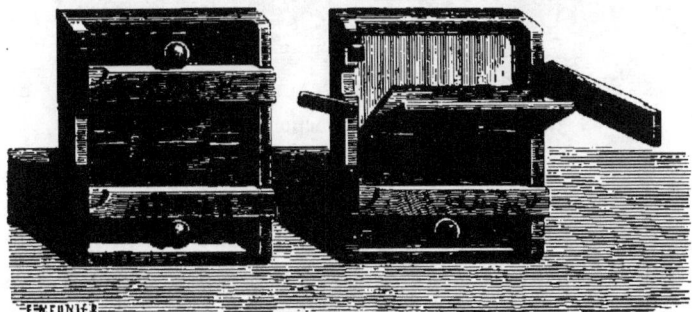

Fig. 26. — Châssis de reproduction.

est retenue par l'autre partie de la plaque à charnière, ce qui l'empêche de se déranger pendant l'inspection. On peut refermer la boîte et continuer l'exposition au soleil. La partie du châssis que l'on tourne du côté de la lumière offre l'aspect d'un cadre ordinaire (fig. 27). — La figure 28 représente un châssis très-employé en Angleterre ; les traverses de bois qui ferment la planchette à charnière y exercent une pression par l'intermédiaire de deux ressorts, dont le but est de mieux établir le contact entre le papier sensibilisé et le cliché. Ce système est très-avantageux.

Quand on opère en plein soleil, avec des néga-

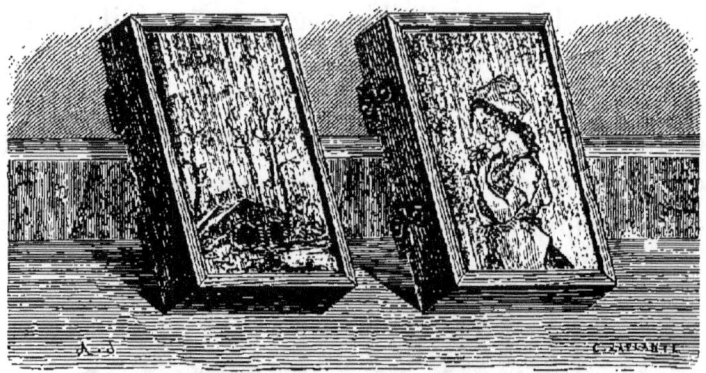

Fig. 27. — Châssis à reproduction exposé au soleil.

tifs sur verre, il faut avoir grand soin que les rayons tombent perpendiculairement sur le plan de la glace, afin d'éviter des déformations dans le cas

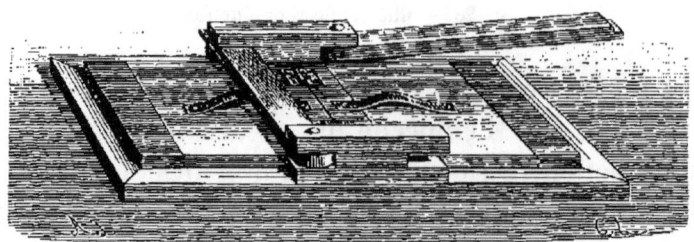

Fig. 28. — Châssis anglais.

où le cliché n'aurait pas une égale épaisseur dans toutes ses parties.

Quand on veut tirer des portraits en vignettes,

on se sert du verre à dégrader; c'est un verre incolore au centre, et qui vers les bords prend une teinte jaune de plus en plus foncée. On peut encore arriver à obtenir un positif dégradé au moyen d'une plaque de verre, où sont collées les dentelures de papiers de plus en plus épaisses à mesure que l'on s'éloigne du centre transparent. Quand on opère sur des clichés-portraits, il est facile d'obtenir un fond blanc en couvrant le châssis d'un verre jaune à fond blanc.

Lorsque l'épreuve sur papier est arrivée au ton voulu, ce qui exige un espace de temps variable selon l'intensité de la lumière du jour, on la retire du châssis, en opérant à l'abri de la lumière, qui noircirait les parties claires protégées par les noirs du cliché de verre.

L'épreuve positive a une couleur rouge très-prononcée; avant de la *fixer*, c'est-à-dire de dissoudre l'excès de sel d'argent que la lumière n'a pas attaqué, il est indispensable de procéder à l'opération que nous allons décrire.

Virage. — Si l'on enlevait directement l'excès de sel d'argent de l'épreuve positive sur papier, au moyen de l'hyposulfite de soude, on obtiendrait une image, très-peu solide, et dont la couleur rouge pâle produirait sur l'œil un effet fort peu agréable. Le virage a pour but de donner de la solidité à l'épreuve, de lui permettre de résister à l'influence du temps et d'acquérir une nuance franche, vigoureuse, violette ou noire, à la volonté de l'opérateur.

Le virage s'opère en plongeant l'épreuve, au sortir de son châssis, dans un bain contenant 1 gramme de chlorure d'or et de potassium dans 1 litre d'eau[1]. Il est nécessaire de la soumettre auparavant à un lavage à grande eau, opéré pendant plusieurs minutes dans une large cuvette photographique, toujours placée dans le laboratoire obscur, à l'abri de la lumière. Pendant le cours de cette opération, l'épreuve se nuance parfois en un rouge un peu vif, mais il n'est pas nécessaire de tenir compte de ce fait, qui se produit assez fréquemment. Il faut continuer le lavage pendant le temps voulu, et plonger subitement l'épreuve dans le bassin de virage au chlorure d'or, où l'on peut la laisser séjourner de dix à quinze minutes environ. Passé ce temps, l'épreuve a acquis la teinte sépia foncée qui constitue la véritable beauté de la photographie.

Fixage. — Une fois que l'opération du virage a produit son effet, on lave l'épreuve à grande eau ; il ne faut pas craindre de prolonger ce lavage, et une immersion de six à huit heures dans un grand baquet où l'eau se renouvelle constamment n'est pas trop prolongée. Le fixage se fait ensuite pour le positif, à peu près comme pour le négatif, c'est-à-dire

---

[1] Il existe un grand nombre de formules pour la préparation des bains de virage. Un certain nombre d'opérateurs ajoutent à la solution aqueuse de chlorure d'or une petite quantité de bicarbonate de soude, destiné à neutraliser l'excès d'acide dont le chlorure d'or pourrait être imprégné. D'autres photographes ajoutent au bain d'or de l'acide citrique ; d'autres enfin de l'acétate de soude, du phosphate de soude ou du borate de soude.

que l'on opère avec l'hyposulfite de soude ou le cyanure de potassium. L'hyposulfite de soude, additionné de 1 pour 100 de craie, donne d'assez bons résultats. Une immersion d'un quart d'heure dans une solution étendue (200 grammes d'hyposulfite par litre) est suffisante. L'épreuve, encore une fois lavée à grande eau et séchée, est enfin terminée.

Pour s'assurer que l'épreuve a été soumise à un lavage suffisant, on recueille quelques gouttelettes de l'eau qui en découle, dans un verre à expérience, où l'on verse quelques gouttes de bichlorure de mercure (sublimé corrosif), en dissolution dans l'eau ; il ne doit pas se former de précipité si l'épreuve a été convenablement lavée. Dans le cas contraire, on devra prolonger le séjour de l'épreuve dans l'eau jusqu'à ce que la réaction n'ait plus lieu.

Collage. — Satinage. — Les épreuves positives sur papier, après avoir été parfaitement lavées, après avoir été séchées, en les suspendant par un de leurs coins à une corde tendue dans l'atelier, sont placées sous une presse ou un objet pesant, de manière à les empêcher de prendre des plis. Elles sont émargées, coupées, il ne reste plus qu'à les coller sur un carton, et à faire disparaître les inégalités de leur surface en les soumettant au satinage.

Le collage sur un carton bristol se fait très-bien avec un empois d'amidon, préparé dans l'eau bouillante. Le satinage s'opère au moyen d'une presse spéciale, formée d'une plaque métallique qu'une roue à manivelle, mise en action, fait passer à la partie inférieure d'un cylindre (fig. 29). Les épreuves photographiques, collées sur carton et séchées dans une pièce chaude, sont au préalable placées sur la plaque de métal ; elles sont soumises à une pression considérable, en passant sous le cylindre,

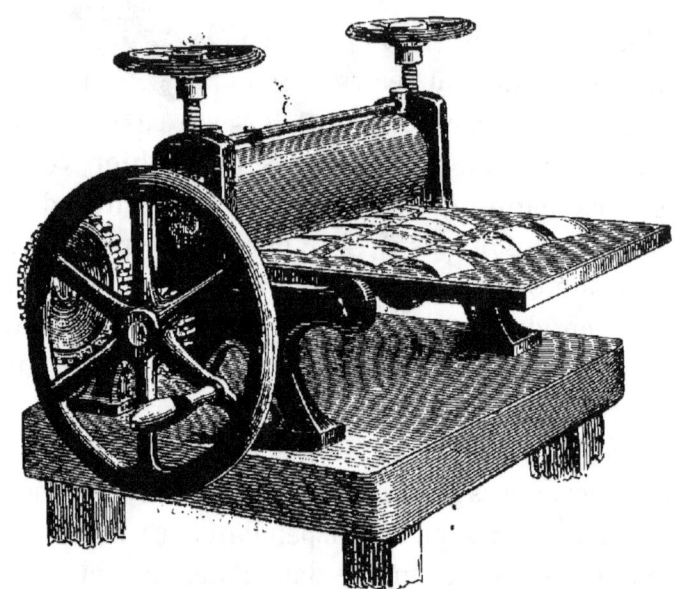

Fig. 29. — Presse à satiner les épreuves positives.

et acquièrent un aspect brillant, qui contribue à les embellir. Pour ajouter à l'effet du satinage, on peut étaler sur la photographie une mince couche de vernis formé de cire et de mastic dissous dans l'essence de térébenthine.

Telles sont les différentes opérations que nécessite l'exécution d'une épreuve photographique, par la méthode la plus usitée, la plus pratique, du collodion humide. Nous ne saurions trop dire que, malgré les descriptions minutieuses, la pratique est encore le meilleur guide de l'opérateur ; que celui-ci s'efforce de bien posséder d'abord la théorie, qu'il étudie les différents modes de procéder, mais qu'il sache bien à l'avance, qu'un long apprentissage est nécessaire, et que la patience, la constance, la ténacité sont les qualités indispensables au photographe.

Les différentes opérations photographiques, que nous venons de décrire sont, en définitive, peu complexes pour un opérateur quelque peu habitué aux manipulations chimiques ; mais que de longs efforts, que de tâtonnements, patients, minutieux, délicats, il a fallu, de la part des créateurs de cet art merveilleux !

Quel abîme de labeur et de recherches sépare les méthodes actuelles, dont nous venons de donner un exposé sommaire, des premiers procédés de Nicéphore Niepce et Daguerre !

Après ces impérissables inventeurs, que d'esprits ingénieux et laborieux ont médité sur les problèmes de l'art photographique, ont apporté quelques éléments nouveaux, aux résultats obtenus avant eux !

Ne dirait-on pas que c'est le caractère des œuvres de la science moderne, d'être en quelque sorte la résultante d'efforts multiples, isolés les uns des autres, mais simultanés et tendant vers le même but. La plupart des découvertes de notre siècle, en sont un frappant exemple, et la photographie est certainement une de celles qui a exigé le plus grand concours d'ouvriers de l'intelligence, accomplissant avec persévérance des recherches toujours difficiles et souvent ingrates.

CHAPITRE IV

THÉORIE ET PRATIQUE

Explication des opérations photographiques. — Nécessité d'une longue pratique. — Modification du mode d'opérer avec le genre de photographie. — Photographie en voyage. — Paysages. — Les ciels. — Portraits-cartes.— Photographie instantanée.

Nous avons décrit les différentes opérations que nécessite la production d'une épreuve photographique; nous ne croyons pas qu'il soit utile d'insister longuement sur la théorie des réactions qui président aux séries de manipulations qu'elle exige. Dans la partie historique, nous avons déjà dit quelques mots sur les bases scientifiques de la photographie, cependant de nouveaux détails contribueront peut-être à mieux fixer les idées du lecteur.

On ne saurait dire par quelle merveilleuse influence la lumière impressionne certains agents chimiques; la science est presque toujours impuissante à expliquer les causes; elle constate des faits;

elle les reproduit par l'expérience, et en tire profit dans ses applications. — Le soleil agit sur les sels d'argent. Pourquoi? On l'ignore et on l'ignorera peut-être toujours, mais le fait est manifeste, et cette action est la base fondamentale de la photographie.

Le cliché de verre est couvert de collodion, substance visqueuse, capable de se solidifier, et très-apte à servir de support à la dissolution d'argent. Cette couche de collodion est imbibée à l'avance d'iodure de potassium; quand on la plonge dans le bain de nitrate d'argent (bain sensibilisateur), l'iodure de potassium se transforme en iodure d'argent. La plaque de verre collodionnée est exposée au foyer de la chambre noire. La lumière agit sur l'iodure d'argent, l'impressionne dans les parties claires de l'image, la laisse intacte dans les ombres: au sortir de la chambre noire, la glace impressionnée est plongée dans le bain *révélateur;* ce développement s'effectue parce que l'on ajoute au sel d'argent une solution réductrice formée de sulfate de protoxyde de fer, additionné d'acide acétique; la réduction complète du sous-chlorure d'argent obtenu par l'action de la lumière s'effectue; l'argent métallique se dépose et ne tarde pas à acquérir une nuance noire, très-prononcée, très-vigoureuse. Si l'on n'obtient pas du premier coup une vigueur suffisante, on procède au renforcement; on mélange, comme nous l'avons dit, la liqueur révélatrice précédente, avec une solution de nitrate d'argent ; on la promène sur l'épreuve, et une nouvelle quantité de métal se déposant, sur les parties déjà réduites, renforce l'image et lui donne plus d'intensité. Le *fixage* se fait au moyen de l'hyposulfite de soude ou le cyanure de potassium ; ces sels dissolvent et enlèvent sur la glace, l'iodure d'argent que le rayon lumineux a laissé intact.

On voit que ces aperçus théoriques sont très-simples : il n'est pas nécessaire d'être versé dans l'étude de la chimie pour les comprendre. Mais il y a loin de la théorie à la pratique. — Celle-ci ne s'acquiert que par de longues et patientes manipulations, par des expériences nombreuses et souvent réitérées. Elle est d'autant plus difficile à enseigner dans un traité, ou dans un livre dans le genre de celui que le lecteur a sous les yeux, qu'elle varie suivant le mode de résultat que l'on veut obtenir.

Tout ce que nous avons dit sur les opérations photographiques s'applique essentiellement aux expériences faites dans un atelier pourvu d'un salon de pose, où les effets de lumière sont convenablement ménagés, muni d'un cabinet noir confortable, bien installé, et d'une terrasse pour le tirage des épreuves. Mais nous ne sommes pas entré dans le détail spécial des précautions que nécessite le tirage des portraits sur nature, nous avons passé sous silence les causes accidentelles qui altèrent un cliché, les minuties en un mot, que la pratique seule peut apprendre. De même qu'il est impossible de devenir chimiste sans manipuler dans le laboratoire, il serait insensé de vouloir apprendre la photographie autrement que le flacon de collodion à la main, et la chambre noire sous les yeux. Toutefois le praticien inexpérimenté, tout en s'exerçant lui-même, doit recourir aux conseils que lui fournissent les livres, et comme jusqu'ici on n'a pas assez insisté sur les différents objets que se propose le photographe, nous voulons donner quelques renseignements sur certaines façons d'opérer, qui s'appliquent à la photographie en voyage, à la photographie instantanée, et à quelques branches spéciales de l'art qui nous occupe.

La photographie en voyage. — L'appareil de campagne doit différer de l'appareil d'atelier. Il est plus léger, plus portatif. La chambre noire est plus petite, elle est munie d'un soufflet qui l'allonge, ou le rétrécit à la volonté de l'opérateur. Le support est formé de pieds rentrants à rainures. Il est muni de courroies qui enceignent presque tout l'appareil, y comprise une tente destinée à servir de cabinet noir; le tout s'adapte facilement sur les épaules du touriste, afin qu'il puisse transporter sans fatigue, tout son matériel sur son dos (fig. 30).

L'objectif se sépare de la chambre noire, on peut l'en retirer en le dévissant. Cet objectif est *simple*, c'est-à-dire qu'il ne comprend qu'un seul oculaire, suffisant pour la photographie des vues et des monuments. Nous recommanderons d'une

THÉORIE ET PRATIQUE. 137

façon spéciale l'objectif orthoscopique, inventé à Vienne ; une double combinaison de verres, la disposition des diaphragmes à sa partie postérieure,

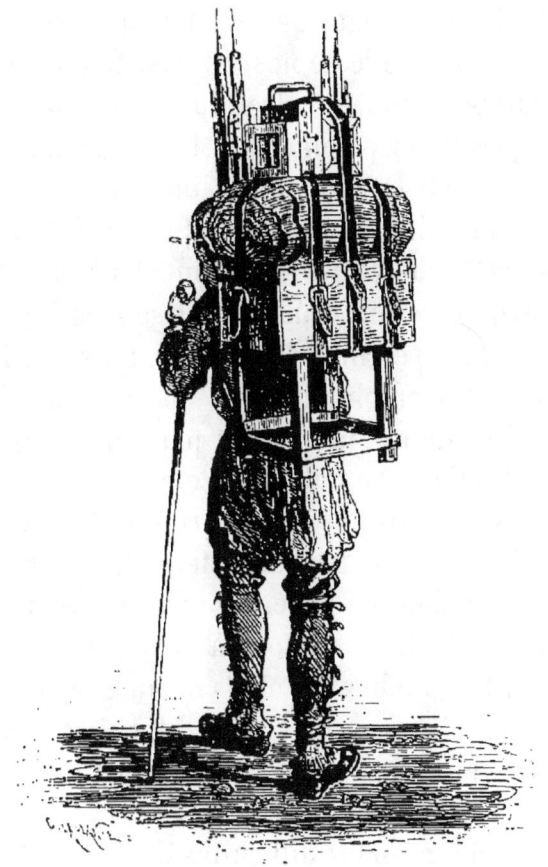

Fig. 50. — L'appareil photographique de voyage.

permettent d'utiliser la presque totalité de la lumière reçue par son ouverture. Cet objectif offre encore un avantage de la plus haute importance; il respecte la perspective et ne déforme pas les lignes droites des monuments.

En voyage on n'a plus le cabinet noir de l'atelier photographique. Il faut y suppléer en transportant une tente de voyage, qui se démonte avec autant de facilité que celle de nos soldats. Elle peut, si elle est bien construite, être dressée en un quart d'heure; deux opérateurs y tiennent à l'aise, parfaitement à l'abri des indiscrétions de la lumière.

Le laboratoire nécessaire au photographe en campagne est tout entier contenu dans une boîte à compartiments où sont emprisonnés les cuvettes en gutta-percha, destinées au fixage, le bain d'argent, les entonnoirs, les réactifs, les châssis pour la chambre noire, des papiers buvards, des filtres, les fioles de collodion, etc., etc.

L'artiste en voyage pourra reproduire avec assez de facilité, s'il est bon opérateur, les monuments, les constructions en général; mais s'il veut aborder la nature, s'il tient surtout à reproduire le ciel, à fixer sur le collodion les effets de nuages, qui ornent le paysage, il rencontrera des difficultés bien faites pour l'arrêter si sa persévérance n'est pas à la hauteur de son désir de bien faire.

« Une des grandes difficultés de la photographie paysagiste, dit l'opérateur émérite, M. A. Liébert, à qui nous avons déjà fait quelques emprunts, est la production des ciels à nuages naturels, parce que la lumière dans sa puissance éteint tous les nuages par la solarisation; il en résulte que les ciels d'un blanc uniforme produisent un effet monotone ou criard qui enlève au paysage sa perspective aérienne ou naturelle; toutes les teintes délicates produites par l'éloignement et la réflexion des nuages disparaissent; l'image perd alors une grande partie de sa valeur artistique.

On peut employer plusieurs méthodes pour obtenir des nuages dans les ciels d'un paysage. La première consiste à opérer instantanément et à reproduire alors le ciel naturel, qui a la même valeur que le reste du dessin. On peut encore, avec une certaine habitude, modérer la venue des nuages pendant qu'on rapporte par un tirage additionnel. Pour ménager les nuages pendant le développement d'un cliché qui a reçu une faible exposition, le meilleur moyen consiste à couvrir la glace d'un réactif neutre très-faible, jusqu'à ce que les nuages soient développés; ce résultat obtenu, on rejette le liquide et on procède à la venue de l'image avec le révélateur ordinaire acidifié; on a soin que la solution agisse plus spécialement sur le paysage en ménageant le ciel.

Lorsqu'on opérera en imprimant des ciels rapportés, pris sur d'autres clichés, on devra approprier ces ciels au sujet, pour leur donner une harmonie convenable; dans ce cas, on observera surtout les effets de lumière pour que les nuages et le dessin soient éclairés de la même façon; les lignes d'horizon devront conserver leur valeur, le ciel vaporeux dans le fond de l'épreuve sera plus défini dans les plans supérieurs, qui prendront alors une intensité graduée. Ces opérations, toutes de goût, demandent de grands soins, et surtout le sentiment artistique. »

Le même praticien donne d'excellents conseils au photographe en voyage, et il revendique avec raison le titre d'œuvre d'art pour l'épreuve obtenue dans de bonnes conditions. « Pour rendre l'effet artistique d'un paysage, il est important de chercher le côté qui présente le plus d'harmonie dans son ensemble, et de choisir l'heure de la journée où la lumière éclaire ce côté de la manière la plus convenable, pour donner aux objets à reproduire toute la signification et tout le caractère qui leur conviennent, en ménageant les effets du clair-obscur en rapport avec les formes et les distances. »

La photographie, considérée sous ce point de vue, peut en effet revendiquer sa place parmi les arts, car tel tableau de la nature reproduit par un opérateur intelligent, comprenant toutes les beautés qu'il peut faire valoir et les ressources qu'il a entre les mains, devra à juste titre, ce nous semble, être considéré comme une reproduction artistique; tandis que ce même tableau exécuté par un manœuvre comme il y en a tant, qui ne s'attache qu'à reproduire pour reproduire, sans comprendre ni sentir la beauté de sa mission, sera une œuvre plate, sans expression, sans vigueur, dépourvue de tout caractère et de tout sentiment ; enfin une œuvre sans valeur aucune. Donc, en photographie, comme en peinture, il faut avoir le sentiment artistique qui sait dissimuler les défauts de la nature en faisant valoir, au contraire toutes les beautés qui flattent l'œil; il faut surtout le bon goût et l'harmonie. »

Si la photographie du paysage offre des difficultés considérables, exige du goût, de l'art, la photographie des portraits, ne demande pas moins de la part de l'opérateur une grande pratique et de grandes qualités. Pour chaque spécialité, comme nous l'avons déjà dit, il faut pour ainsi dire, se *faire la main*, et procéder par tâtonnement, savoir en un mot se servir de l'*expérience*, base fondamentale de la photographie. La confection des portraits nécessite des appareils spéciaux, un salon de pose bien éclairé, bien disposé. Quelques praticiens sont arrivés aujourd'hui à produire de véritables œuvres d'art, bien dignes d'exciter l'admiration. Malheureusement à côté des artistes il y a la foule des manœuvres, qui mettent au jour des épreuves atroces, qu'on dirait faites à dessein pour déprécier l'art sublime de Niepce et de Daguerre.

Certains opérateurs, ont fait entrer la photographie dans une voie nouvelle, par l'obtention remarquable d'épreuves instantanées. On est arrivé à photographier un cheval au galop, un régiment qui passe, une vague, un nuage. L'instantanéité s'obtient par la méthode de préparation des réactifs employés. Il est utile pour réussir un cliché instantané n'exigeant qu'une fraction de seconde de temps de pose, de préparer un collodion très-fluide, formé de 2 parties d'alcool de 1 partie d'éther et de 3 grammes de coton-poudre. On sensibilise ce collodion avec 3 grammes d'iodure de lithium et 1 gramme de bromure de lithium. Le bain d'argent à 8 pour 100 de nitrate d'argent est saturé d'iodure d'argent, on y ajoute quelques gouttes d'acide nitrique et l'on y laisse séjourner la glace collodionnée pendant cinq minutes environ. On obtient ainsi le maximum de sensibilité. Le bain révélateur est formé de sulfate de fer, additionné d'acétate de plomb, d'acide formique et d'éther nitrique.

CHAPITRE V

LES RETOUCHES

Les accidents dans les clichés et dans les épreuves. — Moyen d'y porter remède. — Retouche des négatifs — Imperfections des positifs. — Retouche des épreuves photographiques à l'encre de Chine. — Coloration des photographies. — Les photographies caricatures.

Malgré l'habileté de l'opérateur, malgré les soins qu'il peut apporter à ses manipulations, le cliché photographique, ainsi que l'épreuve positive, sont souvent imparfaits ; des accidents difficiles à éviter, souvent inexplicables, viennent altérer une œuvre qui a exigé un temps considérable, qui a nécessité d'innombrables détails d'une manipulation toujours minutieuse et délicate.

Que la glace collodionnée soit restée quelques secondes de trop dans la chambre noire, que le liquide révélateur ait été versé une fois de plus sur le cliché, que la moindre impureté ait souillé de sa présence fortuite un des réactifs employés, qu'un rayon de soleil maladroit soit venu tout à coup s'introduire dans le verre de l'objectif, il n'en faut pas plus pour que l'épreuve soit voilée comme d'un nuage, piquée de petites taches, ou rayée de lignes qui altèrent la pureté du dessin.

Les pointillés sur le cliché, les petites taches, proviennent souvent de la négligence de l'opérateur qui n'aura pas nettoyé sa glace avec toutes les précautions qui doivent s'imposer sans cesse aux manipulations du photographe. S'il y a laissé quelques parcelles de tripoli, si l'atmosphère y a jeté quelques grains de poussière, la pellicule de collodion retiendra ces vestiges, quelque menus qu'ils soient; ils flotteront sur le liquide sensibilisateur, y formeront des bulles au-dessous desquelles le réactif ne pourra mordre, et chaque grain de substance étrangère formera une tache très-visible sur l'épreuve.

Lorsqu'un négatif présente des pointillés à jour, on peut les boucher avec un pinceau et de l'encre de Chine légèrement gommée. Pour les paysages, on a souvent l'habitude d'étendre avant l'impression une couche de vernis opposée à la face collodionnée, dans les parties qui demandent de l'opacité. Au moyen de ce procédé, un opérateur habile arrive même à produire des effets de nuages d'un excellent effet.

Les clichés ne sont pas seuls à nécessiter des retouches; il est rare que les épreuves positives soient complétement exemptes d'une tache ou d'une marbrure dans quelques-unes de ses parties. Tous ces petits défauts peuvent être corrigés par un dessinateur, avec de l'encre de Chine délayée dans de l'eau gommée, et additionnée d'une petite quantité de carmin.

L'épreuve photographique peut servir à l'artiste de véritable esquisse, sur laquelle il pourra passer son crayon ou son pinceau. Elle se transformera ainsi en une miniature, ou en un pastel.

On n'a pas manqué de protester contre cette application du crayon ou du pinceau sur les épreuves photographiques; dans la troisième partie de cet ouvrage, nous considérons les retouches au point de vue artistique; pour le moment nous devons seulement les envisager au point de vue purement pratique.

Les retouches à l'encre de Chine sur l'épreuve positive doivent être exécutées avant le satinage; il est très-rare que ces retouches ne soient pas nécessaires, surtout pour les portraits. Les yeux du modèle ont souvent remué et n'offrent pas une netteté suffisante, les draperies ne présentent pas toujours des ombres assez nettement accusées. Quelques coups de pinceau, donnés par une main délicate, peuvent facilement réparer ces imperfections. Les retouches sont souvent indispensables, dans les parties blanches de l'épreuve positive, qui apparaissent comme des taches, sans ombres et sans demi-teintes. Le devant d'une chemise d'homme ne manquera pas d'apparaître comme un triangle, blanc, sans plis, sans traces de boutons, et produira un effet déplorable au milieu d'un portrait qui peut être parfaitement réussi. Il est facile de suppléer à ces défauts de la photographie à l'aide d'un pinceau très-fin, imbibé d'encre de Chine ou de sépia.

Quelques artistes sont parvenus à donner aux photographies l'aspect d'une gravure anglaise ; ils y arrivent en tirant une épreuve sur papier salé. Ils y appliquent un encollage et font une retouche au pointillé avec de l'encre de Chine. Pour réussir ce travail, il est indispensable d'avoir le talent d'un bon miniaturiste.

C'est encore sur papier salé qu'il faut tirer les épreuves positives destinées à être colorées à l'aquarelle, ou au pastel. Ce genre de coloration ne donne généralement que de mauvais résultats ; il en est de même pour la peinture à l'huile faite sur le positif. L'épreuve dans ce cas est tirée sur une toile à tableau. Nous verrons que ces procédés photographiques rendent de véritables services aux peintres du plus grand talent. Si l'on juge sévèrement les photographies *peintes*, c'est qu'elles sont dues la plupart du temps à des *badigeonneurs* plutôt qu'à de véritables artistes ; c'est qu'elles sont destinées à des bourses modestes, qui veulent avoir six portraits pour six francs. Mais dans un grand nombre de cas, la photographie peut utilement servir d'esquisse au meilleur peintre. C'est par un regrettable préjugé que quelques artistes en bannissent l'emploi de parti pris.

LES RETOUCHES. 147

Parmi les retouches des épreuves photographiques, nous devons mentionner les caricatures, analogues à celle que représente la figure 31. Pour représenter le modèle avec une grosse tête sur un petit corps, il suffit de prendre deux fois sa photogra-

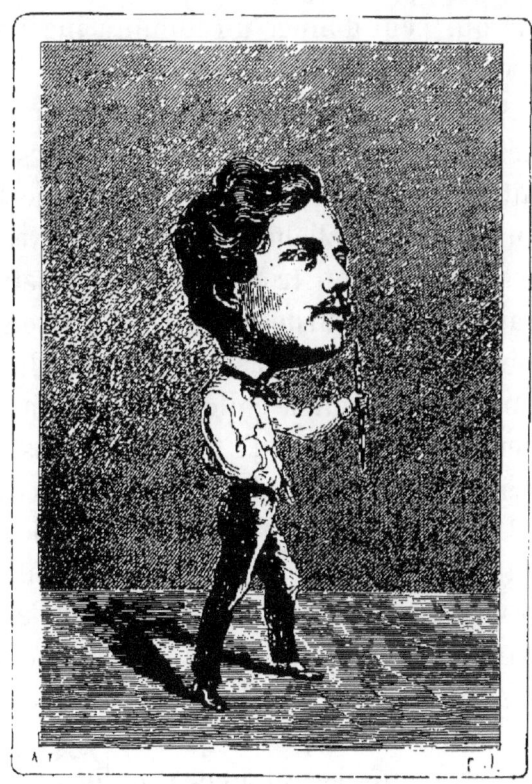

Fig. 31. — Photographie caricature.

phie. La première fois, on produit une épreuve de la tête seule, la seconde fois, on fait une épreuve du corps tout entier à une échelle beaucoup plus petite. Une fois que les épreuves positives sont obtenues, on découpe de la première épreuve la tête et on la colle sur le cou du personnage reproduit à une échelle moindre. Si la grosse tête ne s'ajuste pas très-bien, au petit corps, on fait les raccords nécessaires au pinceau. Ce dessin une fois obtenu, en en prend l'image par la photographie, et on produit un cliché qui peut donner un nombre indéfini d'épreuves caricatures.

L'industrie ne manque pas d'utiliser des procédés analogues pour répandre des photographies politiques, faites après coup, par la réunion de portraits-cartes sur un même cliché. Quand un nouveau ministère est nommé, on trouve chez les papetiers la photographie du conseil des ministres. Les nouveaux élus n'ont certainement pas autorisé le photographe à venir les fixer sur le collodion, pendant qu'ils discutaient les questions d'État; mais il est facile de représenter un conseil des ministres. On dispose autour d'une table à tapis vert des modèles quelconques; les amis du photographe représentent les ministres pendant le temps de pose. Quand l'épreuve positive est tirée, on découpe les têtes des nouveaux ministres, en se procurant leurs portraits-cartes et on les colle sur les corps des personnages qui ont joué leur rôle; après les retouches voulues, on prend la photographie de l'épreuve ainsi obtenue et... le tour est joué. Pour simuler le salon ministériel, un décor a été peint sur la toile de fond de l'atelier, représentant une grande cheminée de marbre et de superbes candélabres. C'est par ce procédé que les marchands de photographies ont pu mettre en vente des scènes historiques, telles que l'entrevue de M. de Bismark et de M. Thiers, etc. Les têtes seules de personnages sont authentiques, elles sont reproduites d'après leurs portraits-cartes, la mise en scène générale est fictive et représentée par des personnages quelconques.

Il y a certainement, dans la photographie, une riche mine de plaisantes observations pour l'observateur, mais nous nous garderons d'abord sous ce rapport l'art que nous étudions au point de vue scientifique.

Nous nous bornerons à ajouter, pour rester dans les limites de ce chapitre, que les retouches habilement faites contribuent à améliorer la photographie, à donner au portrait le véritable aspect du visage humain.

« Madame de Staël, dit notre spirituel écrivain M. Legouvé, mourut en causant ; en vain depuis plusieurs jours, ses parents, voyant arriver le fatal dénoûment, voulaient-ils écarter les visiteurs de son lit d'agonie : « Laissez, laissez entrer, disait-elle d'une voie fiévreuse, j'ai soif du visage humain ! » Ce mot profond et presque terrible exprime une des plus ardentes passions de notre temps ; nous avons tous soif du visage humain ; arrêtez-vous chez les marchands d'estampes, voyez quelle foule se presse devant les vitrines à expositions photographiques, et observez son attention investigatrice.... Est-ce pure curiosité ? Simple amour de distraction ?

Frivole désœuvrement? Non...... Nous avons soif du visage humain, parce que nous avons soif de l'âme humaine. »

Ce besoin signalé par M. Legouvé est réel, et personne ne peut surtout refuser de l'admettre au point de vue photographique : aussi dirons-nous, aux faiseurs de retouches : « Donnez-nous le visage humain : »

CHAPITRE VI

AGRANDISSEMENT DES ÉPREUVES

Appareils employés pour amplifier les épreuves négatives. — Système Woodward. — Appareil de Monckoven. — Chambre solaire universelle.

Un des objets importants que s'est souvent proposés l'art de la photographie, c'est la production de cliché représentant un portrait de grandeur naturelle. Mais l'obtention d'un grand cliché de 1 mètre carré par exemple, offre des difficultés pour ainsi dire insurmontables. Comment nettoyer assez parfaitement une glace d'une étendue aussi considérable, comment surtout y étendre le collodion, y verser le liquide révélateur? Avec les procédés actuels on peut dire que de telles manipulations seraient complétement impossibles de la part même de l'opérateur le plus exercé.

Les meilleures conditions pour obtenir une image agrandie se rapprochant des dimensions de la nature, semblent consister, dans l'agrandissement par des appareils d'optique, d'un cliché de petites dimensions, obtenu avec le plus grand degré de perfection.

La méthode générale de l'agrandissement consiste à projeter l'image d'un cliché négatif par la lentille d'un *mégascope*, sur un papier sensibilisé où elle se fixe. L'image, amplifiée comme celle d'une lanterne magique, se reproduit fidèlement sur le papier photographique.

L'opération, quoique fondée sur des bases théoriques très-simples, offre dans la pratique, des difficultés considérables et nécessite des appareils d'optique très-bien construits. L'un de ces appareils a été imaginé par M. Woodward. Une grande caisse de bois contient le cliché, dont l'image éclairée par un puissant faisceau de lumière solaire, est projetée avec le degré d'amplification voulu, sur un écran où se trouve appliquée le papier photographique.

M. Monckhoven a perfectionné ce système en adaptant au mégascope une seconde lentille qui corrige l'aberration de sphéricité. Le cliché est soutenu dans un châssis (fig. 32); l'objectif destiné à produire l'agrandissement se trouve dans un tube de cuivre et l'image amplifiée se peint sur un écran à quelques mètres de l'appareil.

Notre gravure représente l'ensemble de l'appareil qu'il nous paraît utile de décrire avec quelques détails. On voit à la droite du dessin une cloison

AGRANDISSEMENT DES ÉPREUVES.   153

mince; elle sépare la chambre où l'on opère, de l'air extérieur. Cette chambre doit être exposée au midi. La cloison est ouverte par une entaille, où se fixe intérieurement l'appareil d'agrandissement. A l'extérieur on adapte un miroir plan, incliné, dit *porte-lumière*. Cette surface polie, de cuivre argenté, est destinée à projeter un faisceau de lumière solaire sur la lentille du mégascope. Le rayon solaire traverse une première lentille, fixée à l'ouverture pratiquée dans le mur de la chambre obscure; elle est destinée à condenser la lumière sur le cliché

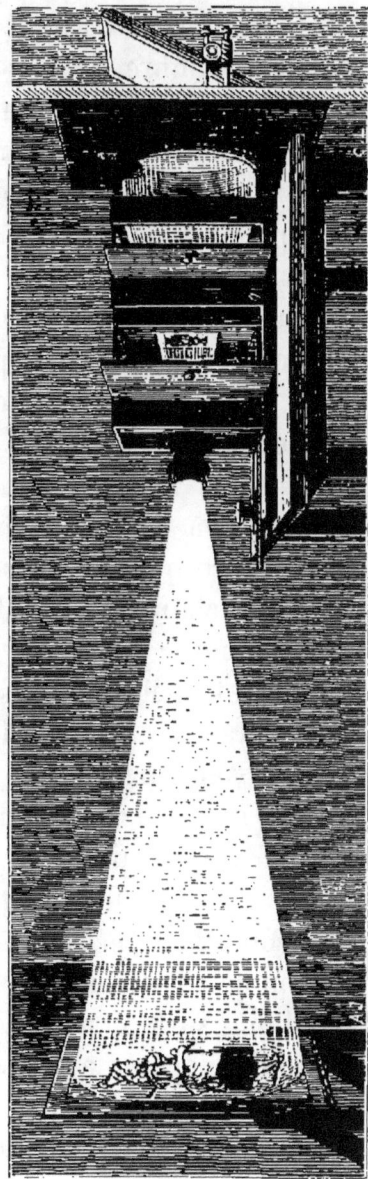

Fig. 52. — Appareil d'agrandissement de M. Monckhoven.

négatif en verre qu'il s'agit d'agrandir. Le faisceau lumineux, après avoir traversé la première lentille, parcourt la chambre de bois dite *chambre solaire*; traverse le cliché, et passe dans l'objectif, représenté à la gauche de la chambre solaire. L'image amplifiée se projette sur un écran situé à une distance de quelques mètres de l'objectif. Cette distance doit atteindre 3 mètres environ si l'on veut produire une photographie ayant $1^m,20$ de hauteur.

M. Liébert a construit un appareil d'agrandissement qui offre sur les précédents de grands avantages. Il est beaucoup plus économique et ne nécessite pas un local spécial. Il peut être utilisé sans interruption depuis le lever du soleil jusqu'à son coucher, ce qui ne saurait avoir lieu avec à le système d'éclairage par réflexion des appareils que nous venons de décrire.

L'instrument de M. Liébert s'explique trop facilement par la gravure ci-contre (fig. 33), pour que nous entrions dans de longs détails sur sa description.

Pour bien réussir les agrandissements photographiques, on ne saurait apporter trop de soin à la préparation du petit cliché négatif qui doit être fait dans des conditions spéciales.

Il est bon de choisir un verre mince, bien transparent, d'une surface parfaitement plane. Il est indispensable d'opérer avec le collodion humide, qui assure une transparence suffisante à l'image qu'il s'agit d'amplifier. Ce collodion offre une composition spéciale.

Le cliché doit être très-transparent ; par conséquent, il ne faut pas qu'il soit trop vigoureux ou trop fortement accusé. Pour arriver à ce résultat, on évite dans la préparation du bain révélateur, la présence des substances qui augmentent l'intensité

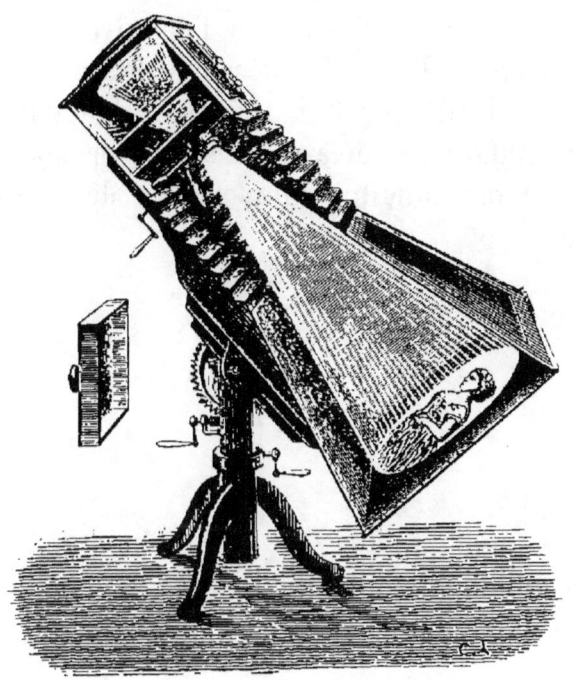

Fig. 33. — Chambre solaire universelle.

des tons. La solution de sulfate de fer dans l'eau alcoolisée sera seule suffisante.

Le cliché qui doit être soumis à l'influence des rayons solaires ne doit pas enfin être couvert d'un vernis qui pourrait entrer en fusion sous l'action de la chaleur.

L'art des agrandissements photographiques s'est signalé, dans le cours de ces dernières années, par des progrès vraiment remarquables. Quelques opérateurs sont arrivés à des résultats dignes des plus grands éloges.

Les agrandissements, il est vrai, offrent certains inconvénients; les détails de l'épreuve amplifiée sont souvent d'un effet désagréable; ils s'exagèrent; on dirait que l'on regarde un dessin à la loupe. Malgré ses défauts, il serait cependant injuste de méconnaître l'importance des résultats acquis

CHAPITRE VII

LES PROCÉDÉS

Procédé au collodion sec. — Emploi de l'albumine, du miel, du tannin. — Procédé au papier ciré. — Photographie inaltérable au charbon. — Méthode de Poitevin, de Schwan, etc.

Le procédé photographique sur collodion humide, que nous avons décrit avec détail, donne des épreuves excellentes, d'une grande netteté, d'un degré de perfection souvent étonnant ; mais il est entaché d'un vice fondamental dans la pratique. Aussitôt que la plaque de verre est couverte de collodion sensibilisé, il faut la porter dans la chambre noire. Si on la laisse sécher, elle n'est plus impressionnable. Or le collodion s'évapore avec une grande rapidité, son usage devient très-difficile pour le photographe en voyage, et surtout pour celui qui veut opérer dans les pays chauds.

Depuis longtemps, on s'est efforcé de trouver le moyen de préparer à l'avance des glaces collodionnées, qui, quoique sèches, soient aptes à garder l'empreinte de l'image de la chambre noire. Le problème a été résolu en additionnant le collodion de matières gommeuses ou résineuses ; de telle sorte qu'au lieu de se fixer en une pellicule imperméable, il pût, au contraire demeurer poreux, afin de s'imbiber à un moment donné, et quelques instants avant son exposition dans la chambre noire, du liquide sensibilisateur.

Collodion sec. — Le lecteur se rappelle que l'albumine fut employée en photographie jusqu'au moment de l'apparition du collodion. Quelques opérateurs, faisant judicieusement de l'éclectisme, sont revenus à ce procédé, qui peut rendre de grands services dans quelques cas particuliers.

Procédé à l'albumine. — On étend sur la glace bien nettoyée le collodion ioduré ordinaire ; on y étale par-dessus une couche de blanc d'œuf additionné de bromure et d'iodure d'ammonium, d'ammoniaque et de sucre candi.

La glace ainsi couverte d'une liqueur qui préserve le collodion inférieur est séchée sur l'étagère du laboratoire, puis elle est enfermée dans une boîte à rainure parfaitement close. Quand on voudra se servir de cette glace, il n'y aura plus qu'à la sensibiliser dans le bain de nitrate d'argent, et le reste des opérations s'effectuera par la méthode ordinaire.

Le temps de pose est assez long par ce procédé, dont nous venons de donner le principe, la description sommaire ; pour en obtenir de bons résultats, il faut suivre scrupuleusement les recommandations de son inventeur, M. Taupenot.

Le nettoyage de la glace offre une importance capitale, plus grande encore que dans la confection du cliché par le collodion humide. Après avoir étendu le collodion, sur la glace, on la sensibilise avec un bain neutre de nitrate d'argent. La glace est égouttée et recouverte ensuite de la couche d'albumine ou blanc d'œuf que l'on a eu soin de préparer la veille. Il a suffi de verser quelques blancs d'œuf dans un verre, d'y ajouter une petite quantité d'iodure et de bromure d'ammonium, quelques gouttes d'ammoniaque et de battre très-énergiquement le mélange. L'addition de sucre candi est utile ; elle a pour but de maintenir l'albumine fluide, et de permettre de l'étendre facilement sur la glace comme on le fait pour le collodion. La glace une fois albuminée est séchée à l'abri de la lumière et de la poussière ; elle pourra être employée très-avantageusement cinq ou six heures après avoir été préparée.

Quelques opérateurs ne se contentent pas de faire sécher l'albumine à l'air libre, ils l'étalent dans des conditions spéciales et la font sécher avec le concours du feu. Ils opèrent dans ce cas dans les conditions suivantes.

On bat des blancs d'œufs additionnés d'iodure et de bromure d'ammonium. Quand la mousse produite d'abord par l'agitation s'est affaissée, on étale le liquide sur une glace parfaitement nettoyée. Il faut beaucoup d'habileté pour étaler l'albumine et la faire sécher tout à la fois sur un fourneau. On peut suspendre la glace à ses quatre coins par quatre fils métalliques terminés en crochets et roulés en torsade. L'albumine est versée au milieu de la glace ; la torsade de fil se détend, égalise la couche en donnant un mouvement rapide de rotation à la glace. L'opération se fait au-dessus d'un petit fourneau, où des charbons allumés activent l'évaporation et la dessiccation de l'albumine.

On prépare ainsi un certain nombre de glaces. Quand on veut les utiliser, on les sensibilise dans un bain de nitrate d'argent, additionné d'acide acétique. Le développement s'effectue au moyen de l'acide gallique ; le fixage se fait à l'hyposulfite de soude.

Le procédé à l'albumine exige un temps de pose considérable dans la chambre noire ; le développement de l'image ne se produit qu'après une demi-heure de contact avec les liquides révélateurs. Il ne peut pas être employé pour les portraits. Mais son usage est très-recommandable pour reproduire des dessins, des tableaux, des gravures, car on obtient au moyen de l'albumine des clichés très-fins et d'un ton très-harmonieux.

Procédé au miel. — On a remplacé plus tard l'albumine par une couche de miel coupé de son volume d'eau. Après avoir sensibilisé la glace, on la laisse égoutter, et on étend de suite le miel, comme on le fait pour le collodion. Les glaces séchées à l'abri de la poussière et de la lumière sont enfermées dans une boîte à rainures hermétiquement closes ; on peut les transporter sur la localité, où elles doivent être impressionnées.

La glace, ainsi préparée, doit être utilisée dans un délai de six heures ; si on voulait la conserver pendant un plus grand espace de temps, pendant plusieurs jours par exemple, il faudrait avoir soin de la laver sous un filet d'eau, au moment où elle est sortie du bain d'azotate d'argent. Ce lavage a pour but d'enlever l'excès d'azotate d'argent, et de ne laisser adhérer sur la glace que l'iodure d'argent, dont le collodion se trouve imbibé. Quand ce lavage sera complet, on recouvrira la glace de la dissolution préservatrice, et on la laissera sécher comme nous venons de l'indiquer.

Avec des glaces ainsi préparées, la durée de l'exposition à la lumière sera environ de quatre à cinq minutes ; elle ne dépassera guère deux minutes avec celles qui auront été albuminées de suite au sortir du bain d'argent, sans avoir été débarrassées de leur excès de nitrate d'argent.

Quand on emploie le miel, comme couche préservatrice, la glace après l'impression lumineuse est plongée, la face collodionnée en dessus, dans un bain neutre d'azotate d'argent à 5 pour 100. On l'y maintient quelques minutes, et l'on fait apparaître l'image avec un liquide révélateur contenant 5 grammes d'acide pyrogallique et 15 grammes d'acide acétique par litre d'eau. Il est bon de renforcer l'épreuve avec quelques gouttes de la solution d'azotate d'argent mélangée avec le miel étendu, que l'on a conservée et qui a servi à recouvrir le collodion au début de l'expérience. L'épreuve renforcée est lavée, et fixée au moyen de l'hyposulfite de soude.

Quelques opérateurs préfèrent employer le miel à la place de l'albumine. Le procédé Taupenot à l'albumine a l'inconvénient de donner souvent des ampoules et des taches sur les clichés.

Procédé au tannin. — Ce procédé, dont on a beaucoup parlé, est dû au major C. Russell. Grâce aux travaux persévérants et ingénieux de ce savant, il est possible aujourd'hui de conserver pendant fort longtemps des glaces préparées, sans leur voir perdre aucune de leurs propriétés. Leur sensibilité est certainement bien plus considérable que celle des glaces obtenues par les procédés ordinaires. La découverte du major Russell consiste à combiner le tannin, ou acide tannique, avec la couche d'iodure d'argent, destinée à être impressionnée par la lumière. Le procédé primitif décrit en 1861 a été singulièrement modifié, depuis cette époque; nous le décrirons avec les perfectionnements que les praticiens lui ont communiqués successivement.

La glace est enduite d'un collodion spécial, contenant de petites quantités d'iodure de cadmium, ajouté à l'iodure et au bromure d'ammonium. On sensibilise au moyen d'un bain de nitrate d'argent très-franchement acidulé par l'acide acétique. La glace une fois sensibilisée est lavée très-complétement à grande eau, puis recouverte d'une solution de tannin dans une eau alcoolisée au dixième (eau avec 10 pour 100 d'alcool : 100 parties. Tannin 2 1/2 à 3 parties). La solution de tannin est versée à plusieurs reprises sur la glace, qui est lavée et séchée contre un mur, ou mieux sur le support à rainures. Il va sans dire que ces opérations ont lieu dans le cabinet noir ; quand la glace est sèche, on la chauffe légèrement ; elle peut être conservée ainsi pendant un temps d'une longue durée.

La glace au tannin exige un temps de pose de deux minutes au maximum, de 35 secondes environ au minimum. Avant de développer l'image, on laissera tremper la glace dans une solution étendue de nitrate d'argent afin d'imbiber la couche tannifère. On égouttera et on développera l'image à l'aide d'une dissolution aqueuse d'acide pyrogallique, légèrement additionnée d'alcool. Si l'image a besoin d'être renforcée, une dissolution étendue d'acide citrique, mélangée d'une petite quantité de nitrate d'argent, donnera d'excellents résultats. Le fixage s'opérera après un lavage complet au moyen de l'hyposulfite de soude.

Papier ciré ou albuminé. — Le procédé au papier ciré consiste à remplacer le verre par le papier, pour faire le négatif. Les négatifs sur papier n'ont jamais la finesse de ceux qui se produisent sur la glace, mais ils sont cependant très-suffisamment nets et harmonieux. Ces clichés sur papier ciré offrent l'avantage immense de n'être ni casuels, ni lourds, ni encombrants. Leur inconvénient réside dans la lenteur de leur impression ; avec le papier ciré, le temps de pose est considérable. Mais le photographe touriste trouvera dans son emploi la possibilité de rapporter de longues excursions un grand nombre de clichés de grandes dimensions, pesant un faible poids, et pouvant être conservés dans un simple carton à dessin.

M. Legray, l'inventeur de ce procédé si intéressant, a donné le mode d'emploi du papier ciré ; nous allons succintement décrire cette méthode ingénieuse et pratique.

Le papier qui doit être enduit de cire est formé d'une pâte homogène et unie, bien encollé, assez mince, puisque l'épreuve doit être vue par transparence. L'opération de l'encirage est très-délicate. Pour réussir, on étale la feuille sur une boîte de fer remplie d'eau bouillante que l'on maintient à 100° en la plaçant sur un fourneau. La feuille de papier est protégée du contact du métal par l'intermédiaire de papiers buvards ; elle est frottée de cire blanche qui fond à mesure qu'elle est étendue. Quand la première feuille est bien imprégnée sur toute sa surface, on y superpose une seconde feuille de papier que l'on frotte de cire de la même façon, puis une troisième, une quatrième, et ainsi de suite jusqu'à douze. On intercale entre chaque feuille cirée une feuille de papier non cirée, on frotte tout le paquet énergiquement en le retournant alternativement dans un sens, puis dans l'autre. L'excès de cire des papiers cirés passe dans le papier avec lequel il est en contact : on a donc vingt-quatre feuilles imbibées de cire. Chaque feuille est ensuite *décirée* une à une, avec un tampon de papier de soie, et quand une feuille frottée énergiquement est bien lisse, bien transparente, qu'elle n'offre pas de taches blanches ou brillantes indiquant, soit un manque, soit un excès de cire, elle peut se conserver ainsi indéfiniment.

Les papiers cirés sont plongés dans l'iodure de potassium dissous dans l'eau de riz [1]. Une fois sortis du bain et séchés, ils sont frottés à chaud entre deux papiers buvards, avec un fer à repasser.

Le papier ciré ioduré a une teinte violacée ; il doit être conservé à l'abri de l'humidité et de l'air. Quand on veut le sensibiliser pour en faire usage, on le plonge dans un bain de nitrate d'argent additionné d'acide acétique [2].

L'exposition du papier dans la chambre noire se fait en le plaçant entre deux glaces bien propres. Le temps de pose est généralement de une heure

---

[1] Eau de riz, formée par 75 grammes de riz dans un litre d'eau bouillante. . . . . 1 litre.
    Sucre de lait. . . . . 50 gr.
    Iodure de potassium. 15
    Bromure   id. 5
[2] Eau distillée. . . . . 1 litre.
    Nitrate d'argent. . . . . 75 gr.
    Acide acétique cristallisable. 75

environ, quelquefois plus ; il ne peut se déterminer que par l'expérience.

Le développement de l'image s'opère au moyen de l'acide gallique, additionné ensuite de nitrate d'argent et d'acide acétique. La feuille de papier est complétement immergée dans le bain révélateur jusqu'à ce qu'elle acquière l'intensité voulue.

Le fixage s'effectue à l'aide d'un bain d'hyposulfite de soude.

Après le séchage et le lavage, on rend au cliché de papier toute sa transparence en le frottant avec un fer à repasser chaud, après l'avoir recouvert d'un papier de soie.

Quelques opérateurs après M. Legray, MM. Vigier, Baldus, etc., ont préparé des papiers albuminés, gélatinés, qui donnent aussi de bons résultats. Les formules pour obtenir des négatifs sur papier ciré abondent. Nous renverrons le recteur curieux de les connaître aux travaux publiés par les inventeurs.

La photographie au charbon. — Les procédés que nous avons décrits jusqu'ici donnent des épreuves dont la durée n'est pas indéfinie. Quels que soient les soins et les précautions de l'opérateur, quelque parfaits que soient les lavages, l'épreuve positive sur papier est destinée à se ternir, à jaunir, à disparaître même, dans un avenir plus ou moins rapproché. Ce grave inconvénient a fait sentir la nécessité de donner aux images photographiques une durée de conservation permanente, analogue à celle des épreuves typographiques, et des impressions obtenues en général, avec de l'encre grasse à base de charbon, de sanguine, ou de matière inaltérable.

On appelle *épreuves au charbon* les épreuves photographiques obtenues avec l'aide de matières fixes, charbon ou matières minérales inaltérables. Les divers procédés de tirage des épreuves positives au charbon sont basés sur le principe indiqué par M. Poitevin, en 1855.

Ce savant chimiste auquel l'art photographique doit un grand nombre de perfectionnements des plus importants, avait reconnu que la lumière rend insoluble même dans l'eau chaude les corps gommeux ou mucilagineux additionnés de bichromates alcalins ou terreux ; c'est alors qu'il eut la pensée d'ajouter, pour produire des images photographiques inaltérables, des substances colorantes insolubles, telles que le charbon, les émaux en poudre, à de la gélatine, de l'albumine, de la gomme arabique, du sucre, de l'amidon, etc. [1].

Une mince couche de gélatine bichromatisée, imbibée de charbon, est étalée, sur une feuille de papier que l'on expose à l'impression de la lumière à travers un cliché négatif. Après l'insolation, on soumet le papier à un lavage à l'eau tiède ; les parties de la gélatine non insolées, se dissolvent ; celles

---

[1] *Photographie au charbon. Recueil pratique de divers procédés des épreuves positives formées de substances inaltérables*, par L. Vidal. Paris, 1869.

que la lumière a rendu solubles restent adhérentes à la surface, et le dessin apparaît, formé par ces parties insolubles du mucilage. Dès l'apparition de ce procédé indiqué par M. Poitevin, et publié à cette époque, plutôt comme une curiosité que comme une méthode pratique, un grand nombre d'opérateurs s'occupèrent d'étudier les phénomènes nouveaux mis au jour. MM. l'abbé Laborde, Garnier et Salmon, à Paris, Pouncy, à Londres, etc., ne tardèrent pas à publier des procédés analogues à celui de M. Poitevin, et plus ou moins perfectionnés. En 1864, M. Swan donna un vigoureux élan à l'art de la photographie inaltérable au charbon; peu de temps après, M. A. Marion vulgarisa singulièrement le nouveau procédé par des productions vraiment remarquables.

Nous emprunterons d'abord au *Moniteur de la photographie* le curieux procédé de M. Swan. « On prend 120 grammes de gélatine qu'on fait gonfler pendant quelques heures dans 500 centimètres cubes d'eau froide, puis dissoudre à une douce chaleur. On y ajoute un blanc d'œuf battu, on agite, on pousse jusqu'à l'ébullition, puis on filtre. Ce traitement a pour but de clarifier l'albumine, qui reste en solution brillante, et limpide. On remplace par de l'eau la quantité qui s'est évaporée et on ajoute 60 grammes de sucre blanc. C'est alors qu'on mélange la matière colorante, l'encre de Chine, qu'on a filtrée après l'avoir broyée ou délayée dans l'eau. La gélatine se conserve dans des flacons bien bouchés. Pour la rendre sensible, on prépare une solution de bichromate d'ammoniaque (50 grammes pour 90 d'eau), dont on verse 30 grammes dans 200 ou 300 grammes de gélatine colorée. On couvre une glace, de collodion non ioduré et d'une consistance convenable, on le laisse s'égaliser et sécher parfaitement. On chauffe cette glace et on y étend bien également la solution de gélatine, qu'on laisse reposer jusqu'à ce qu'elle ait fait prise. Après dessiccation, on peut détacher cette pellicule en passant un canif sur les bords. On a alors une feuille noire, flexible, qui ressemble à du cuir verni. Elle est translucide, malgré sa teinte noire, et en l'examinant, on pourra facilement reconnaître si sa coloration est convenable. Cette pellicule doit être conservée dans l'obscurité et employée dans l'espace d'un jour ou deux. Quand on veut faire un tirage, la feuille est placée sous un négatif, le côté collodionné en contact avec le cliché, de sorte que l'impression se fait d'abord sur la face intérieure de la gélatine sensibilisée. Le temps de pose varie selon l'intensité de la lumière et la nature du cliché, mais, en tout cas, l'exposition ne dépasse pas le tiers ou le quart de celle nécessaire pour opérer avec les sels d'argent. La latitude est beaucoup plus grande que par les procédés ordinaires; aussi l'image peut-elle sans grand inconvénient subir une pose trop longue. L'épreuve est ensuite collée sur papier à l'aide d'empois ou de caoutchouc. Après dessiccation, on la plonge dans l'eau chaude à 40° centigrades. La gélatine colorée restée soluble se détache rapidement, laissant le dessin avec toutes ses dégradations de teinte, adhérent au collodion. Lorsque l'image a trempé pendant deux heures environ, on peut, si on veut la redresser, coller dessus une feuille de papier, et quand on a laissé sécher, la première feuille, qui soutenait la pellicule impressionnée, se détache facilement. L'épreuve est alors terminée, et possède une grande finesse. »

Depuis M. Swan, les méthodes de photographie dites au charbon ont fait des progrès rapides, et l'on est arrivé à d'admirables résultats. Nous allons donner une description sommaire du procédé tel qu'il se pratique aujourd'hui. Nous emprunterons les documents importants qui vont suivre au remarquable ouvrage de M. D.-V. Monckoven, qui les public lui-même d'après M. Léon Vidal, l'habile secrétaire de la Société photographique de Marseille, à qui l'on doit les plus complètes études sur le sujet qui nous occupe. La première condition du succès de l'exécution de photographie inaltérable est la bonne préparation des *mixtions colorées*, c'est-à-dire des couches de gélatine de couleurs diverses plus ou moins intenses étendues sur les feuilles de papier qui leur servent de support. On trouve aujourd'hui dans le commerce des mixtions toutes prêtes pour les impressions au charbon ; mais il est quelquefois préférable de les préparer, lorsqu'il s'agit d'agir sur des masses considérables. Suivant la substance solide et inaltérable que l'on incorpore dans la gélatine, on donne au papier enduit, des tons noirs de gravure, des tons *pourpres*, *bruns*, ou *mine de plomb*.

On broie d'abord dans l'eau la matière colorante, charbon, sanguine, etc., de façon à la réduire à l'état de poudre impalpable, et l'on ajoute par petite dose la gélatine, dissoute dans l'eau chaude et bien filtrée. La quantité de gélatine est de 200 grammes pour un litre d'eau. On brasse le mélange de façon à le rendre parfaitement homogène.

On prend une feuille de papier de bonne qualité, on la mouille, et on l'étale sur une glace que l'on encadre de quatre réglettes qui emprisonnent la feuille de tous les côtés de manière à former cuvette. La saillie de ces réglettes, ne doit pas être supérieure à 3 ou 4 millimètres. On verse sur la glace bien horizontale la solution de gélatine qui se prend en masse, on enlève la pellicule gélatinée en la séparant de la glace et on la laisse sécher spontanément.

Les feuilles de gélatine sont sensibilisées par une immersion dans une solution aqueuse de bichromate de potasse (à 5 p. 100 de sel); pour faire l'impression, on applique l'une d'elles derrière un cliché photographique, que l'on expose à l'action de la lumière solaire. Quand on a usé d'un cliché négatif, il y a lieu de redresser ultérieurement l'image, et c'est pour ce motif qu'il faut employer un support provisoire que l'image positive puisse facilement abandonner à un moment désiré. Nous renvoyons le lecteur qui voudrait avoir de plus amples renseignements sur ce sujet, au traité de photographie de M. D.-V. Monckhoven[1]. Nous devons nous borner à donner seulement ici le principe d'une nouvelle branche de l'art que nous étudions ; les détails pratiques nous entraîneraient trop loin de notre plan, qui doit comprendre tous les chapitres, aujourd'hui si multipliés, du livre de la photographie moderne.

[1] G. Masson, éditeur. Paris, 1873.

CHAPITRE VIII

PROBLÈMES A RÉSOUDRE

La fixation des couleurs. — Une mystification. — Expériences de M. Edmond Becquerel. — Tentatives de M. Niepce de Saint-Victor, de M. Poitevin. — Le tirage des épreuves photographiques.

Nous avons vu comment et par quels procédés l'art photographique arrive à fixer sur le papier l'image de la chambre noire : les résultats obtenus, quelque merveilleux qu'ils soient, sont susceptibles d'être perfectionnés comme toute œuvre humaine ; aussi nous paraît-il intéressant d'envisager ces progrès, et de signaler ceux qu'il est possible d'espérer dans un avenir prochain.

La photographie reproduit la nature ; les dessins qu'elle fournit, c'est l'image du miroir, mais l'image sans la couleur. Trouver un procédé photographique susceptible de donner des épreuves colorées et capable de calquer le coloris des objets naturels comme il en reproduit l'aspect et la forme, tel semble être le critérium de la puissance photographique. Au premier abord, le problème paraît insoluble. Il n'est pas besoin d'être versé dans l'étude de la physique pour en comprendre les difficultés; il faut trouver une même substance qui soit influencée de différentes manières par les différents rayons du spectre, et qui puisse reproduire la couleur propre à chaque rayon lumineux; la recherche d'un tel produit chimique semble comparable à celle de la pierre philosophale. Cependant, en présence de certains faits déjà obtenus par quelques savants émérites, il serait imprudent de nier la possibilité d'un tel problème; sa solution est peut-être plus rapprochée de nous qu'on ne le croit habituellement. Quelques jalons sont déjà plantés dans la direction de ce but bien lointain, caché dans la brume de l'inconnu. Seront-ils utiles ou infructueux; frayeront-ils une voie nouvelle ou resteront-ils isolés et stériles? C'est à quoi nous ne pourrons répondre qu'après avoir passé en revue les résultats déjà obtenus.

Il ne nous paraît pas inutile, avant d'étudier les expériences précises dues à quelques-uns de nos savants les plus éminents, de rapporter des faits, intéressants au point de vue historique et qui ont eu jadis un grand retentissement. En 1851, les photographes d'Europe furent tous mis en émoi par une nouvelle extraordinaire qui arrivait de l'autre côté de l'Atlantique. Les journaux américains affirmaient qu'un photographe des États-Unis, M. Hill, avait découvert le moyen de reproduire avec leurs couleurs naturelles les images de la chambre noire ; on ne parla plus bientôt que de cet illustre inventeur ; son nom acquit momentanément une renommée égale à celui de Daguerre. Ce M. Hill était un révérend pasteur, qui n'était pas ennemi de la réclame ; il avait *lancé* la nouvelle de son invention dans toutes les feuilles américaines, et il ne se plaignait pas des épithètes enthousiastes dont on qualifiait son œuvre. M. Hill atteignit en un moment le plus haut point de l'échelle du succès, que gravissent seulement les hommes de génie. Cet habile pasteur laissa grandir la fièvre de la curiosité publique. « Lorsqu'il vit le moment opportun, dit M. Alexandre Ken, qui raconte cette curieuse histoire, il lança une circulaire, dans laquelle il promettait de publier prochainement un ouvrage qui divulguerait les secrets de sa découverte. L'auteur ajoutait que ce livre ne serait tiré qu'à un nombre égal à celui des photographes souscripteurs, et qu'il serait envoyé cacheté, à tous ceux qui lui feraient parvenir, avec leur adresse, cinq dollars (25 francs). Un certificat, signé de plusieurs noms, attestait que M. Hill était un respectable ecclésiastique digne de toute confiance.

« La circulaire produisit quinze mille dollars. Le volume parut : il avait environ cent pages, et revenait à peu près à vingt-cinq centimes l'exemplaire, à l'auteur. Mais, s'il était cher, il ne contenait, en revanche, que quelques banales descriptions des procédés de daguerréotype les plus connus et ne disait pas un mot de la reproduction des couleurs[1]. »

M. Hill publia ensuite une seconde et une troisième brochure, mais les couleurs de M. Hill ne tardèrent pas à finir leur temps. La masse des souscripteurs jura, mais un peu tard... qu'on ne l'y prendrait plus !

M. Edmond Becquerel est le premier physicien qui soit parvenu à reproduire l'image de rayons colorés. Il a pu notamment imprimer sur une plaque d'argent les sept couleurs du spectre solaire. M. Becquerel plongeait une lame d'argent dans de l'acide chlorhydrique étendu d'eau ; il attachait le métal à un fil conducteur communiquant à une pile électrique. Sous l'influence du courant, l'argent se couvrait d'une couche de sous-chlorure d'argent doué d'une couleur rose caractéristique. Retiré du bain, lavé et séché, il suffisait de l'exposer aux rayons du spectre solaire, les sept couleurs s'y dessinaient avec leurs teintes correspondantes. Malheureusement, ces couleurs ne peuvent se fixer jusqu'ici par aucun moyen ; elles disparaissent au contact de la lumière du jour et doivent être conservées dans l'obscurité.

« M. Niepce de Saint-Victor, de son côté, a cherché à résoudre cette grande question de la fixation des couleurs, mais il a échoué dans ses tentatives. Il est parvenu cependant à obtenir des épreuves

---

[1] *Dissertations sur la photographie*. A. Ken, 1864.

photographiques de couleur bleue, rouge, verte. Ces photographies colorées sont d'un joli effet; bien qu'elles soient un peu plus stables que jadis, ces épreuves s'altèrent encore par une exposition continue à la lumière diffuse; les procédés se sont déjà perfectionnés cependant, car les épreuves que M. Niepce obtenait au commencement de ses recherches ne pouvaient supporter le moindre éclat de lumière diffuse; c'est grâce à l'emploi des sels d'urane qu'il est parvenu à résoudre cette question intéressante.

« Pour obtenir une épreuve colorée en rouge, par exemple, il prépare le papier avec une solution d'azotate d'urane à 20 pour 100 d'eau; on fait sécher dans l'obscurité, puis on expose pendant un temps qui varie avec l'intensité de la lumière; l'épreuve est ensuite lavée à l'eau portée à 50 ou 60° centigrades, puis plongée dans une dissolution de cyanoferride de potassium à 2 pour 100. Après quelques minutes, l'épreuve a acquis une belle couleur rouge imitant la sanguine; il ne reste plus qu'à la laver à plusieurs eaux et à sécher. L'épreuve rouge obtenue par le procédé précédent devient verte si on la plonge dans une solution d'azotate de cobalt et qu'on la retire sans la laver; la couleur verte apparaît par une dessiccation au feu; on la fixe à l'aide d'une immersion de quelques secondes dans une dissolution de sulfate de fer et d'acide sulfurique, chacun à 4 pour 100 d'eau; on lave enfin à grande eau et on sèche au feu. On obtiendra une couleur violette en lavant à l'eau chaude au sortir du châssis et en développant au chlorure d'or à 1/2 pour 100 d'eau. Pour avoir des épreuves bleues, on prépare le papier avec une dissolution de cyanoferride de potassium à 20 pour 100 d'eau ; on expose sous le cliché et on lave dix secondes avec une dissolution de bichlorure de mercure saturée à froid ; on passe à une dissolution d'acide oxalique à 60°, puis on lave à grandes eaux et on sèche[1]. »

En 1866, M. Poitevin a fait une série d'expériences curieuses, pour arriver à la solution du grand problème de la fixation des couleurs « sur du papier recouvert préalablement d'une couche de chlorure d'argent violet, obtenu lui-même par l'exposition à la lumière du chlorure blanc, en présence d'un sel réducteur. On applique un liquide formé par le mélange d'un volume de dissolution saturée de bichromate de potasse, un volume de dissolution saturée de sulfate de cuivre et un volume de dissolution à 5 p. 100 de chlorure de potassium ; on laisse sécher le papier ainsi préparé, et on le conserve à l'abri de la lumière. Le bichromate de potasse pourrait être remplacé par l'acide chromique ou par l'azotate d'urane. Avec ce papier, pour ainsi dire *supersensibilisé*, l'exposition à la lumière directe n'est que de cinq à dix minutes lorsqu'elle a lieu à travers des peintures sur verre, et on peut très-bien suivre la venue de

[1] *Annuaire scientifique de M. PP. Dehérain.* Paris, 1862, p. 183.

l'image en couleur. Ce papier n'est pas assez impressionnable pour qu'on puisse l'employer utilement dans la chambre noire ; mais, tel qu'il est, il donne des images en couleur dans un appareil d'agrandissement spécial.

On peut conserver ces images photochromatiques dans un album, si on a eu la précaution de les laver à l'eau acidulée par de l'acide chromique, de les traiter ensuite par de l'eau contenant du bichlorure de mercure, et de les laver encore à l'eau chargée de nitrate de plomb et enfin à l'eau pure. Dans cet état, elles ne s'altèrent pas à l'abri de la lumière.

Malheureusement ces nouvelles images photogéniques ne sont guère plus stables à la lumière que les images que MM. Edmond Becquerel et Niepce de Saint-Victor avaient obtenues auparavant sur des plaques chlorurées[1]. »

Le résultat de ces curieuses expériences montre bien que le problème de la fixation des couleurs est un des plus difficiles que la science moderne ait à résoudre. Les premiers pas qui ont été faits ne rapprochent que bien peu la photographie du but qu'elle s'efforce d'atteindre. Mais, d'autre part, le chemin parcouru, si minime qu'il soit, ne doit pas être dédaigné, s'il est vrai qu'il faut ajouter foi au proverbe : « Il n'y a que le premier pas qui coûte. » Les faits dévoilés jusqu'ici offrent une importance

[1] Louis Figuier, *les Merveilles de la science.*

capitale à notre avis, puisqu'ils suffisent à prouver d'une façon manifeste, que la réalisation d'une œuvre que l'on serait tenté de regarder comme chimérique, ne doit plus être considérée comme une utopie.

Comme l'a dit M. Niepce de Saint-Victor, « si le problème de la fixation des couleurs n'est pas résolu, on peut, au moins en espérer la solution. »

C'est là évidemment une des plus grandes questions que puisse soulever l'art de Daguerre. Il en est une autre, d'un ordre capital, c'est celle de la transformation du cliché en une planche typographique; nous allons l'étudier dans les premières pages de notre troisième partie.

TROISIÈME PARTIE

LES APPLICATIONS DE LA PHOTOGRAPHIE

CHAPITRE PREMIER

L'HÉLIOGRAVURE

La plaque daguerrienne transformée en planche de gravure. — M. Donné. — M. Fizeau. — La gravure photographique de M. Niepce de Saint-Victor. — La photo-lithographie et l'héliogravure, créées par M. Poitevin. — Procédés de MM. Baldus, Garnier, etc. — L'albertypie. — Procédé de M. Obernetter.

Dès l'origine de la photographie, à l'époque même de Daguerre, on regrettait que les admirables images produites par le soleil, au foyer de la chambre noire, fussent condamnées à rester à l'état de type unique; on se demandait si l'art n'arriverait pas à transformer le cliché en une planche gravée, propre à effectuer le tirage mécanique d'épreuves sur papier. De nos jours, ces vœux émis depuis la naissance de la photographie sont en partie réalisés; si l'on n'a pas encore atteint le degré de perfection qui sera le caractère de l'héliogravure dans un avenir peut-être prochain, on est parvenu à métamorphoser le cliché en une planche métallique analogue à celle que le graveur à l'eau-forte façonne de sa pointe d'acier ; les épreuves photographiques arriveront à être comparables aux épreuves de nos grands maîtres ; le soleil aura pris soin de dessiner sur le métal, que la mécanique et les réactions chimiques auront pour ainsi dire buriné avec une précision inconnue à la main humaine.

C'est un savant émérite, M. Donné, qui, le premier, eut l'idée de faire agir de l'acide chlorhydrique sur une plaque daguerrienne, afin de mordre le cliché dans les parties claires, et de laisser en relief, à des degrés différents, les ombres et les demi-clairs, de façon à produire une planche capable de donner des épreuves sur papier, par le procédé de gravure en taille-douce. — Mais le mercure n'était pas également réparti sur la plaque de cuivre argenté ; il ne s'y déposait souvent qu'en une couche d'une extraordinaire ténuité ; l'acide, en le rongeant, donnait une planche où les aspérités n'étaient que fort peu saillantes ; ces reliefs, formés d'argent, c'est-à-dire d'un métal très-doux, limitaient singulièrement le tirage. — Les premières planches d'héliogravure étaient usées et hors de service, quand elles avaient donné sur papier une quarantaine d'épreuves encore très-imparfaites.

M. Fizeau perfectionna ce procédé rudimentaire, mais il en compliqua les opérations au point qu'on dut bientôt abandonner sa méthode. M. Fizeau était parvenu à attaquer les parties noires de l'épreuve daguerrienne en laissant en relief les blancs formés par le mercure. Mais la condition essentielle d'une bonne gravure, c'est la profondeur des reliefs; il fallait arriver à creuser les sillons et les cavités ouverts par l'acide. — M. Fizeau les remplissait d'une huile grasse, qui ne s'attachait pas aux parties saillantes de la plaque. Celle-ci était dorée à la pile, l'huile contenue dans les sillons était enlevée, et à l'aide de l'acide nitrique, qui respectait les parties protégées par une couche d'or, on pouvait ronger, autant qu'il était nécessaire, les parties déjà creusées par l'opération précédente.

Après ce travail si ingénieux de M. Fizeau, la photographie sur papier fut découverte, et l'héliogravure sembla d'abord perdre de son intérêt. On ne tarda pas toutefois à reconnaître que ce problème de la gravure photographique méritait à tous égards de fixer l'attention des chercheurs. Il est vrai que, par les procédés de photographie sur papier, on a d'abord un cliché sur verre, qui peut donner un nombre illimité d'épreuves, mais combien est lent le tirage! que d'obstacles présente cette opération qui nécessite du soleil, des soins, des minuties inconnues à la confection des épreuves tirées à la presse! En outre, la photographie sur papier n'est pas durable, elle pâlit avec le temps, jaunit parfois et souvent même s'efface complètement.

La gravure photographique fut étudiée avec activité : MM. Talbot et Niepce de Saint-Victor arrivèrent à graver sur acier des objets transparents, à l'aide de la photographie ; ils employaient le bichromate de potasse comme matière impressionnable à la lumière ; mais leurs résultats étaient grossiers et dénués de tout cachet artistique.

En 1853, M. Niepce de Saint-Victor reprit, en le modifiant, le premier procédé de son parent Nicéphore Niepce. Il fit connaître une méthode propre à transporter sur acier un cliché photographique au moyen d'opérations que nous croyons devoir succinctement décrire.

Une plaque d'acier bien décapée et bien polie est couverte d'une couche de bitume de Judée, que l'on étend sur le métal en le dissolvant au préalable dans l'essence de lavande[1]. — Ce véritable vernis est séché dans un cabinet noir, afin qu'il ne soit pas altéré par la lumière ; il devient sec et parfaitement solide. Cela fait, on applique sur la planche métallique ainsi sensibilisée une épreuve positive, obtenue sur verre, et on expose le tout à l'action de la lumière diffuse. La lumière traverse les parties transparentes du verre et impressionne le bitume de Judée ; au bout d'un quart d'heure, l'opération est terminée. On sépare la plaque d'acier, on la lave avec un mélange de benzine et d'huile de naphte, qui dissout seulement les parties du vernis respectées par la lumière, c'est-à-dire celles qui étaient

---

[1] D'après M. Monckhoven, la meilleure espèce de bitume de Judée, ou asphalte, destinée à ces opérations, doit être complétement insoluble dans l'eau, elle doit se dissoudre à raison de 5 pour 100 dans l'alcool, de 70 pour 100 dans l'éther, et en toutes proportions dans l'essence de térébenthine, la benzine pure et le chloroforme.

directement placées derrière les noirs de l'épreuve photographique sur verre.

Les portions de la plaque d'acier, mises à nu par le dissolvant, sont susceptibles d'être rongées par l'acide nitrique ; on peut donc obtenir une planche en creux, qui, bien préparée, est susceptible de recevoir l'encre d'impression, et d'être soumise au tirage des épreuves sur papier, reproduisant exactement l'image photographique. Les gravures de M. Niepce de Saint-Victor ne manquaient pas d'un certain mérite, mais elles offraient, par contre, de graves inconvénients ; les ombres, notamment, n'offraient aucun modelé, aucune délicatesse ; c'étaient des taches uniformes qui faisaient de la gravure une ébauche vulgaire. C'est en vain que M. de Saint-Victor perfectionna son procédé ; c'est en vain qu'il put abréger le temps de l'exposition à la lumière, qu'il parvint à impressionner directement la plaque d'acier sensibilisé, au foyer de la chambre noire. Le laborieux chercheur, malgré le persévérant travail de plusieurs années, ne sut pas éliminer complétement les inconnues de son problème.

Pendant que M. Niepce de Saint-Victor échouait dans ses belles et glorieuses tentatives, un artiste émérite, dont nous avons déjà cité le nom dans cet ouvrage, M. Auguste Poitevin, ouvrit des horizons nouveaux et inattendus au domaine de la gravure photographique. Il détourna quelque peu le problème, mais y apporta une solution que l'on doit considérer comme une véritable révolution dans cet art nouveau. M. Poitevin transportait d'abord, non plus sur le métal, mais sur une pierre, l'épreuve photographique, et son ingénieuse méthode fut créée sous le nom de *photo-lithographie*.

Sur une pierre, bien grainée et de bonne qualité, M. Poitevin appliquait une couche formée par un mélange d'albumine et de bichromate de potasse. Il plaçait sur cette surface un cliché négatif de photographie sur verre; puis il exposait le tout à la lumière. Les rayons solaires, comme nous l'avons souvent expliqué, n'agissaient que sur les parties enduites de la pierre, placées au-dessous des parties transparentes du verre. Or la lumière, en exerçant sa mystérieuse influence sur un mélange de matières gommeuses ou gélatineuses imbibées de bichromate de potasse, les rend propres à prendre et à retenir l'encre d'impression. Que la pierre soit séparée du cliché de verre, qu'on y passe le rouleau typographique, l'encre n'adhérera que sur les portions du vernis frappées par la lumière. La photographie primitive est devenue planche lithographique[1].

La découverte de ce fait si singulier, qui sert de base à la photo-lithographie, est certainement une des plus remarquables qu'ait faites M. Poitevin; mais cet habile expérimentateur ne s'en tint pas là. Il reconnut bientôt que son enduit gélatineux au bi-

---

[1] Voir l'ouvrage de M. Poitevin, intitulé : *Impression photographique sans sels d'argent*. Paris, 1862.

chromate de potasse perd les propriétés qu'il possède de se gonfler par l'eau quand il a été soumis à l'action d'un rayon lumineux. L'enduit impressionné, traité par l'eau, dans des conditions spéciales, se gonfle légèrement dans les parties où la lumière n'a pas laissé son empreinte occulte ; il n'est nullement modifié là où la lumière a agi : voilà donc la substance qui offre une inégalité de surface ; les creux et les reliefs correspondent aux clairs et aux ombres de la photographie ; rien n'empêche d'en prendre le moulage à l'aide de la galvanoplastie, et l'on aura une planche de cuivre parfaitement apte au tirage des gravures en taille douce. Il va sans dire que nous ne donnons ici que le principe du procédé de M. Poitevin, qui, dans la pratique, nécessite des soins extrêmes. Ce principe est essentiellement ingénieux, il a pu donner des résultats, sinon parfaits, du moins satisfaisants, et personne ne pourra nier que M. Poitevin, par ses recherches et ses résultats, inspirés des ressources d'une imagination essentiellement féconde, doit être regardé comme le véritable fondateur de l'héliogravure moderne.

A mesure que nous nous rapprochons de notre époque, les progrès s'accentuent, nombreux et importants. En 1854, M. Baldus produit des épreuves de gravure photographique qui excitent à juste titre l'étonnement du public et des hommes du métier. Laissons décrire ce procédé par M. Louis Figuier, qui a aidé de ses lumières l'heureux artiste héliographique.

« On prend une lame de cuivre sur laquelle on étend une couche de bitume de Judée. A cette lame de cuivre, recouverte de la résine impressionnable, on superpose une épreuve photographique, sur papier transparent, de l'objet à graver. Cette épreuve est positive et doit, par conséquent, se traduire en négatif sur le métal, par l'action de la lumière. Au bout d'un quart d'heure environ d'exposition au soleil, l'image est produite sur l'enduit résineux, mais elle n'est point visible. On la fait apparaître en lavant la plaque avec un dissolvant qui enlève les parties non impressionnées par la lumière, et laisse voir une image négative représentée par les traits résineux du bitume.

« Cependant le dessin est formé d'un voile si délicat, si mince, qu'il ne tarderait pas à disparaître en partie par le séjour de la plaque au sein du liquide. Pour lui donner la solidité et la résistance convenables, on l'abandonne pendant deux jours à l'action de la lumière diffuse. Le dessin ainsi consolidé, on plonge la lame de métal dans un bain galvanoplastique de sulfate de cuivre, et voici maintenant les vermeilles de ce procédé. Attachez la plaque au pôle négatif de la pile, vous déposez sur les parties du métal non défendues par l'enduit résineux une couche de cuivre en relief; la placez-vous au pôle positif, vous creusez le métal aux mêmes points, et formez ainsi une gravure en creux. Si bien qu'on peut, à volonté, et selon le pôle de la pile auquel on s'adresse, obtenir une gravure en creux ou une gravure en relief; en d'autres termes, une gravure à l'eau-forte pour le tirage en taille-douce, ou une gravure de cuivre en relief, analogue à la gravure sur bois, pour le tirage à l'encre d'imprimerie. »

Depuis cette époque, M. Baldus a complétement supprimé la galvanoplastie. Quelques minutes lui suffisent pour rendre les planches de cuivre propres au tirage en taille-douce.

C'est au moyen d'un sel de chrome, sans aucun emploi de bitume de Judée, que M. Baldus rend impressionnable à la lumière la lame de cuivre. Sur une lame de cuivre ainsi rendue impressionnable, on applique le cliché de verre portant la photographie à reproduire, et on expose le tout à l'action de la lumière. Après l'exposition lumineuse, on place la lame de cuivre portant la couche impressionnée dans une dissolution de perchlorure de fer, qui attaque la lame de cuivre dans les points qui n'ont pas été influencés par la lumière; et l'on obtient ainsi un premier relief.

Comme ce relief n'est pas suffisant, on l'augmente en replaçant la lame de cuivre dans le mordant de perchlorure de fer, après avoir passé sur le métal un rouleau d'encre d'imprimerie. L'encre s'attache aux parties en relief et les défend de l'action du mordant. On peut, en répétant ce traitement, donner aux traits de la gravure la profondeur que l'on désire.

Si l'on a fait usage d'un cliché photographique négatif, on obtient une impression en creux nécessaire pour le tirage en taille-douce. Pour obtenir une planche de cuivre en relief destinée au tirage typographique, on prend un cliché positif, et les traits du métal sont en relief.

Un peu plus tard, en 1855, on vit apparaître un procédé extrêmement ingénieux dû à MM. Garnier et Salmon.

Voici en quoi consiste la méthode de ces habiles inventeurs :

« Une planche de laiton est exposée, dans l'obscurité, aux vapeurs de l'iode, soumise à l'action lumineuse derrière un négatif, et frottée avec un tampon de coton imbibé de mercure, qui n'attaque que les parties non altérées par la lumière. Cette lame, soumise au rouleau d'encre grasse, repousse l'encre par ses parties amalgamées, mais y adhère par ses parties libres. Celles-ci forment alors la réserve, et la couche, traitée par le nitrate d'argent, donne une planche en taille-douce après qu'on a enlevé l'encre grasse. Mais si l'on n'enlève point l'encre grasse, et qu'après la première morsure au nitrate d'argent, on fasse sur la lame un dépôt de fer galvanique, celui-ci se dépose sur les parties amagalmées, et l'encre enlevée laisse à nu le laiton iodé. On attaque de nouveau la planche par le mercure qui n'adhère pas au fer. Soumise au rouleau d'encre grasse, celle-ci de nouveau ne prend pas sur le mercure, mais sur le fer. Si l'on veut une planche typographique, au lieu d'opérer un dépôt de fer, on dépose de l'or, puis on creuse les parties non dorées par un acide jusqu'à relief suffisant[1]. »

M. Garnier obtenait, par un procédé analogue, des gravures héliographiques faites sur des clichés donnant des vues de monuments, paysages, etc., d'une qualité très-remarquable. Cet opérateur reçut à l'Exposition le grand prix de photographie.

Depuis quelques années, les procédés que nous venons de décrire ont été transformés par des perfectionnements de la plus haute importance ; nous devons passer en revue les méthodes actuellement usitées par quelques opérateurs célèbres.

Albertypie. — M. Albert est un photographe de Munich, bien connu par ses remarquables travaux ; il a donné son nom à des procédés de photogravure qui tirent leur origine de la méthode de M. Poitevin ; ils ont permis de produire de si remarquables résultats, qu'il est juste de leur donner le nom de leur inventeur. Dans les ateliers de M. Albert, à Munich, on imprime journellement des gravures héliographiques pour la confection des portraits-cartes, et une planche arrive à fournir facilement 200 gravures en douze heures.

Une glace épaisse finement dépolie est placée horizontalement sur la surface dépolie en haut. Elle est recouverte d'une solution de gélatine et de

---

[1] *Traité général de photographie*, par Monckhoven, sixième édition. G. Masson, 1875.

bichromate d'ammoniaque, additionnée d'albumine préalablement battue. On expose cette première couche mince à l'action de la lumière, de façon à la rendre insoluble dans l'eau. Quand cette opération, qui exige beaucoup de délicatesse et de soins dans les manipulations, est terminée, on couvre la première couche de gélatine d'une seconde, formée de gélatine et de colle de poisson, de bichromate de potasse, et d'un mélange de matières résineuses (benjoin, baume de Tolu) dans l'alcool. La glace sèche est placée dans le châssis-presse contre le cliché négatif qu'il s'agit de reproduire. Quand l'insolation a été suffisamment prolongée, on plonge la glace dans l'eau tiède, qui creuse les parties non insolées restées solubles, et laisse légèrement en relief celles que la lumière a rendues insolubles.

Cette opération terminée, la glace est séchée, frottée à l'aide d'une flanelle imbibée d'huile, il ne reste plus qu'à procéder à l'encrage. Cette glace est soumise à l'impression au rouleau dans la presse lithographique, et « ceci, ajoute M. Monckoven, qui a vu opérer l'habile expérimentateur dont nous décrivons le procédé, est la partie la plus délicate e la plus difficile du procédé. Aussi faut-il, pour la faire convenablement, un ouvrier habile. L'encrage est-il empâté, on enlève l'encre à la térébenthine avec une éponge. La glace doit être assujettie avec soin soit sur une couche de plâtre, soit sur une feuille de caoutchouc, des papiers superposés, etc. L'encre grasse dont les rouleaux sont revêtus doit

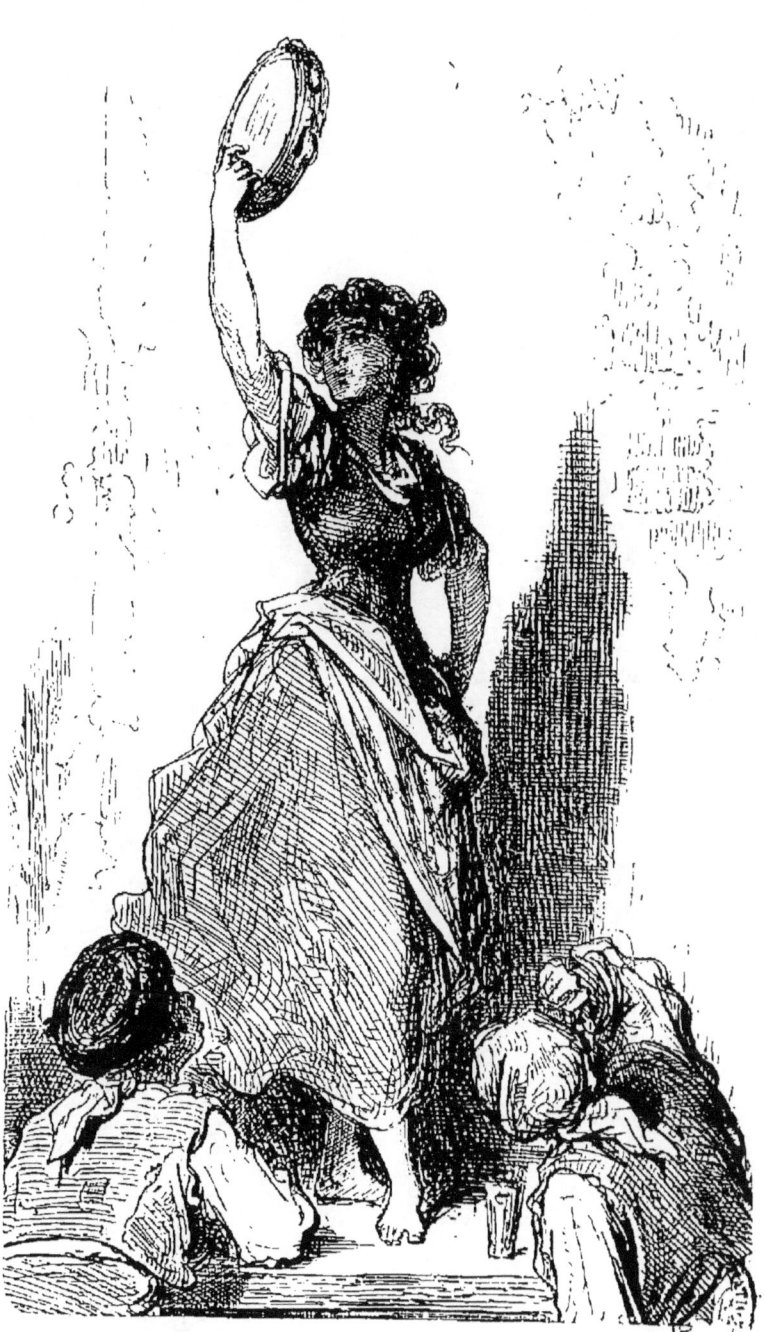

Fig. 34. — Spécimen d'une gravure héliographique (d'après un dessin de Gustave Doré).

être de qualité supérieure. On l'additionne souvent de pourpre pour donner aux épreuves la même apparence que les épreuves photographiques. Les épreuves obtenues par M. Albert ne laissent rien à désirer sous le rapport de la propreté, de la finesse et des demi-teintes. »

Procédé Obernetter. — M. Obernetter a modifié l'héliogravure en recouvrant la couche de gélatine insolée derrière le négatif, d'une poudre impalpable de zinc métallique. La glace, après cette opération, est chauffée à une température de 200° centésimaux. On la soumet à l'action de l'acide chlorhydrique très-étendu et à un lavage prolongé. Les parties de la gélatine recouvertes de la poussière métallique se laissent plus ou moins mouiller, tandis que celles où le zinc ne s'est pas attaché sont susceptibles de recevoir l'encre grasse. M. Obernetter est arrivé à des résultats très-remarquables, et ses œuvres obtiennent en Allemagne un succès légitime.

Il existe un nombre considérable de procédés de photogravure ; à Paris, quelques opérateurs sont arrivés à des résultats assez satisfaisants ; mais la plupart d'entre eux ont des procédés basés sur des minuties, des *tours de mains* qui ne sont pas connus, quoiqu'ils soient analogues généralement aux procédés Baldus, Garnier et Salmon, etc. Pour donner une idée des résultats que l'on peut obtenir, le lecteur se reportera à la gravure ci-contre (fig. 34) ; elle a été tirée dans le texte, et reproduit un dessin de Gustave Doré, photographié et mis en relief par des procédés analogues à ceux que nous avons décrits dans ce chapitre.

Nous supposons que le lecteur sait distinguer le cliché en *taille douce*, qui est formé de sillons *creusés* dans le métal, du cliché *typographique* où les traits, au lieu d'être creux sont en saillie, en relief. L'héliogravure donne les deux espèces de clichés : dans le premiers cas, une gravure en creux ne peut pas être tirée avec des caractères d'imprimerie. Dans le second cas, le cliché en relief, comparable à la gravure sur bois, est très-facilement tiré typographiquement, et peut être intercalé au milieu de caractères d'imprimerie, comme cela a été fait pour notre figure 34. — Ce dernier mode d'héliogravure, est surtout susceptible de rendre de grands services pour les livres de science et les publications illustrées.

La photoglyptie, que nous allons décrire, quelque admirable qu'elle soit, ne donne encore que des clichés métalliques en creux, qui doivent être tirés hors texte, comme une gravure en taille douce.

CHAPITRE II

LA PHOTOGLYPTIE

M. Woodbury. — Empreinte d'une plaque gélatinée dans un bloc de métal. — Exploitation des méthodes photoglyptiques à Paris. — Description de l'établissement de M. Goupil. — M. Lemercier.

Grâce aux travaux d'un savant anglais, M. Woodbury, les étonnantes opérations que nous venons de passer en revue se sont perfectionnées notablement. L'importance de la photoglyptie, cet art né d'hier, à peine connu du public, nous a paru telle, que nous avons cru devoir lui réserver une description spéciale.

Dans ce nouveau procédé, ce qui doit surtout exciter l'admiration, c'est que l'épreuve obtenue est rigoureusement semblable à celle que la photographie produit avec ces procédés ordinaires; elle a la même couleur, le même aspect, les mêmes qualités de finesse, comme on peut le constater en jetant les yeux sur le spécimen placé en frontispice dans ce volume; elle a, en outre, cet avantage inqualifiable de pouvoir se reproduire à un nombre indéfini dans un espace de temps très-restreint.

Comment s'obtient ce prodige? C'est ce que je vais essayer d'apprendre au lecteur, le prévenant à l'avance qu'il a déjà vu partout, chez les papetiers, chez les libraires, des épreuves photoglyptiques, qu'il en a peut-être acheté, persuadé qu'il se procurait des photographies ordinaires. Nous avons nous-mêmes commis pendant longtemps semblable erreur. Aujourd'hui que nous sommes détrompé, nous croyons utile et intéressant de détromper les autres, signalant ainsi une invention certainement appelée au plus étonnant avenir.

L'éditeur M. Goupil, bien connu du public parisien, a fait l'acquisition des procédés Woodbury; il les met à exécution aujourd'hui, dans un bel établissement qu'il a organisé à Asnières, sous l'intelligente direction de M. Rousselon, qui a bien voulu nous initier aux merveilles des opérations nouvelles.

Nous allons décrire fidèlement ce que nous avons vu et admiré.

On prend un cliché photographique négatif sur verre, représentant un tableau, un personnage, un paysage, etc., on y applique une feuille de gélatine, convenablement préparée et imbibée de bichromate de potasse. On place le tout dans un châssis-presse ordinaire, que l'on expose à la lumière, comme s'il s'agissait d'obtenir une épreuve sur papier. Les rayons lumineux filtrent à travers les parties claires du cliché, sont arrêtés au contraire par les ombres;

partout où ils atteignent la gélatine bichromatisée, ils lui font subir une modification particulière, ils rendent insoluble dans l'eau ce produit qui avait auparavant la propriété de s'y dissoudre. Les rayons solaires agissent d'autant plus sur la gélatine qu'ils ont traversé une partie plus transparente du cliché, leur action est proportionnelle à l'opacité plus ou moins grande du cliché, opacité due aux ombres ou aux demi-clairs. Après l'impression lumineuse, on transporte le châssis-presse dans une chambre noire, on détache délicatement la feuille de gélatine du cliché de verre contre lequel elle était adhérente ; on l'applique sur une plaque de verre enduite d'un vernis de caoutchouc, et on plonge le tout dans un récipient rempli d'eau tiède qui se renouvelle méthodiquement et qui dissout les portions de la feuille que la lumière n'a pas atteintes. Cette opération est assez longue et dure environ vingt-quatre heures. Passé ce temps, on retire du bain la feuille de gélatine singulièrement amincie ; on la détache de son support de verre enduit de caoutchouc. Si on la regarde par transparence, on retrouve l'image fidèle du cliché ; les ombres sont en creux, les parties claires forment saillie. En un mot, le cliché photographique est reproduit en relief.

On voit que jusqu'ici la méthode ne diffère pas sensiblement de celle de Poitevin, dont nous avons parlé dans le chapitre précédent. Mais le miracle va commencer. On sèche la feuille de gélatine, et on la transporte près d'une presse hydraulique puissante. On la pose d'abord sur une plaque d'acier cerclée de fer, puis on place au-dessus une lame de plomb allié d'antimoine. La feuille de gélatine, où le cliché est gravé en creux et en relief, se trouve entre deux surfaces métalliques; l'une en acier, qui sert de support, l'autre en plomb, beaucoup plus mou. Dans ces conditions, elle est soumise à une pression formidable qui équivaut à un poids de plus de 300,000 kilogrammes. Cette feuille de gélatine, direz-vous, va être brisée, écrasée sous la pression.

Nullement, elle va agir à froid comme le coin de la monnaie qui frappe une pièce de cent sous; quoique friable, elle est dure, résistante, plus dure que le plomb; elle va pénétrer dans ce métal : ses reliefs vont s'y incruster. En effet, au sortir de la presse, la lame de plomb est enlevée, et l'on voit, non sans une véritable stupéfaction, quand on n'est pas encore initié à ce système, que la lame de gélatine y a creusé ses saillies. Le cliché primitif se trouve gravé sur la plaque de plomb; le métal reproduit exactement les creux et les saillies de la feuille de gélatine.

La plaque de plomb est placée maintenant dans une presse spéciale. On y verse une encre formée de gélatine et d'encre de Chine, colorée en sépia; on y place une feuille de papier... l'ouvrier baisse son levier, puis le relève... Il vous présente une épreuve qu'on jugerait être une photographie ordinaire, si l'on n'avait pas assisté aux détails de cette opération vraiment étonnante. La presse est mise en train; en huit jours de temps, vous pourrez obtenir un tirage à 10,000 exemplaires.

Au lieu de tirer sur papier, il est possible de tirer sur verre et d'obtenir ces espèces de vitraux que vous avez certainement remarqués sur les boulevards. Les épreuves photoglyptiques sortant de la presse sont lavées dans un bain d'alun qui rend l'image insoluble et fixe; elles sont séchées, découpées, collées sur des cartons et livrées au public.

M. Goupil n'est pas le seul à se servir de ce procédé; M. Lemercier a également organisé un bel atelier photoglyptique et le spécimen placé en tête de ce volume a été tiré par cet habile opérateur à 5500 exemplaires.

La photoglyptie réussit difficilement encore le portrait d'après nature, mais elle donne des épreuves admirables de finesse pour la reproduction des tableaux, des gravures, etc. La nouvelle méthode a déjà répandu sur le marché une innombrable quantité d'épreuves, parmi lesquelles nous pourrions citer un grand nombre de reproductions de tableaux. Plusieurs tableaux ou dessins de nos maîtres ont été reproduits à 30,000 exemplaires et plus par la photoglyptie; la photographie eût été impuissante à fournir un si grand nombre d'épreuves. Il ne nous semble pas utile d'insister sur l'importance de la nouvelle invention, tout le monde comprendra quelle doit être considérée comme la solution d'un grand problème. Nous ne voulons pas cependant en exagérer le mérite à l'excès ; cette invention est surtout grosse d'avenir et d'espérance. Les épreuves tirées à la gélatine sont-elles bien inaltérables? le temps les respectera-t-il comme les caractères typographiques? C'est ce que le temps seul pourra nous apprendre d'une façon certaine. Une autre observation, moins importante toutefois, que l'on peut encore adresser à la nouvelle découverte, c'est d'avoir un nom un peu rébarbatif ; mais ce nom dérive de deux mots grecs *photos* lumière et *gluptein* graver, bien appropriés au procédé, et à l'union desquels on finira par s'accoutumer.

CHAPITRE III

LA PHOTOSCULPTURE

Une découverte inattendue. — La photographie appliquée à a sculpture. — Procédé de M. Willème en 1861. — Description de la photosculpture.

Nous venons de voir que la photographie peut fournir à la gravure des applications aussi imprévues que précieuses ; mais l'art créé par Daguerre peut faire plus encore.

Non-seulement il grave la planche de cuivre comme le ferait la main de l'artiste, non-seulement il remplace Rembrandt, mais il se fait sculpteur, et un jour viendra peut-être où ses œuvres se compareront à celles d'un Michel-Ange.

Dans le courant de l'année 1861, la presse parisienne annonça qu'un inventeur émérite avait trouvé le moyen de reproduire des statues par la photographie, non pas de les représenter en dessin ce qui n'aurait rien offert de surprenant, mais d'en faire un fac-simile en diminutif. Qu'un modèle, inanimé, ou vivant, disait-on, statue de marbre, homme ou femme, pose au milieu du salon de M. Willème (c'est le nom de cet heureux chercheur), quelques jours après, une petite statue de terre glaise sera modelée. C'est la photographie qui l'aura faite. Et l'image statuaire sera la reproduction exacte du modèle vivant.

Un tel résultat semblait invraisemblable, et le public, accoutumé aux *canards* de la presse, n'y fixa son attention qu'avec de grandes réserves. Mais il fallut cependant se rendre à l'évidence : d'ailleurs, le mystère fut expliqué, et après avoir connu la description du mode d'opérer, on reconnut qu'il n'y avait rien de fantastique, dans le procédé de M. Willème ; il était démontré encore une fois, en toute évidence que le travail, la persévérance et l'ingénuité, avaient seuls fait le miracle.

La nouvelle découverte fut connue à sa naissance sous le nom de *photosculpture*. Cet art nouveau avait pour but, non pas de transformer en un relief sculptural, une photographie sur papier, mais de calquer, en quelque sorte, une statue ou un personnage vivant, à l'aide de photographies.

Nous reproduirons, pour expliquer la série d'opérations de la photographie, un passage d'un travail donné, en 1861, par un des collaborateurs de l'Annuaire scientifique de M. Dehérain ; le procédé de la photosculpture s'y trouve très-nettement décrit.

« Imaginons un modèle placé au centre d'une

plate-forme circulaire, dont la circonférence peut être décrite par une même chambre noire, qui servira à prendre plusieurs images photographiques du sujet, sous différents aspects. Admettons, pour fixer les idées, que ces photographies sont seulement au nombre de quatre, prises l'une par rapport à l'autre à 90 degrés, et donnant, la première A, sur la face ; la seconde B, sur le dos ; la troisième C, sur le profil de droite ; la quatrième D, sur le profil de gauche : les photographies obtenues, il faut les employer à reproduire en relief le modèle ; pour cela, on installe la matière à sculpter sur un plateau dont la circonférence est divisée en autant de parties égales que l'on a pris de photographies, en quatre par conséquent. Deux tablettes équidistantes, dressées verticalement, mais dans des plans rectangulaires et perpendiculaires entre eux, pouvant s'éloigner ou s'approcher du plateau portent : l'une la vue de face A ; l'autre la vue du profil droit C. Pour que ces deux photographies soient identiquement ou symétriquement placées, les tablettes comme les photographies sont divisées par un double système de lignes horizontales et verticales qui rendent l'orientation et le centrage faciles.

« Les deux pointes d'un pantographe, instrument de dessinateur servant à calquer un modèle, sont appliquées, l'une sur la photographie A, dont elle suit tous les contours, l'autre sur la masse molle ou dure, qu'elle dépouille peu à peu de manière à tracer une silhouette qui est la copie fidèle de la silhouette de face donnée par la photographie A; un autre pantographe à angle droit avec le premier, dont une pointe suit la photographie B et dont l'autre agit sur le bloc, fait apparaître à son tour la silhouette du profil de droite. En même temps, les secondes pointes des deux autres pantographes rectangulaires, dont les premières pointes sont guidées de la même manière par les photographies B et D, dessineront sur le bloc les silhouettes du dos et du profil gauche. La masse à sculpter resterait encore informe après ces quatre opérations; mais rien n'empêche qu'au lieu de quatre photographies, on en prenne huit, douze, vingt-quatre... en un mot, le nombre nécessaire à l'apparition des contours extérieurs d'une manière assez continue, pour qu'il ne reste plus que quelques petites arêtes à corriger à la main. Dans tous les cas, le nombre des images devra être divisible par quatre; vingt-quatre est un nombre très-convenable et suffisant.

« Chacune des photographies portera un numéro d'ordre, depuis un jusqu'à vingt-quatre; le plateau tournant portant le bloc sur lui-même, divisé en vingt-quatre parties égales, les photographies sur lesquelles agiront simultanément les deux pantographes seront celles qui auront prise à angle droit à 90 degrés l'une de l'autre; un et sept, deux et huit, trois et neuf, jusqu'à vingt-quatre et six, et chaque fois que les tablettes recevront de nouvelles épreuves, le plateau tournera d'une division.

« Mais cette série de vingt-quatre opérations ne

donne que les contours extérieurs, et la statue ne sera complète qu'autant qu'on aura fait apparaître les contours intérieurs des oreilles, des narines. M. Willème les obtient en suivant, avec les pointes du pantographe non pas seulement les profils, mais les lignes d'ombre et de lumière qui dessinent ces reliefs et ces creux. »

M. Willème, en 1864, a construit un atelier de photosculpture dans le haut des Champs-Élysées ; il a pu reproduire quelques statues, et voulant aller plus loin, il n'a pas reculé devant des tentatives plus audacieuses. M. Willème s'est efforcé de faire entrer son système dans le domaine de la pratique ; il a voulu façonner la statue d'un personnage vivant, comme on fait son portrait dans nos ateliers photographiques.

La maison Giroux a exposé pendant longtemps quelques-unes de ces productions curieuses. On voyait en diminutif le duc de la Rochefoucauld et madame de Galiffet ; mais si exacts que fussent les calques de ces personnages, ils n'offraient au point de vue de l'art qu'une statue bien vulgaire et bien médiocre. Jamais un monsieur en redingote croisée, ou une dame fortifiée de crinolines, ne rivaliseront avec l'Apollon du Belvédère, ou la Diane de Poitiers ; la nudité est impérieusement exigée par l'art de Praxitèle. Malgré ses efforts, M. Willème échoua, mais il n'en a pas moins créé une nouvelle application de la photographie digne à tous égards d'être signalée et d'être reprise par quelque hardi novateur.

S'il faut considérer comme impossible, au point de vue de l'art, la sculpture faite d'après nature par la photographie, il y a lieu d'espérer que les premiers essais de M. Villème seront un jour perfectionnés, et qu'ils pourront être employés à reproduire, avec exactitude et précision, les œuvres des maîtres anciens et modernes.

Il y a là, pour la photographie appliquée, un sillon déjà tracé, qui ne doit pas être abandonné.

CHAPITRE IV

LES ÉMAUX PHOTOGRAPHIQUES

Vitrification d'une épreuve. — Procédé de M. Lafon de Camarsac. — L'émail des bijoux — Mode d'opérer. — Méthode de M. Poitevin. — Vitraux inaltérables photographiques.

Nous avons vu que l'image de la chambre noire pouvait se fixer sur le papier, sur le métal, sur le verre. L'art de la photographie ne s'en est pas tenu là ; il est parvenu à faire mordre l'empreinte photographique sur la porcelaine, à y fixer une épreuve par des procédés tels, qu'une fois recuite, comme une peinture de céramique, elle est devenue indélébile, et résiste aussi bien à l'épreuve du temps qu'à celle de tous les agents de détérioration. Plusieurs fabricants ont employé la photographie pour décorer des vases de porcelaine, et, quelques-uns des produits obtenus sont réellement marqués au sceau de l'art et du bon goût.

M. Lafon de Camarsac est le premier qui ait songé à faire de la photographie une application aussi inattendue que curieuse. Il s'est demandé s'il n'était pas possible de transporter sur la porcelaine une image positive mélangée de substances vitrifiables au feu, de soumettre celles-ci à une haute température, afin de donner naissance à de véritables émaux qui reproduiraient le dessin photographique primitif. L'inventeur s'est engagé dans une voie de recherches patientes, et, dès l'année 1854, les émaux photographiques étaient créés.

M. Lafon de Camarsac, pour transformer les dessins héliographiques en peintures indélébiles, compose un enduit sensible capable de recevoir l'application du cliché sans y adhérer. Après l'exposition à la lumière, l'image est formée nette et visible; l'inventeur substitue alors les couleurs céramiques à l'enduit qui doit être détruit par l'action de la chaleur.

Au moyen d'un tamis fin, l'inventeur dépose délicatement à la surface du cliché les poudres colorées, formées d'oxydes métalliques; il les étale soit avec un pinceau, soit en imprimant à la pièce un mouvement rapide. A mesure que cette poudre est étalée sur le cliché, il faut augmenter progressivement la chaleur. Les poussières d'émail viennent suivre, avec la plus grande délicatesse, tous les accidents du dessin, qu'elles pénètrent en partie, et dont elles traduisent fidèlement les vigueurs et les finesses. Après refroidissement, on doit épousseter l'épreuve, afin de dépouiller les blancs de l'image des parcelles de couleur qui pourraient y adhérer.

La pièce est apte à recevoir l'action de la cuisson; le feu est plus ou moins fort, selon la nature des couleurs qu'il s'agit de produire; ici l'opération est conduite comme pour la cuisson habituelle des pâtes céramiques peintes.

Le feu détruit les substances organiques et fixe l'image formée par les colorants indestructibles une fois qu'ils sont vitrifiés.

« Un des caractères remarquables de ces images, dit M. Lafon de Camarsac, c'est l'aspect de sous-émail qu'elles présentent et qu'aucune autre peinture ne saurait fournir avec ce degré de délicatesse. Cette circonstance prouve bien que la poussière d'émail est venue prendre exactement la place de la matière organique, car il faut reconnaître que cette apparence est due à la remarquable finesse du dépôt photographique qui procède par des dégradations d'épaisseur inappréciables à l'œil... Il n'est point de coloration que ne puisse prendre l'image héliographique, et elle peut être transformée en or et en argent aussi facilement qu'en bleu et en pourpre [1]. »

On voit que l'inventeur des émaux photographiques ne décrit son procédé qu'avec de très-grandes réserves, voulant sans doute le garder secret. Mais on connaît aujourd'hui la méthode de M. Poitevin, dans le détail de laquelle nous croyons devoir entrer.

---

[1] Brevets d'invention. M. Lafon de Camarsac, 1854.

Si l'on veut reproduire un portrait sur émail, afin de l'enchâsser, comme cela se fait souvent aujourd'hui, dans une broche (*fig.* 35), sur une épingle, etc., on fait d'abord un cliché positif sur verre du modèle qu'il s'agit de représenter.

On applique ce positif sur un verre recouvert d'une surface sensible formée d'un mélange de gomme et de bichromate de potasse. La lumière traverse les parties claires du cliché, et agit sur le bichromate de potasse d'une façon invisible à l'œil nu, mais elle les modifie de telle façon que ces parties seules ont acquis la propriété singulière de retenir les poussières de char-

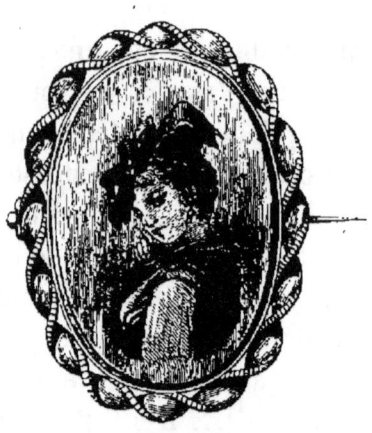

Fig. 35. — Photographie sur émail montée en broche.

bon. Une fois l'exposition à la lumière terminée, on enlève la lame de verre couverte de bichromate, l'œil ne voit rien d'apparent sur la couche impressionnée. Mais si l'on y fait tomber, à l'aide d'un tamis fin, une poussière ténue de charbon (*fig.* 36), le charbon se fixe seulement sur les parties touchées par la lumière; il n'adhère nullement ailleurs. Cette pluie de charbon fait apparaître, comme par enchantement, un portrait délicat, fidèle, où les demi-teintes et les ombres apparaissent avec leur valeur respective.

L'épreuve photographique est développée; un enduit de charbon en forme le dessin, mais cet enduit n'est pas stable. A l'aide d'un pinceau, on y passe une couche de collodion normal, qui, abandonné à lui-même, ne tarde pas à sécher.

Il faut alors, avec une dextérité de main éton-

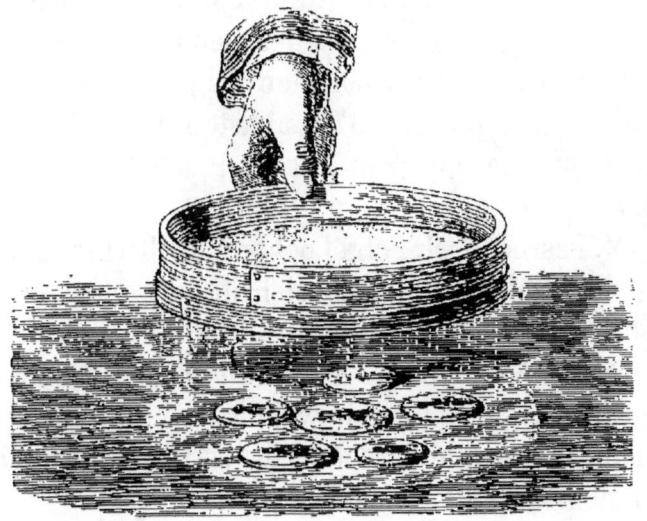

Fig. 56. — Préparation des émaux photographiques.

nante, saisir, sans le briser, le mince enduit de collodion; on le soulève avec des pointes, on le sépare ainsi de la lame de verre, et il entraîne avec lui l'épreuve de charbon. La pellicule de collodion est alors placée sur la plaque bombée, formée de cuivre émaillé blanc; on y étale un fondant employé par les peintres céramiques. L'opération se fait à l'aide d'un pinceau, et le fondant va former corps avec les parties charbonneuses de l'épreuve, dont il respecte le dessin.

Par la cuisson dans un moufle à porcelaine, le fondant adhère à la poudre de charbon, la vitrification se produit; au rouge, toutes les matières organiques sont détruites; le charbon seul, vitrifié, est fixé d'une façon indélébile.

Si l'on veut obtenir une épreuve colorée, on peint le dessin noir avec les peintures vitrifiables employées pour la décoration des pâtes céramiques. Mais, ici, le pinceau d'un artiste repasse les traits de l'épreuve, qui peut être quelquefois légèrement dénaturée.

M. Desroche, M. Félix Lochard, M. Berthaud, etc., se sont fait une juste célébrité par leurs émaux photographiques, qui sont très-usités dans la bijouterie, et nous avons vu chez ce dernier artiste des portraits qui avaient la valeur des miniatures anciennes, avec un caractère de ressemblance que la photographie seule peut assurer.

Des procédés analogues ont été encore utilisés par quelques opérateurs, pour obtenir des vitraux photographiques, dont on a admiré surtout de remarquables types à l'Exposition universelle de 1867.

CHAPITRE V

LA PHOTOMICROGRAPHIE

Les lunettes breloques de l'Exposition universelle. — 450 députés sur une tête d'épingle. — Disposition des appareils de photomicrographie. — Les sciences naturelles et la photomicrographie. — Ressources empruntées à l'héliogravure.

Le lecteur n'a pas oublié les étonnants produits de la photographie microscopique qui a fait son apparition aux Expositions universelles de 1859 et de 1867. Au palais de l'Industrie, on a vendu des milliers d'objets qui donnaient une idée prodigieuse de la ténuité que pouvaient atteindre les épreuves photographiques. C'étaient de petites lunettes (fig. 57), où était contenu un carré de papier dont la surface n'excédait pas celle d'une tête d'épingle, et où se voyaient, à travers un verre grossissant, les portraits des 450 députés de l'empire.

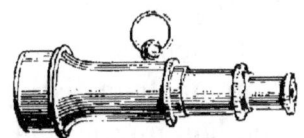

Fig. 57. — Lunette breloque de l'Exposition de 1867.

La photpraphie arrive en effet à prendre le cliché d'une image rapetissée, mais elle est encore susceptible de fixer les images amplifiées par le microscope. Avant d'étudier les photographies lilliputiennes, nous passerons en revue celles que d'habiles praticiens obtiennent aujourd'hui des images agrandies par le microscope. Nous examinerons les résultats de ce que les savants appellent aujourd'hui la *photomicrographie*.

La photomicrographie a rendu et rend chaque jour les plus grands services aux sciences naturelles. L'étude microscopique est fatigante, et l'œil ne peut longtemps observer un objet à travers les verres grossissants de cet appareil. Grâce à la photomicrographie, le naturaliste peut avoir entre les mains, des clichés représentant, sous un grossissement considérable, les infusoires, les grains de pollen, les organes les plus délicats de la dissection végétale ou animale. Sous ce rapport, cet art, né d'hier, doit être considéré déjà comme un précieux auxiliaire de l'investigation humaine.

Nous allons surtout envisager la photographie micrographique au point de vue de ses applications aux sciences naturelles. Nous le ferons avec l'aide d'un amateur distingué, aussi habile photographe, que bon micrographe, M. Jules Girard, qui a bien voulu nous autoriser à puiser des documents dans les intéressants travaux qui lui sont dus[1]. La dispo-

[1] *La Chambre noire et le Microscope.* — Photomicrographie pratique par Jules Girard, 1870.

sition des appareils de photomicrographie nécessite des soins particuliers. « Aussi bien installé que soit un cabinet noir, dit M. Girard, il est indispensable qu'il satisfasse à des conditions multiples, qu'il est plus rationnel d'éviter en simplifiant et en réduisant les appareils. En adaptant un microscope au bout d'une chambre noire que tout photographe possède, on n'a besoin d'aucun agencement particulier, parce que chacun de ces deux instruments, quels qu'ils soient, sont aptes à la production d'une épreuve. La chambre sera à soufflet, avec environ un mètre de tirage ; et de la dimension pour glace de 21×27 environ, qui est plus que suffisante. Le format des glaces du commerce, étant plus haut que large, convient mal pour recevoir une image qui est toujours inscrite dans un carré, puisqu'elle est circulaire, lorsqu'on utilise la totalité de la surface du champ de projection ; le rond est de plus caractéristique des épreuves microscopiques. Afin de ne rien changer à la destination de la chambre noire, on aura un châssis ou une série de châssis intermédiaires carrés, rentrant les uns dans les autres, en même temps qu'ils concordent avec le châssis négatif qui sert à la photographie ordinaire. Les glaces, ou verres à collodion, seront ensuite coupés spécialement en carrés suivant deux ou trois grandeurs. La surface sensible est ainsi plus proprement et plus régulièrement couverte, et on y trouve économie de produits chimiques. Avec certaines glaces, comme celles en usage pour le stéréoscope, on aurait avantage à se servir d'un châssis multiplicateur donnant deux épreuves ensemble.

A la surface antérieure de la chambre noire, il existe généralement une feuillure destinée à recevoir les planchettes mobiles garnies des rondelles d'objectifs différents ; on fixera sur l'une d'elles soit en la clouant, soit en la faisant tenir par simple compression, un cône en caoutchouc, pour opérer

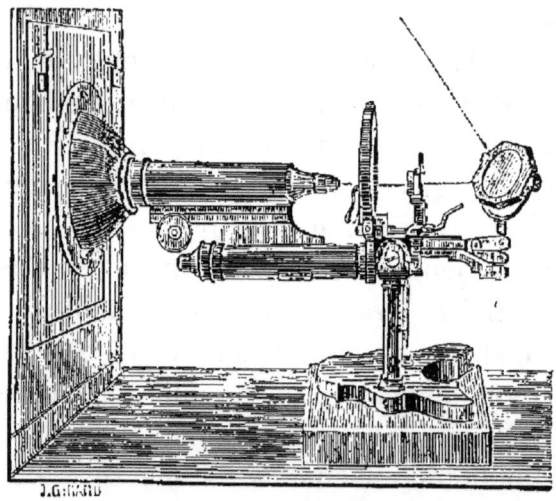

Fig. 58. — Microscope incliné adapté à la chambre noire.

le raccordement du microscope avec la chambre noire. On pourrait aussi lui substituer un étui en drap noir épais, attaché à la planchette par une rondelle métallique qui l'y ferait adhérer, et dont l'ouverture se relierait au tube du microscope à l'aide d'une coulisse et d'un cordon.

Il est d'une absolue nécessité que ce raccordement soit fait par un intermédiaire simple, afin de se prêter à tout mouvement de flexibilité : une simple ouverture dans la planchette laissant pénétrer le tube du microscope établit une rigidité trop grande, car les deux instruments ont besoin d'être réunis l'un à l'autre, *tout en conservant leur parfaite indépendance*, afin d'éviter de se contrarier mutuellement (fig. 38). Le microscope est ainsi soustrait aux secousses inévitables imprimées à la chambre, en réglant la mise au point, et en retirant, même avec toute la précaution possible, le châssis qui contient la glace sensible, le plus petit choc apporterait une perturbation dans la rectitude de l'image.

Comme les chambres n'ont communément qu'un allongement insuffisant, on fixera sur une planchette du module des autres un cône métallique ou une pyramide en bois, dont l'extrémité tronquée recevra le raccord en caoutchouc ou en drap noir.

A la place de la chambre noire ordinaire, on pourrait substituer une simple boîte oblongue munie d'un châssis, mais alors la distance focale serait invariablement la même.

Quoique le microscope soit identiquement analogue à ceux avec lesquels se font les observations, il importe de remplacer le tube ordinaire portant l'oculaire et l'objectif; il est impropre à cause de sa longueur qui empêche l'expansion du faisceau lumineux. On lui en substituera un autre aussi court que le mécanisme afférent le permettra ; l'intérieur sera noirci avec un enduit mat, ou mieux revêtu de velours noir très-fin, dans le but d'éviter les réflexions d'une surface polie.

On fait reposer la base dont les constructeurs augmentent le poids naturel par une addition de métal pour donner plus d'assiette, sur un socle d'une hauteur réglée une fois pour toutes, combinée de façon que l'axe optique soit exactement dans la prolongation de celui de la chambre. L'appareil pourrait ainsi être monté sur une table ordinaire bien fermement placée, mais il est à remarquer que la hauteur donnée généralement aux tables d'ameublement n'est pas en rapport avec la commodité de l'opérateur, et le peu de hauteur est une cause de gêne et de fatigue. La meilleure manière, selon nous, de le placer dans une position convenable pour travailler à son aise, est de le faire reposer sur une tablette de la largeur de la chambre, et d'une longueur d'environ $1^m,50$, montée sur des pieds solides, ayant une inclinaison intérieure pour donner plus de fixité (fig. 39) ; afin de compenser les inégalités qui sont fréquemment dans le plancher, il serait bon de les munir de vis à caler. Vers le milieu une tablette intermédiaire concourt à l'affermissement des pieds et devient aussi très-utile pour déposer les accessoires et menus objets pendant qu'on travaille, si l'on n'a pas d'autre table à sa portée. La hauteur sera réglée de façon qu'étant debout, on ait le centre du verre dépoli en face des yeux. Rester debout est peut-être un peu plus pénible que de faire les essais de mise au point assis sur le côté d'une table plus basse ; cependant on y gagne notablement dans la dextérité de ses mouvements. Dans le cas où l'allongement total de la chambre dépasserait fortement la longueur de la tablette qui la supporte, on l'affermirait avec une presse en fer placée latéralement, pour éviter un mouvement de bascule que pourrait provoquer la saillie de la queue de la chambre. Si la saillie était prononcée davan-

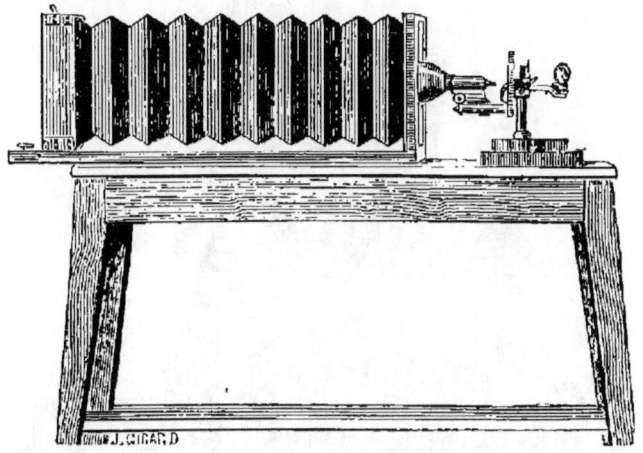

Fig. 39. — Installation de l'appareil de photomicrographie sur une tablette.

tage, on mettrait un pied additionnel, ou un jambage incliné, ayant les pieds mêmes de la tablette pour point d'appui. Comme cette installation ne comporte pas l'usage d'une longueur focale aussi prononcée que dans le cabinet noir photographique, ces moyens secondaires seront amplement suffisants; elle a le mérite de l'indépendance, donnant la facilité de se placer partout où l'on jouit d'un rayon de soleil. En n'abusant pas de l'allongement, on n'est pas gêné par l'obligation où l'on est d'avoir la tête cachée sous le voile devant le verre dépoli, en mettant en même temps la main tendue pour faire mouvoir la vis micrométrique pendant le règlement

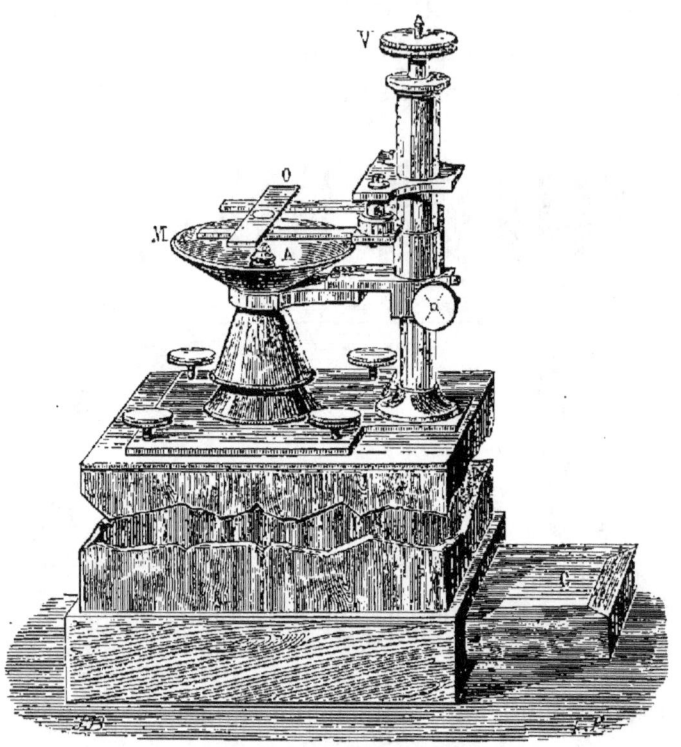

Fig. 40. — Microscope vertical adapté à la chambre noire pour la photomicrographie.

de la mise au point. Au besoin on aurait recours à un aide, qui agirait selon les indications de l'observateur. Voulant annuler cet inconvénient, M. de Brébisson s'est servi d'un miroir intérieur placé au fond de la chambre. On a alors le corps penché sur l'appareil, placé sur une table de hauteur appropriée, la tête cachée sous le voile, et la main droite plus libre pour tenir la vis. On a aussi imaginé un système de tringles avec vis de rappel ; mais mieux vaut encore une position un peu gênante à laquelle on finit bientôt par s'habituer, que de recourir à des mécanismes destinés à agir de loin, et par cela même souvent défectueux, car la sensibilité d'une vis mi-

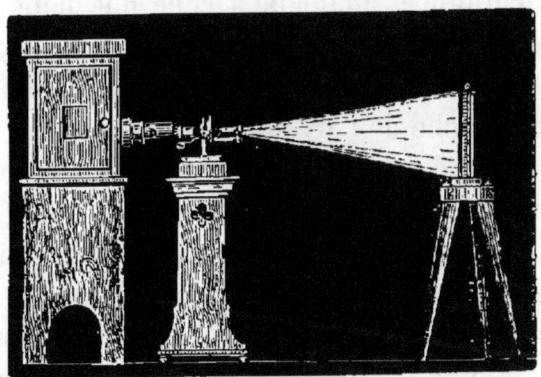

Fig. 41. — Appareil pour la photomicrographie à la lumière artificielle.

crométrique s'accommode mal de ces moyens, dont la précision, malgré toute sa qualité, ne vaut pas l'action libre et directe de la main. »

On peut donner au microscope la disposition verticale, comme le représente la figure 40. V est la vis destinée à la mise au point, O représente le support de l'objet à amplifier, placé en regard de l'objectif A. Il est préférable de se servir du système que nous avons décrit précédemment.

15

L'appareil de photomicrographie étant bien disposé, il faut donner tous ses soins à l'éclairage, qui offre pour ce genre d'opérations une importance capitale. Dans certaines conditions, la lumière du soleil peut être remplacée par une lumière artificielle produite par la combustion du magnésium, ou par l'arc voltaïque engendré par l'électricité (fig. 41).

Nous n'entrerons pas dans les détails de la pratique opératoire, analogue à celle que nous avons décrite dans la seconde partie de cet ouvrage; nous nous bornerons à parler des résultats que l'on doit à cette branche de l'art photographique.

Les tissus des plantes, les insectes, les merveilles du monde invisible, que l'œil regarde avec fatigue dans le microscope, sont fixés sur le collodion avec une précision inconnue au dessinateur le plus scrupuleux. — Voici le portrait d'une puce photographiée après son agrandissement par les verres microscope. La gravure 42 a été faite de manière à reproduire fidèlement la photographie qui en a été prise par les procédés que nous avons exposés dans ce chapitre.

Voici (fig. 43) la reproduction d'une autre photographie de coupes opérées dans une tige de roseau ; on voit en a la coupe transversale de la tige, et en b la coupe longitudinale. Plus loin (fig. 44), nous plaçons sous les yeux du lecteur la coupe d'un bois de sapin représenté de la même manière.

En unissant les procédés d'héliogravure à ceux

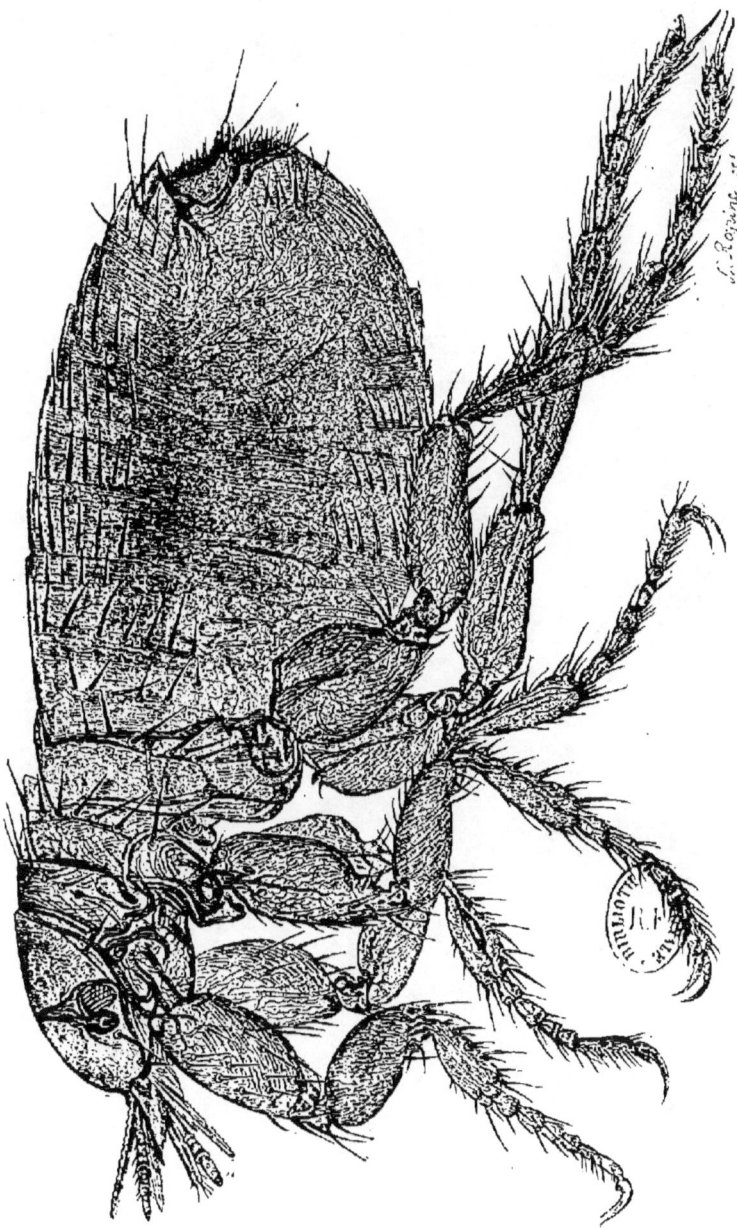

Fig. 42. — Fac-similé de la photographie d'une puce, obtenue par les appareils photomicrographiques.

de la photomicrographie, on est arrivé à transformer en clichés typographiques la photographie directement obtenue sur l'objet à amplifier.

La figure 45 est un cliché d'héliogravure qui a été pris sur la photographie de diatomées. Elle représente ces êtres infiniment petits sous un grossissement de 450 diamètres. Cette gravure est la

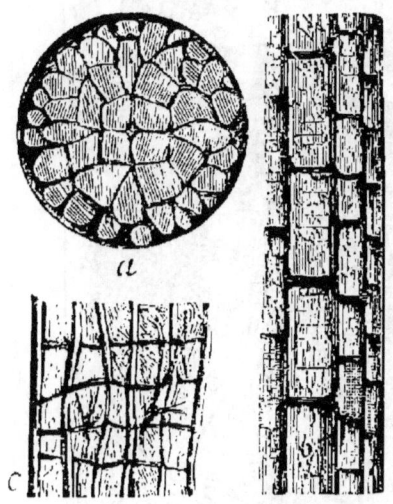
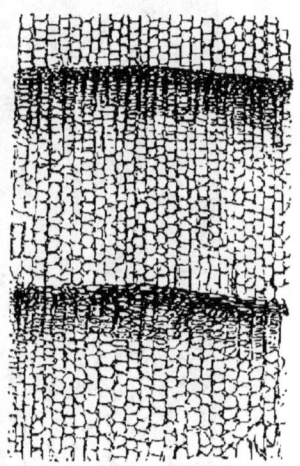

Fig. 45. — Fac-similé de la photomicrographie de coupes d'une tige de roseau.

Fig. 44. — Pois de sapin.

repésentation mathématique de l'image donnée par le microscope. Ces organismes étonnants que l'on rencontre en nombre incalculable fixés à la surface des algues, ou des cailloux arrosés par les eaux minérales, et qui, en réalité, sont plus petits que la plus petite piqûre faite avec la plus fine aiguille, sont figurés ci-contre par l'héliogravure tels que la nature les a créés.

La photographie en a fixé l'image amplifiée par le microscope sur le collodion ; elle a servi ensuite à former la planche en relief qui nous a permis de l'insérer dans cet ouvrage. Cette planche a été faite

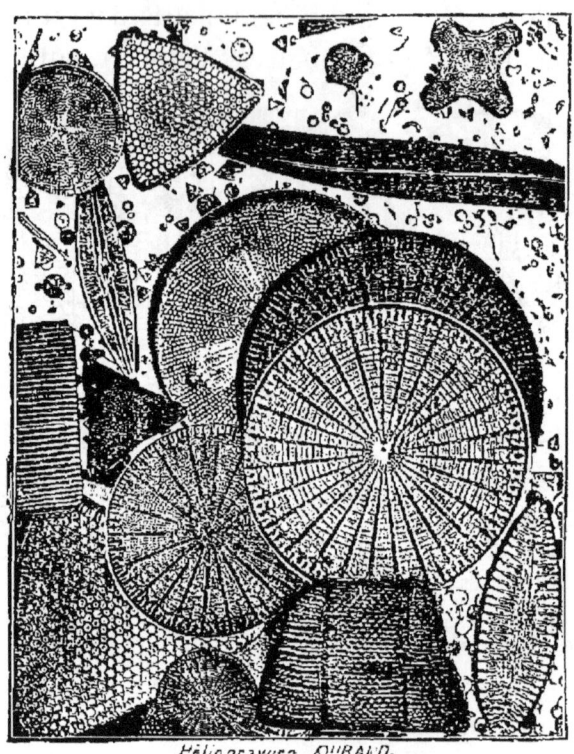

Fig. 45. — Diatomées groupées.

par l'héliogravure sur une belle épreuve photomicrographique de M. Jules Girard. Il en est de même des deux autres dessins (fig. 46 et 47) représentant le premier la constitution d'un fanon de baleine, le second l'épiderme d'une larve de chenille (Tipule).

Ces exemples nous semblent de nature à mettre en évidence les ressources immenses que les sciences naturelles sont susceptibles d'emprunter aux procédés de photomicrographie. Mais si le praticien sait aujourd'hui fixer l'image d'un objet im-

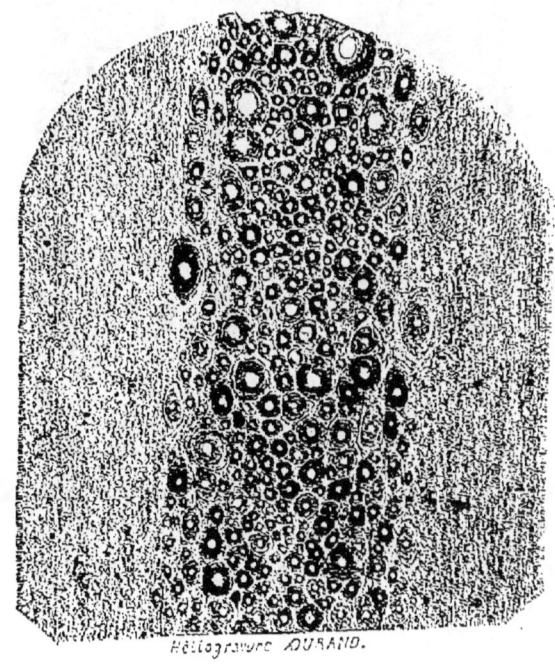

Fig. 46. — Coupe d'un fanon de baleine.

perceptible, agrandi par le microscope, il peut aussi, comme nous allons le voir, faire l'opération inverse, c'est-à-dire photographier l'image d'un objet réduit à des dimensions lilliputiennes. Les lunettes-breloques, dont nous avons dit un mot précédemment, ont d'abord offert un spécimen un peu futile de cette dernière application, qui devait

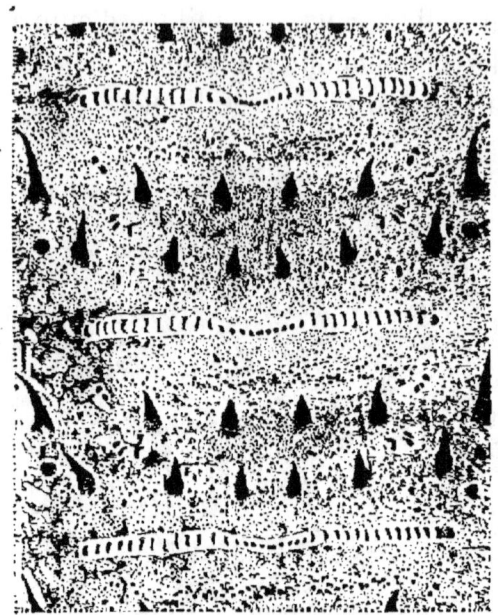

Fig. 47. — Épiderme d'une larve de Tipule (héliogravure).

plus tard donner naissance aux dépêches photographiques du siége de Paris.

CHAPITRE VI

LES DÉPÊCHES MICROSCOPIQUES DU SIÉGE DE PARIS

Application de la photographie microscopique à l'art de la guerre. — 3,000,000 de lettres typographiques sur la queue d'un pigeon. — Agrandissement des dépêches. — Leur transport par les pigeons-voyageurs.

Pendant la guerre de 1870-1871, lorsque notre capitale était investie par les hordes ennemies, la photographie a su rapetisser les messages des pigeons-voyageurs, au point de les rendre complétement invisibles à l'œil nu. Nul physicien n'eût été capable de soupçonner cet usage de la photographie, né des dures nécessités de la guerre.

Personne n'a oublié le service des ballons pendant le siége de Paris, ainsi que le rôle merveilleux des pigeons messagers, qui venaient apporter à Paris assiégé des nouvelles du dehors. Mais ces oiseaux, quelle que soit leur force, ne pouvaient emporter avec eux dans les airs, que des objets très-légers. Une mince feuille de papier, de deux ou trois centimètres carrés, voilà toute la charge qu'il est possible de confier aux courriers ailés. Or comment écrire des ordres, envoyer des dépêches, donner des indications précises, sur une lettre aussi lilliputienne? Le plus habile calligraphe ne saurait pas y faire tenir les caractères d'une page d'un volume imprimé. La photogra-

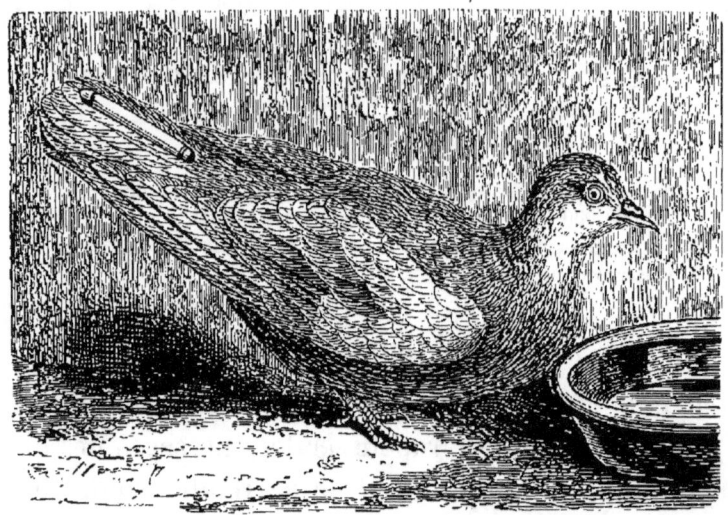

Fig. 48. — Pigeon-voyageur du siége de Paris, muni d'une dépêche microscopique.

phie microscopique est venue prêter son aide à la défense : ce que nul autre art n'eût su accomplir, elle l'a résolu ; elle a reproduit, sur une pellicule de collodion qui ne pesait que quelques centigrammes, plus de trois mille dépêches, c'est-à-dire la valeur de seize pages in-folio d'imprimerie à trois colonnes!

Nous rappellerons en quelques mots ces souvenirs ineffaçables de la photographie microscopique utilisée à l'aide des pigeons voyageurs.

On imprimait à Tours toutes les dépêches privées ou publiques sur une grande feuille de papier in-folio qui pouvait contenir 300,000 lettres environ.

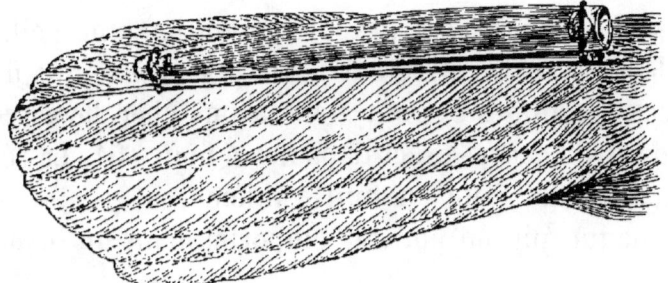

Fig. 49. — Le tuyau de plume, où est contenue la dépêche microscopique.

M. Dagron, sorti de Paris en ballon, réduisait cette véritable affiche en un petit cliché, qui avait à peu près le quart de la superficie d'une carte à jouer. L'épreuve était tirée sur une mince feuille de papier, et plus tard sur une pellicule de collodion, qui, quoique ne pesant guère plus de 5 centigrammes, renfermait la matière de plusieurs journaux. Plusieurs de ces pellicules, représentant un nombre considérable de dépêches, étaient enroulées et enfermées dans un petit tuyau de plume de la grandeur d'un cure-dent. Cette légère boîte aux lettres d'un nouveau genre était attachée à la queue du pigeon comme le représentent les figures ci-contre (fig. 48 et 49). L'oiseau messager ne portait que ce léger fardeau ; à l'arrivée et au départ, on avait soin de marquer sur son aile l'empreinte d'un timbre humide, véritable accusé de réception ou d'envoi (fig. 50).

Un nombre considérable de pages typographiées ont été reproduites par les procédés de M. Dagron et de son collaborateur, M. Fernique. Chaque page contenait environ 5,000 lettres, soit environ 300 dépêches. 16 de ces pages tenaient sur une pellicule de 3 centimètres sur 5, ne pesant pas plus de 5 centigrammes et dont nous avons cherché à reproduire l'aspect exact dans notre figure 51. La réduction était faite au huit-centième.

Chaque pigeon pouvait emporter dans un tuyau

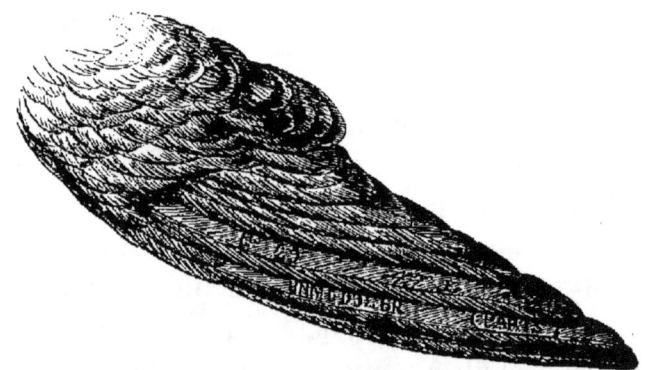

Fig. 50. — Timbres de réception et d'expédition imprimés sur l'aile

de plume une vingtaine de ces pellicules, qui n'atteignaient en somme que le poids de 1 gramme. Ces dépêches réunies pouvaient facilement former un total de 2 à 3 millions de lettres, c'est-à-dire la matière de dix volumes semblables à celui que le lecteur a pour le moment sous les yeux.

Pour obtenir ces infiniment petits en photographie, on avait recours au procédé déjà utilisé avant la guerre pour la confection des petites lunettes-breloques photographiques. On se servait de l'albumine, qui donne au cliché la plus grande finesse dans la fixation des images. L'image, réduite à l'aide de lentilles, se forme au foyer d'une chambre noire et se fixe sur une plaque de verre collodionnée, où l'on reçoit à la fois plusieurs photographies microscopiques. Le cliché obtenu est positif, parce qu'il provient d'un autre cliché négatif ; on le découpe en fragments qui séparent les images. M. Dagron, en 1867, emprisonnait ses photographies microscopiques dans les petites lunettes-breloques, dans des bagues, dans un porte-plume, etc.

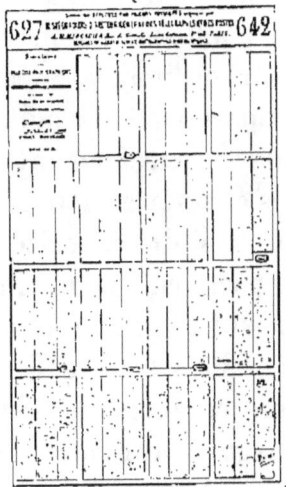

Fig. 51. — Fac-similé d'une dépêche microscopique du siége du Paris.

Une des difficultés de mise en pratique à cette époque consistait à agrandir suffisamment le petit cliché ; M. Dagron y est parvenu en employant à cet effet le microscope Stanhope. C'est une demi-lentille qui se façonne très-facilement en coupant en deux un petit morceau de cristal de *crown-glass*. Il suffit d'adapter à une baguette de verre ce fragment de cristal, et l'on a entre les mains un microscope en miniature doué d'un pouvoir grossissant considérable. L'image vue à travers ce verre est amplifiée au moins de trois cents fois.

La production des clichés microscopiques exige de la part de l'opérateur une grande habileté, une grande délicatesse dans les manipulations. La mise au point qui est aisée dans les épreuves de grandeur ordinaire, nécessite l'emploi d'un microscope quand il s'agit de projeter sur un écran une image extrêmement réduite. Le châssis habituel des chambres noires est remplacé par un support qui maintient horizontale une glace collodionnée, et porte en outre vingt petits objectifs destinés à produire vingt réductions microscopiques du cliché. Plus tard, à l'aide d'un diamant, on découpera ce cliché de verre, on en séparera les vingt images. Sur le même support se trouvent les verres et le tuyau d'un microscope composé. Nous nous bornerons à citer ces difficultés, sans entrer dans de plus amples détails techniques.

Pendant la guerre, les procédés différaient, surtout dans l'agrandissement des photographies pour leur lecture, dans la capitale investie. Les dépêches microscopiques étaient, en général, tirées à 30 ou 40 exemplaires et envoyées par autant de pigeons. Plus de cent mille dépêches ont été envoyées ainsi à Paris pendant le siége. Tout cela a été porté par des oiseaux. Aussitôt que le tube était reçu à l'administration des télégraphes, M. Mercadier pro-

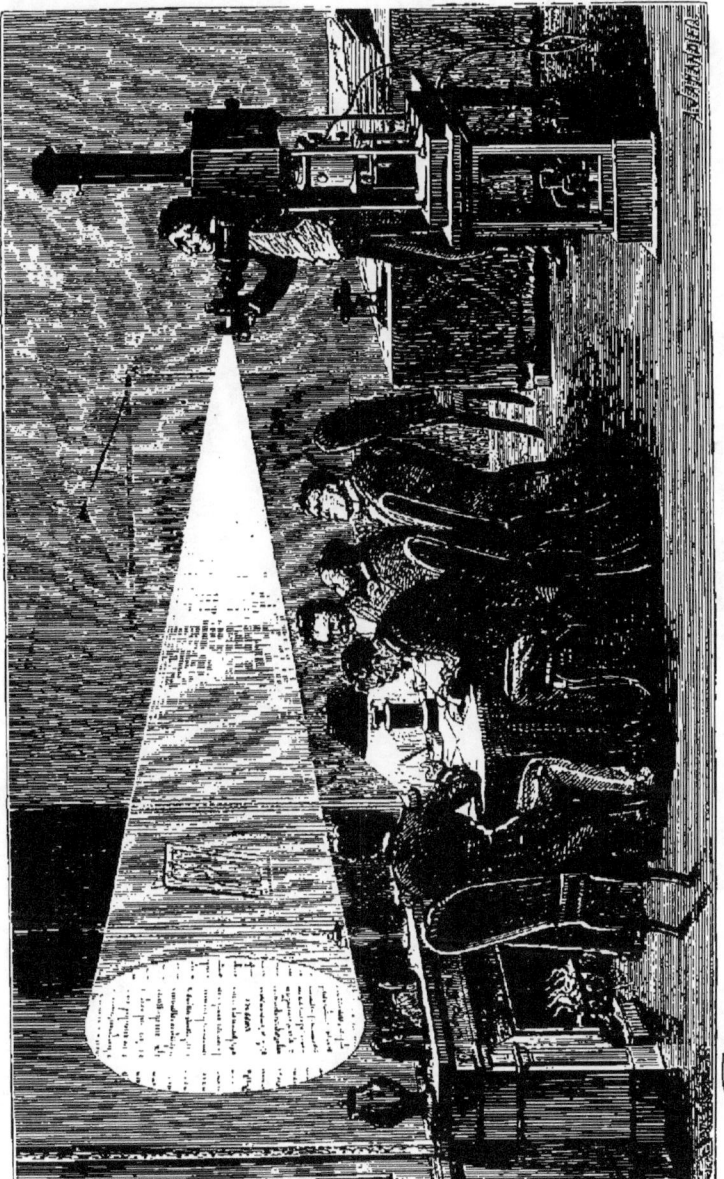

Fig. 52. — Agrandissement des dépêches microscopiques pendant le siège de Paris.

cédait à l'ouverture en le fendant avec un canif. Les pellicules photographiées étaient délicatement placées dans une petite cuvette remplie d'eau légèrement ammoniacale.

Au sein de ce liquide, les dépêches se déroulaient, on les séchait, on les plaçait entre deux verres. Il ne restait plus qu'à les poser sur le porte-objet d'un microscope photo-électrique. La gravure précédente (fig. 55) représente une de ces intéressantes séances de transcription des dépêches microscopiques.

La pellicule de collodion est projetée sur un écran, au moyen de l'appareil photo-électrique, véritable lanterne magique d'un puissant effet. Les caractères, presque invisibles, sont suffisamment grossis pour que les copistes, placés devant l'écran, puissent les reproduire sur le papier.

Quand les dépêches étaient nombreuses, la lecture en était assez lente; mais la pellicule renfermait un grand nombre de pages ou petits carrés, on pouvait la diviser, et la lire en même temps avec plusieurs microscopes.

MM. Cornu et Mercadier perfectionnèrent le procédé de lecture des dépêches avec le microscope. La pellicule de collodion, intercalée entre deux glaces, était reçue sur un porte-glace, auquel un mécanisme imprimait un double mouvement horizontal et vertical. Chaque partie de la dépêche passait lentement au foyer du microscope. Sur l'écran les caractères se déroulaient suffisamment agrandis pour être lus et copiés.

L'installation et la mise en train duraient environ quatre heures ; il fallait en outre quelques heures pour copier les dépêches. MM. Cornu et Mercadier tentèrent de photographier directement les caractères agrandis et projetés sur l'écran, mais ils ne réussirent pas dans leurs premières tentatives.

Il est certain que les progrès eussent marché à grands pas, si l'hiver, le froid n'avaient pas tardé à rendre de plus en plus rare l'arrivée des pigeons pendant le siége. Quoique les détails concernant ces oiseaux sortent de notre sujet, essentiellement photographique, nous ne croyons pas devoir nous dispenser d'en parler sommairement, alléguant avec quelque raison, croyons-nous, qu'après avoir parlé de la lettre, il est bon de dire quelques mots du facteur.

L'intempérie des saisons n'est pas le seul obstacle qui nuise au service des oiseaux messagers ; ceux-ci ont à courir en chemin d'autres dangers, et les oiseaux de proie sont leurs plus redoutables ennemis.

Il est à présumer que, parmi les pigeons voyageurs qui ne reviennent plus au colombier, il en est un certain nombre qui ont été les victimes de ces pirates aériens que l'on nomme des éperviers. Les Chinois, qui souvent font preuve d'habileté dans les procédés qu'ils emploient, ont imaginé un système

LES DÉPÊCHES MICROSCOPIQUES. 243

très-ingénieux pour protéger contre les oiseaux de proie les pigeons voyageurs, dont ils font un fréquent usage dans le Céleste-Empire. Ils attachent à la naissance de la queue de l'oiseau messager un système de sifflet en bambou très-léger, comme le représente la figure 53. Quand le pigeon vole, l'air s'engouffre dans les petits tubes, où il est soumis

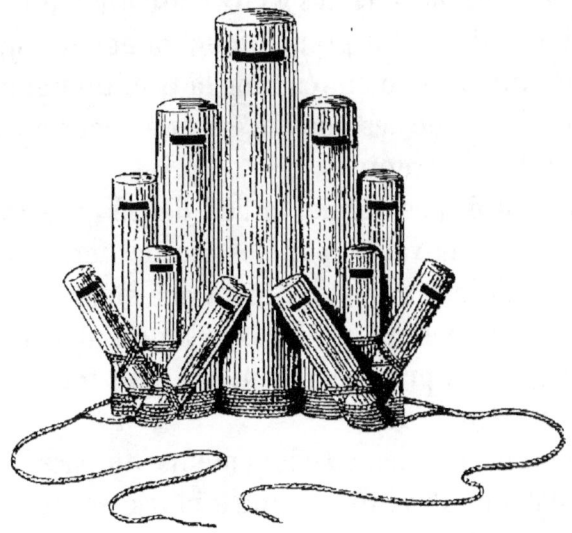

Fig. 53. — Sifflet chinois pour les pigeons voyageurs.

à des vibrations qui produisent un son aigu et continu. Si les pigeons voyagent en bandes, tous les sifflets dont ils sont munis produisent un concert bruyant qui s'étend à une grande distance, et éloigne les oiseaux de proie terrifiés de ce vacarme. Les personnes qui ont vécu longtemps en Chine, et notamment à Pékin, rapportent qu'ils ont souvent entendu dans les campagnes le sifflement strident produit par ces tubes de bambou des pigeons voyageurs, sans s'être d'abord rendu compte de ce bruit inattendu qui semblait descendre du ciel.

Il nous semble que ce procédé mérite de fixer l'attention des hommes compétents, et qu'on ne négligera pas d'en étudier l'efficacité dans la création de la poste aérienne, dont on se préoccupe actuellement. Nous faisons des vœux pour que cette organisation soit bientôt prête à fonctionner, et que les pigeons du siége soient comme la tradition glorieuse des services que les messagers ailés sont appelés à rendre dans l'avenir.

On ne doit pas oublier qu'à l'heure funeste où la France était envahie par les hordes ennemies, la photographie, complétant le service merveilleux des pigeons, est venue prêter son aide à des milliers d'assiégés, emprisonnés pendant cinq mois par les armées allemandes.

Espérons que les enseignements du passé seront féconds pour l'avenir; si notre patrie se trouve, un jour encore, engagée dans un de ces conflits sanglants, les pigeons voyageurs, dans leur rôle modeste, nous apporteront de nouveaux secours; ils ne seront plus cette fois, nous aimons à le croire, que des messagers d'heureuses nouvelles!

L'élevage des pigeons est le complément de l'étude de la photographie microscopique employée pour la confection des dépêches pendant la guerre. On ne néglige pas actuellement les utiles messages ailés, et tout récemment on a

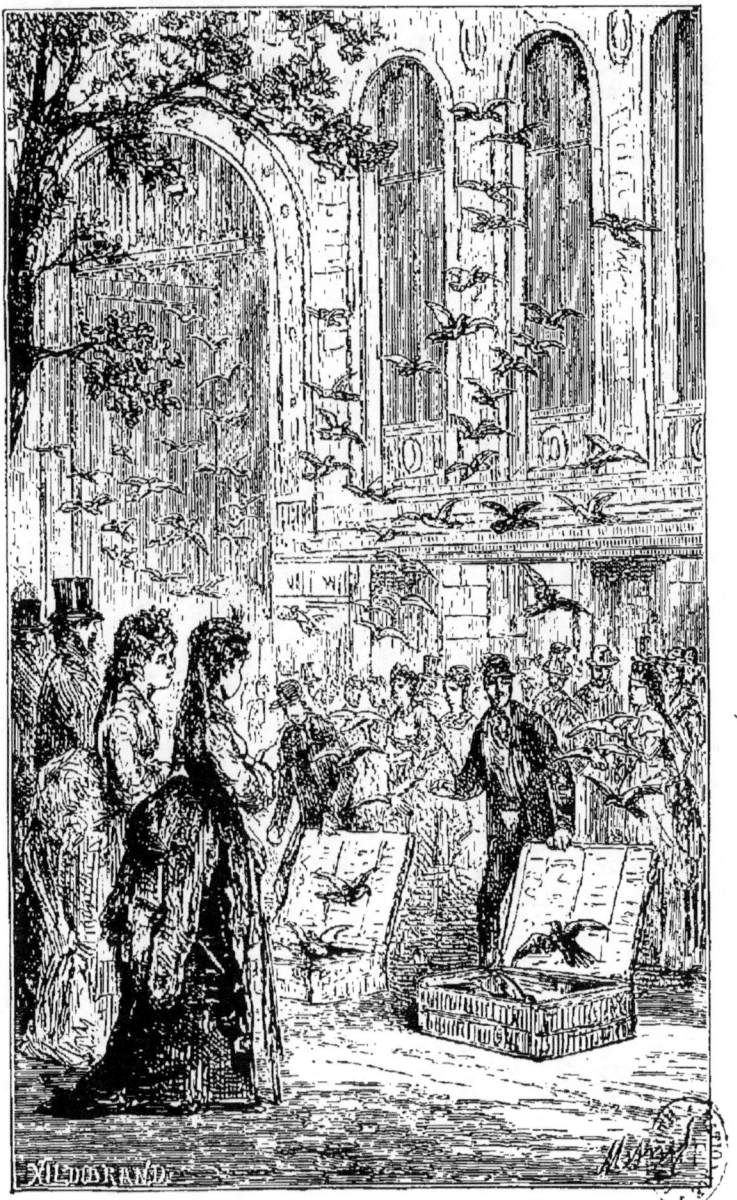

Fig. 54. — Départ de pigeons-voyageurs aux Champs-Élysées.

cherché à en encourager l'élevage par des concours importants. Dans le courant de cette année, la population parisienne a applaudi à ces encouragements, en assistant aux départs de pigeons qui ont été faits devant le palais de l'Industrie (fig. 54).

On ne saurait trop exciter de semblables expériences. Les pigeons voyageurs sont les plus sûrs messagers de ces dépêches microscopiques susceptibles de porter à l'assiégé des nouvelles détaillées, des ordres explicites.

Dans certains cas, on est arrivé, au moyen de la poste aérienne, à des résultats inouïs. En voici un exemple cité par M. Dagron. « Lorsque rien n'entravait le vol des pigeons, dit cet habile praticien, la rapidité de la correspondance photographique avec Paris assiégé était vraiment merveilleuse. Je puis pour ma part en citer un exemple. Manquant de certains produits chimiques, notamment de coton azotique, que je ne pouvais me procurer à Bordeaux, je les demandai par dépêche-pigeon, le 18 janvier 1871, à MM. Poulenc et Wittmann, à Paris, en les priant de me les expédier par le premier ballon partant. Le 24 janvier, les produits étaient rendus à mes ateliers à Bordeaux. Le pigeon n'avait mis que douze heures pour franchir l'espace de Poitiers à Paris. La télégraphie électrique et le chemin de fer n'eussent pas fait mieux. »

Cette utilisation glorieuse, admirable de la photographie microscopique, apportant à la poste aérienne, par ballons et par pigeons, l'indispensable complément de messages légers, est un bel exemple de l'étroite corrélation qui unit entre elles les différentes branches de la science moderne, et qui leur permet, à un moment donné, de s'allier en quelque sorte pour concourir au même but.

CHAPITRE VII

L'ASTRONOMIE PHOTOGRAPHIQUE

La photographie céleste. — Difficultés des opérations photographiques astronomiques. — M. Warren de la Rue. — Rutherford. Grubb, etc. — Les montagnes lunaires. — Les taches du soleil, etc. — Importance des documents photographiques pour l'histoire du ciel.

La photographie fournit à toutes les sciences d'inépuisables ressources ; nous avons vu qu'elle place sous les yeux du naturaliste l'image agrandie des grains de pollen de la fleur, des infusions et des végétaux imperceptibles à l'œil nu. La météorologie, comme nous le dirons dans la suite, s'en sert pour enregistrer avec une précision mathématique, avec une constance que rien n'arrête, toutes les variations du baromètre, du thermomètre et de l'aiguille aimantée. Elle reproduit, pour le géologue, avec une exactitude dont rien n'approche, les accidents de terrain qu'il a mission d'étudier, et donne à l'ingénieur l'état des travaux qu'il exécute.

Les applications de la photographie à l'astronomie, à l'étude du ciel, ont déjà été entrevues au temps de Daguerre par le grand Arago. Dans sa notice sur le daguerréotype, il rapporte avec admiration que l'auteur du diorama, sur ses instances, a obtenu sur la plaque sensible l'image de la lune, brillant dans le firmament par un temps pur.

Pour reproduire aujourd'hui les astres par la photographie, l'expérimentateur peut employer un des puissants télescopes qui sont établis dans tous les grands observatoires du monde civilisé. Il est indispensable de faire usage d'un télescope à réflexion, pourvu d'un verre concave, argenté par la méthode de Foucault; cet appareil n'a pas de *foyer chimique*, c'est-à-dire que son foyer optique coïncide avec son foyer optique; sa mise au point n'offre par conséquent aucune difficulté. Le télescope ainsi construit doit être monté *équatorialement* suivant l'expression des astronomes, c'est-à-dire que l'appareil est doué d'un mouvement de translation qui, pour sa durée, coïncide exactement avec les mouvements des corps célestes que l'on observe. Ce mouvement s'exécute en outre dans le plan de l'équateur céleste, c'est-à-dire dans celui où se meut l'astre lui-même.

Quand l'astronome veut obtenir la photographie des astres avec le télescope à miroir argenté de Foucault, il enlève à cet instrument le système oculaire dont on fait habituellement usage, il le remplace par un anneau double dans la partie centrale duquel est fixée la glace de collodion destinée à recevoir l'impression de la lumière émise par l'astre. Pour mettre l'appareil au point, on protége la glace collodionnée par un verre dépoli que l'on fait avancer ou reculer peu à peu, jusqu'à ce que l'image de la planète à photographier s'y reproduise nettement. A ce moment, on le retire avec célérité, la surface impressionnable est mise à nu; elle reçoit directement les rayons lumineux qui viennent reproduire fidèlement l'image du corps céleste que des millions de lieues séparent de notre humble planète. Le cliché est fixé par les moyens ordinaires; il sert au tirage d'un nombre, pour ainsi dire, illimité d'épreuves positives sur papier photographique.

M. Warren de la Rue est un des astronomes qui sont arrivés les premiers aux plus beaux résultats de photographie astronomique. Il a su retracer le groupe des Pléiades avec une netteté remarquable, mais il a échoué dans l'impression des nébuleuses, de cette poussière de soleils, semée dans le ciel à des distances telles de notre humble sphéroïde, que l'esprit humain, épouvanté quand il veut les envisager, se sent en quelque sorte impuissant à concevoir ces mesures de l'immensité.

Quand le ciel est pur, quand aucun nuage ne vient troubler l'azur de la voûte céleste, les épreuves photographiques des planètes donnent des résultats assez satisfaisants; cependant leur image n'est jamais d'une netteté parfaite; ces astres, doués d'un faible pouvoir photogénique, ne laissent qu'une faible et indécise traînée sur le cliché. Les étoiles fixes, véritables points lumineux, juchés dans le ciel à des distances inouïes de la terre et de nos observatoires, laissent sur le verre collodioné la trace d'une ligne excessivement mince et ténue, quelquefois très-irrégulière si l'atmosphère est chargée de vapeur. Quand on cherche à fixer sur une épreuve photographique la trace des étoiles, il faut armer son œil d'un bon microscope pour la trouver; notre œil est aussi impuissant à la rencontrer sans le secours d'un instrument, qu'il l'est à apprécier la grandeur ou la distance réelle de ces soleils, perdus dans la profondeur des cieux.

Malgré les grandes difficultés qu'offre la photographie des planètes, M. Warren de la Rue, grâce à des travaux persévérants et à d'ingénieuses combinaisons, a réussi dans de certaines limites. Ce savant astronome s'est efforcé, à l'aide d'un mécanisme équatorial admirablement réglé, de maintenir pendant plusieurs minutes l'image de l'astre mobile au centre du télescope qui se déplaçait avec lui; ses efforts ont été couronnés d'un légitime succès. M. de la Rue a pu prendre la photographie de Jupiter, avec ses bandes parallèles; il n'a pas été impossible à cet habile expérimentateur de fixer sur le collodion la surface hérissée d'aspérité de la planète Mars, et le mystérieux anneau de Saturne.

Si la photographie des planètes présente de sérieuses difficultés, celle de la lune, qui se déplace dans le ciel avec une rapidité beaucoup plus grande, offre des obstacles plus importants encore. Si grands qu'ils soient, ils ont été surmontés par le père Secchi, par MM. Warren de la Rue, Rutherford, Grubb et par quelques autres illustres astronomes, aussi versés dans le maniement des appareils photographiques et physiques que dans la connaissance du ciel.

Il y a quelques années, M. Grubb est parvenu à photographier la lune avec la précision du praticien qui opère dans son atelier. Seulement, l'astronome de Dublin ne pouvait lancer à son modèle le sacramentel: « Ne bougeons plus! » Il fallait, au contraire, que son objectif bougeât lui-même, avec la lunette, au foyer de laquelle il était fixé. Au point de vue mécanique, un tel résultat n'est pas facile à atteindre d'une façon rigoureuse.

Le grand télescope, construit par M. Grubb pour le gouvernement de Melbourne, est une merveille de mécanique. Le miroir a $1^m,20$ de diamètre et 30 pieds de foyer, et son poids, y compris la monture, est d'environ 2,000 kilogrammes. Le tube est entouré d'un treillage en fer plat, mais principalement composé de barres d'acier, assemblées autour de solides anneaux de fer. Les parties mobiles de la monture ne pèsent pas moins de 10,000 kilogrammes. Pour rendre les mouvements assez doux, tous les coussinets sont supportés par un appareil qui annule le frottement. Ce télescope est si facile à manier, malgré ses énormes dimensions, que deux personnes peuvent le faire tourner, en quarante-cinq secondes, sur les deux arcs polaire et de déclinaison.

L'instrument qui embrasse tout l'hémisphère est mis en mouvement par une excellente horloge. Dans le courant de l'année 1869, M. Grubb a fait hommage à la Société française de photographie de photographies de la lune, prises à l'aide de ce télescope monumental, dans une chambre noire, montée à l'extrémité du tube treillagé. Le temps de pose a varié d'une demi-seconde à deux secondes ; les parties brillamment éclairées de la lune étaient exposées un temps plus court que celles avoisinant le bord obscur.

Jusqu'alors, comme nous l'avons dit, M. de la Rue, en Angleterre, et le père Secchi, à Rome, avaient seul réussi à produire des photographies de la lune, dignes d'attirer l'attention des physiciens et des astronomes. Les épreuves obtenues avec les gigantesques instruments de M. Grubb, dans l'atmosphère sereine de l'Australie, ont fait singulièrement pâlir les chefs-d'œuvre de l'art européen [1].

Il est impossible de se défendre d'une certaine émotion en contemplant le cliché d'une photographie lunaire, en admirant, tracés sur le collodion, les reliefs des montagnes de notre satellite, les noirs obscurs formés par ses vallées. On est sûr que la

[1] *Année scientifique et industrielle* de M. L. Figuier. Quatorzième année, 1869. L. Hachette et Comp. Paris, 1870.

copie est mathématiquement exacte ; c'est la lumière qui est venue s'empreindre sur le collodion, et qui a su, conduite par la main de l'homme, y dessiner les aspérités, les cratères, les trous bizarres qui s'offrent à la surface de l'astre de la nuit. Merveilleux résultat de la science, qui prend, pour ainsi dire, le calque minutieux du disque argenté et mystérieux qui plane loin de nous dans l'azur foncé de notre firmament !

Les progrès ont marché rapides et importants dans cette voie féconde. M. Rutherford a obtenu récemment des photographies de la lune du plus grand mérite. Les épreuves ont été présentées à l'Académie des sciences, en novembre 1872, par M. Faye, qui, en offrant ces spécimens remarquables, a donné des détails du plus haut intérêt, que nous sommes heureux de lui emprunter.

« Ces épreuves, marques saillantes des progrès que la photographie astronomique a faits aux États-Unis, ont été obtenues au moyen d'une lunette de 13 pouces anglais d'ouverture, achromatisée spécialement pour les rayons chimiques. Le négatif, de 4 pouces environ de diamètre, a fourni d'abord une épreuve positive d'égale grandeur ; c'est ce positif qui a été ensuite soumis à un appareil d'agrandissement dans la lumière solaire convergente fournie par un objectif puissant. L'exposition des clichés originaux a varié d'un quart de seconde dans la pleine lune, à deux secondes pour le premier ou le dernier quartier. La lunette photographique était mue pendant le temps de l'exposition par un mouvement d'horlogerie d'une grande précision. »

Il suffit d'un coup d'œil sur ces magnifiques épreuves pour faire apprécier les services qu'elles pourraient rendre à l'étude de la géologie lunaire. Les grandes lignes lumineuses, sorte de cassure dessinant des arcs de grand cercle, se croisent suivant des angles qu'il est possible de mesurer avec une certaine exactitude. A l'aide d'un canevas orthographique calculé d'avance pour la phase correspondante de la libration, dessiné sur une feuille transparente et appliqué sur ces belles mappemondes, on obtiendrait les éléments géométriques de ces arcs de grand cercle rapportés à l'équateur lunaire. Les cirques, les cratères et jusqu'aux moindres fosses circulaires que la surface de la lune nous présente en si grand nombre, y sont représentés à grande échelle avec une fidélité saisissante qu'aucune carte topographique ne saurait reproduire. On pourra y étudier pas à pas les variétés nombreuses de ces types divers, si semblables de prime abord à nos volcans éteints et si différents toutefois à certains égards de leurs analogues terrestres. La photographie donne les hauteurs (dans la région des ombres portée), aussi bien que les dimensions linéaires dans le sens horizontal.

Une des formations lunaires que la photographie représente le mieux, ce sont les mers dont le peu d'éclat ou plutôt la teinte sombre, ressort avec énergie du milieu éclatant des contrées montagneuses, on est frappé de leur aspect, tout aussi vivement qu'à l'inspection directe de la Lune, de l'idée qu'on a sous les yeux le produit de vastes épanchements d'une matière fluide, qui serait venue effacer les accidents antérieurs de la surface, en laissant subsister çà et là, sur les bords, quelques vestiges des cirques primitifs.

Si les photographies de la lune sont fécondes en documents, celles du soleil ne sont pas moins riches en renseignements : et les taches qui souillent la pureté de l'astre du jour ont pu être fixées sur le cliché de la chambre noire. La photographie des étoiles a été récemment appliquée à l'Observatoire du collège Harvard aux États-Unis, aux étoiles doubles, afin de déterminer par des mesures micrométriques leur angle relatif de position et de distance.

« Dans la reproduction photographique des étoiles, récemment entreprises par M. Rutherfurd, on a trouvé nécessaire de prendre des précautions spéciales pour l'impression sur la pellicule sensible, de façon à pouvoir distinguer ces impressions des stries accidentelles sur la plaque de collodion. Pour prévenir toute chance d'erreur, M. Rutherfurd prend une image double de chaque corps lumineux, en arrêtant quelque peu (une demi-minute) le mouvement du télescope entre une première et une seconde exposition de la plaque ; de sorte que chaque étoile est représentée par deux points contigus, pour ainsi dire, sur le négatif, particularité qui la distingue de tout point formé accidentellement sur la pellicule. On obtient ainsi une carte du ciel très-nette, quoique d'une nature bien délicate, et à laquelle on peut en même temps très-bien se fier pour opérer des mesurages. M. le professeur Peirce dit avec justesse : « Cette addition aux recherches astronomiques est un progrès qui laisse derrière lui tous ceux qui aient jamais été accomplis. Les photographies présentent précisément, pour des recherches nouvelles et originales sur la position relative des étoiles rapprochées, un aussi bon moyen que celui qui viendrait des étoiles elles-mêmes, vues à travers les plus puissants télescopes. Les photographies une fois prises constituent des faits indiscutables, en dehors des influences de tout défaut personnel d'observation, et qui promettent à tous les âges futurs la position actuelle des étoiles. »

« M. Asaph Hall, qui a partagé avec le professeur Bond le travail du mesurage des images photographiques, ainsi que la réduction des mesures trouvées, a tout récemment soumis la méthode photographique à une critique comparative, afin d'en déterminer la valeur, pour l'application à l'observation du passage de Vénus. Il semble, relativement à son application aux observations stellaires, déprécier la méthode photographique à cause de son manque de rapidité ; mais il admet que, dans le cas d'une éclipse de soleil, ou du passage d'une planète sur le disque du soleil, elle possède de très-grands avantages, spécialement sur les observations des contacts, intérieur ou extérieur, de la planète et du limbe du soleil, et que les erreurs auxquelles elle est sujette sont dignes de la plus sérieuse investigation. L'observation d'un contact est incertaine à cause de l'irradiation ; elle ne dure aussi qu'un moment; de sorte que si l'on vient à le manquer, l'enregistrement du phénomène est irrémissiblement perdu à une station particulière, ce qui rend inutiles des préparatifs longs et coûteux. D'autre part, quand le ciel est clair, une image photographique peut s'obtenir en un instant, et se répéter pendant toute la durée du passage; et quand même on ne saisirait pas les contacts, on peut obtenir des résultats non moins précieux, si l'on peut correctement réduire les données recueillies sur les plaques photographiques, ce dont nous démontrerons bientôt la parfaite possibilité. On peut dès aujourd'hui annoncer pour certain que le passage de Vénus sera reproduit par la photographie ; car on déploie en Angleterre, en France, en Russie, en Amérique beaucoup d'activité dans les préparatifs pour obtenir des reproductions photographiques.

« Rien ne saurait plus solidement établir les droits de l'observation photographique à être l'un des instruments les plus importants de recherches scientifiques, que l'histoire des dernières éclipses du soleil. On se rappelle que, pour la première fois, en 1860, l'origine solaire des protubérances a été mise hors de doute, uniquement par la photographie, qui conserva une fidèle reproduction du mouvement de la lune par rapport à ces protubérances. Les photographies de Tennans, à Guntour, et de Vogel, à Aden, en 1868, celles aussi des astronomes américains à Burlington et à Ottumwa, Iowa, en 1869, sous la direction de MM. les professeurs Morton et Mayer, ont pleinement confirmé ses résultats. C'est encore de la même manière que le grand problème de l'origine solaire de cette partie de la couronne qui s'étend à plus d'un million de milles au delà du corps du soleil, a été définitivement tranchée par les observations photographiques du colonel Tennans et de lord Lindsay en 1871, après avoir pendant bien des années fourni matière à de nombreuses discussions [1]. »

Si la photographie, comme on le voit par ces faits saisissants, rend d'immenses services à l'astronomie, elle en rendra de plus grands encore dans un avenir peut-être assez rapproché, car elle est encore impuissante à reproduire tous les corps célestes.

« Les nébuleuses, et les comètes dit M. Warren de la Rue, ne sont point tombées dans le domaine de cet art, quoique, peut-être, aucune branche d'astronomie n'aurait plus à gagner, si nous parvenions à étendre à ces corps ce mode d'observation. En théorie, et même en pratique, il n'y a pas de limite à la sensibilité d'une plaque. De même aussi pour les

[1] M. Warren de la Rue. Discours d'ouverture de la réunion de Brighton. — *Association britannique.*

planètes il existe encore de grandes difficultés, qu'il faut surmonter avant que la photographie puisse, dans un but quelconque, en reproduire les phases et les traits physiques ; là encore, il y a grand espoir de pouvoir en triompher définitivement. Le principal obstacle au succès provient des courants atmosphériques, qui altèrent continuellement la position de l'image sur la plaque sensible ; la structure de la pellicule sensible est aussi une cause de trouble pour les petits objets. Une photographie prise à Cranford de l'occultation de Saturne par la Lune, il y a quelque temps, présente l'anneau de la planète d'une manière qui fait bien espérer pour l'avenir. »

Nul doute que la science saura triompher de ces obstacles, et que la méthode photographique appliquée aux observations du ciel tout entier, couronnera l'édifice de l'astronomie moderne.

« Il n'est rien d'aussi funeste et d'aussi nuisible au progrès, dit M. Warren de la Rue, que les données fausses, parce qu'elles se perpétuent quelquefois pendant des siècles. » Nul ne pourra nier que la photographie appliquée à l'observation scientifique conserve incontestablement les faits, et qu'elle laisse à travers les siècles des documents dont la valeur est accrue par le plus haut caractère d'exactitude et de précision.

Les prodiges accomplis par l'optique moderne se continueront chez nos descendants, et les magnifiques télescopes de nos observatoires, qui arrivent à rapprocher de nous l'image de la Lune, à un tel point que l'on étudie aujourd'hui la constitution de notre satellite comme s'il n'était plus qu'à une distance de 96 lieues de notre planète, ne sont encore, à n'en pas douter, que l'enfance de l'art sublime qui compte comme fondateurs des Galilée et des Newton.

Quand l'optique astronomique aura fait plus encore, la photographie la suivant de près dans ses progrès, engendrera des merveilles dont l'imagination la plus audacieuse ne saurait avoir soupçon. « Il n'y a pas de limite à la sensibilité d'une plaque photographique », disions-nous tout à l'heure avec un éminent astronome; par conséquent, les images des astres fixées au foyer de la chambre noire nous permettront peut-être de considérer les plus infimes détails de la géologie des corps planétaires.

S'il est vrai, comme le dit Leibnitz, que le présent est gros de l'avenir, on comprendra, par l'importance des résultats actuels, ce qu'on est en droit d'attendre de ceux que sauront conquérir les astronomes futurs.

CHAPITRE VIII

LES INSTRUMENTS ENREGISTREURS PHOTOGRAPHIQUES

Importance des instruments enregistreurs. — Baromètres et thermomètres photographiques. — L'enregistrement des oscillations de l'aiguille aimantée par la photographie. — Photo-électrographe de Ronald. — La photométrie photographique.

Parmi les sciences physiques, il en est dont les progrès, pour ainsi dire intermittents, se révèlent par de véritables révolutions qui les transforment tout à coup, il en est d'autres où les grands événements sont rares, où la patience continue de l'observateur supplée en quelque sorte à l'inspiration née fortuitement dans le cerveau d'un inventeur de génie. La chimie a eu son Lavoisier, qui, par la théorie de la combustion, par l'analyse de l'air, a tout à coup marqué une ère nouvelle dans l'histoire de cette branche si féconde du savoir humain; la physique a eu son Volta qui a su lui ouvrir d'immenses horizons, en donnant naissance à la pile électrique. Mais il est d'autres sciences où de semblables progrès ne peuvent se manifester tout à coup.

La météorologie, par exemple, qui a pour but d'étudier les lois du mécanisme de l'atmosphère, doit déterminer chaque jour la température, l'humidité de l'air, noter les variations barométriques, les oscillations de l'aiguille aimantée ; le domaine où elle se meut ne comporte pas des conquêtes rapides ; science d'observation, elle ne peut rien attendre des hasards heureux de l'expérience. Le rôle de ceux qui s'y consacrent consiste essentiellement à recueillir, chaque jour, à toutes les heures, des chiffres exacts et rigoureux ; l'espérance qui les anime, c'est de voir se multiplier les stations d'observations sur toute la surface des continents ; ils laisseront à leurs successeurs les patientes investigations de leur existence, heureux si la corrélation, la comparaison de leurs résultats conduisent à découvrir quelques-unes des lois fondamentales qui président aux mouvements atmosphériques.

En présence de la nécessité de consulter le plus fréquemment possible, et dans un nombre de stations météorologiques multiplié, les divers instruments au moyen desquels on interroge l'atmosphère, on n'a pas tardé à s'apercevoir qu'il y aurait un intérêt immense à substituer au travail de l'homme celui des machines. Comment condamner un observateur, si consciencieux qu'il soit, à lire plusieurs fois, par heures et pendant des journées entières, le degré du thermomètre, la hauteur du baromètre, à considérer, pour les noter, les mouvements de l'aiguille aimantée et la rotation de la girouette? Cependant il importe pour le progrès de la météorologie, que ces observations journalières soient exécutées avec la précision qui doit caractériser tout document véritablement scientifique. Ce que l'homme ne peut faire, la machine l'accomplit. Pour obtenir cette mécanique ingénieuse, capable de laisser sur un papier les traces du mouvement du mercure dans le thermomètre et dans le baromètre, à toute heure du jour et de la nuit; pour indiquer la moindre perturbation survenue dans les organes les plus délicats de nos instruments les plus précis, les savants ont eu recours à l'auxiliaire précieux de la photographie; ils utilisent l'art de Daguerre dans la construction de ces instruments de météorologie qui écrivent eux-mêmes leurs variations de tous les instants, et que l'on nomme enregistreurs.

L'idée d'employer, pour l'étude des phénomènes météorologiques, des appareils disposés de manière à marquer eux-mêmes les traces des influences qu'ils subissent, est assez ancienne; elle remonte à l'illustre Magellan, qui avait construit, en 1782, des thermomètres et des baromètres qui enregistraient tous les états par lesquels les faisaient passer les variations atmosphériques.

L'enregistrement par la photographie, tel qu'il s'exécute aujourd'hui dans un grand nombre d'observatoires, offre l'avantage de supprimer des organes de transmission compliqués que nécessiterait tout autre moyen mécanique ou électro-magnétique. Cet enregistrement est surtout utilisé pour les variations du thermomètre, du baromètre, et pour l'étude des oscillations de l'aiguille aimantée.

On sait qu'à la partie supérieure de la colonne barométrique, il y a un espace vide, connu sous le nom de vide de Torricelli. Si l'on place une lumière, celle du gaz par exemple, ou encore celle d'une lampe à pétrole, derrière le baromètre, à l'aide d'une lentille par devant, on pourra projeter sur un papier sensibilisé l'image de l'espace éclairé qui surmonte la colonne de mercure; cette image photographique variera à chaque instant avec le niveau du mercure dans le baromètre,

Le thermomètre enregistreur ou thermographe est à peu près disposé de la même manière; seulement il est indispensable que la lampe à gaz soit placée loin de l'appareil, afin que la chaleur qu'elle émet n'agisse pas sur l'instrument; en outre, sa lumière ne passe plus par l'espace vide situé au-dessus du mercure, mais bien à travers une petite bulle d'air qui a été introduite à l'avance dans la mince colonne mercurielle, et qui joue ici le rôle de pinnule. La lumière, ainsi transmise, produit sur le papier une marque qui offre l'aspect d'un point.

Dans ces deux instruments, le papier sensibilisé est tendu sur un tambour que fait régulièrement tourner un mouvement d'horlogerie; il accomplit lui-même un mouvement de rotation continue, et la trace des variations de niveau de mercure, dans le thermomètre, et le baromètre, s'y trouve marquée par une ligne continue, quand on a retiré le papier et qu'on lui a fait subir les opérations propres à la fixation de l'image.

La disposition du mécanisme varie selon l'enregistrement qui doit s'appliquer à tel ou tel appareil. Pour que la photographie puisse noter les variations du baromètre, M. Ronalds, et plus tard M. Salleron, ont pris des dispositions ingénieuses que nous allons décrire. Le baromètre enregistreur a pris le nom de barométrographe photographique.

Un baromètre à cuvette ordinaire est suspendu verticalement par un collier métallique. Au-devant de cet instrument, est une lentille convexe qui concentre, à sa partie supérieure, la lumière d'une lampe d'Argant ou d'un bec de gaz. Le haut du tube barométrique est muni d'une échelle transparente en verre, divisée en demi-millimètres.

Le rayon lumineux traverse cette échelle, passe au-dessus du ménisque mercuriel, et pénètre dans un objectif achromatique pour projeter sur une feuille de papier sensibilisé l'image de la graduation fixe et de la surface mobile du mercure.

Le papier photographique est adapté à un cadre qui se meut sur un chariot dans un plan perpendiculaire à l'axe de l'objectif. Un mouvement d'horlogerie imprime le mouvement au cadre de telle façon qu'il parcourt seulement toute sa longueur en vingt-quatre heures.

« Il résulte de l'ensemble de ces dispositions, dit M. Pouriau, à qui l'on doit un excellent travail sur les instruments enregistreurs[1], que la lumière projetée sur le tube barométrique se trouve arrêtée par la colonne mercurielle formant écran, et dont l'ombre est projetée, à travers un diaphragme, sur un papier sensibilisé.

« La silhouette du ménisque de mercure et les divisions de l'échelle tracées sur le tube barométrique sont en même temps projetées sur la feuille de papier qui reçoit leur image à travers la fente qui donne accès au rayon lumineux. Cette feuille de papier, fixée au chariot, participe à son mouvement ; il en résulte que toutes ses parties viennent successivement s'impressionner devant la fente.

« A la fin de la journée, la feuille de papier est détachée du cadre, on fixe l'épreuve par le procédé ordinaire de la photographie ; la partie impressionnée par le rayon lumineux forme une courbe dessinée par le sommet du ménisque ; sa hauteur se mesure facilement au moyen des divisions de l'échelle imprimée en même temps.

« On applique sur le papier une fois fixé une glace divisée en vingt-quatre parties égales, représentant les lignes horaires, et si l'on connaît l'heure à laquelle a commencé l'impression, il est facile de déterminer avec l'exactitude la plus rigoureuse l'heure correspondante à tous les points de la courbe. »

[1] *Annuaire scientifique*, de M. PP. Dehérain.

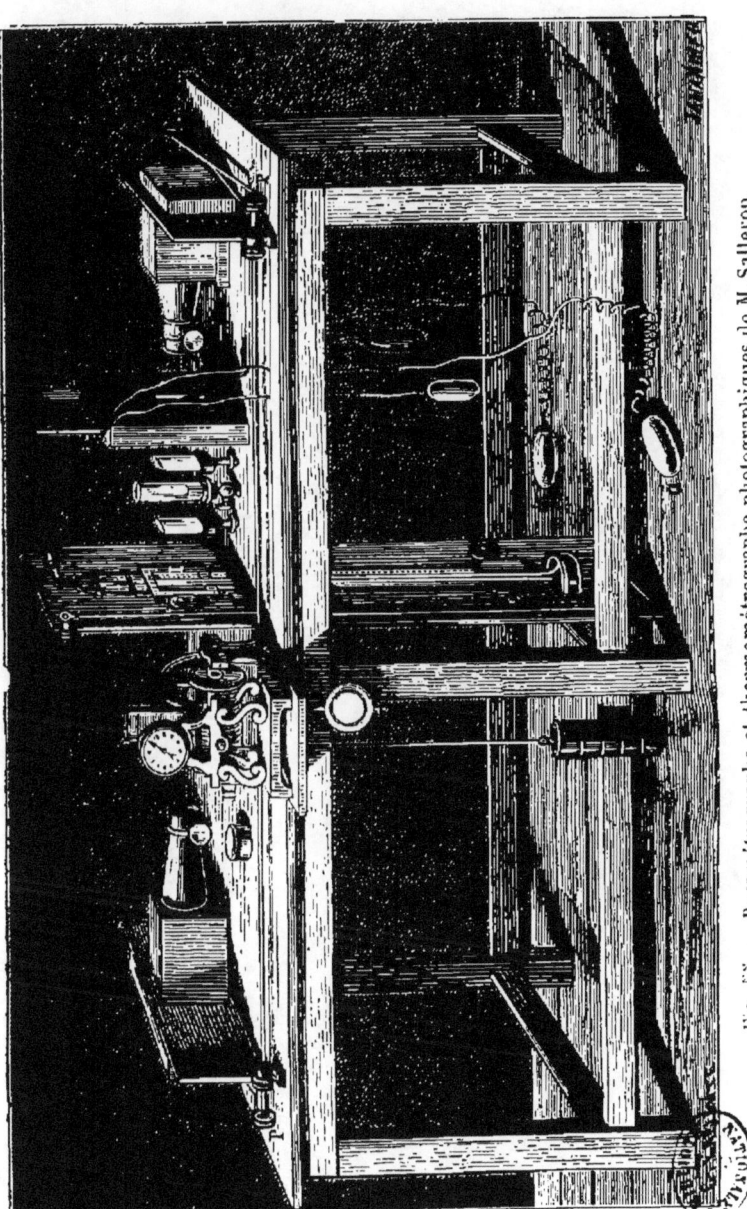

Fig. 55. — Baromètrographe et thermomètrographe photographiques de M. Salleron.

Quand on veut établir un thermomètre photographique, on substitue un thermomètre divisé sur verre au tube barométrique dont nous venons de parler. Le niveau supérieur du mercure et les divisions de l'échelle se trouvent photographiés en même temps. Le thermomètre est courbé à la lampe, de telle façon que le réservoir traverse une ouverture pratiquée dans une cloison, et puisse subir l'influence de la température extérieure qu'il s'agit de mesurer.

M. Salleron a récemment construit pour l'observatoire de Kiew un très-bel appareil d'enregistrement photographique pour les oscillations barométriques et thermométriques tout à la fois. D'après ce que nous venons de dire, on en comprendra facilement la description.

Les dispositions de cet appareil sont représentées à gauche et à droite de la gravure 55. Le baromètre à mercure est au milieu de la table; son niveau est représenté en I. O est l'objectif photographique, H le mouvement d'horlogerie qui met en marche, par l'intermédiaire de la tige P, P, le châssis servant de support au papier photographique. Ce magnifique appareil laisse derrière lui, les systèmes antérieurs, car non-seulement il joue le rôle de barométrographe, mai il enregistre encore les températures et les variations hygrométriques.

Le thermométrographe est représenté à la droite de notre gravure. Il est fondé sur un système diffèrent de celui dont nous avons parlé plus haut. Le réservoir métallique a est enfoui dans le sol à une température constante, il est creux et communique par un tube à une des branches d'un tube en U, rempli de mercure. L'autre branche du tube en U est en relation avec un second réservoir à air b, qui reste plongé dans l'atmosphère ambiante. La différence de température des deux réservoirs se traduit par un mouvement du mercure dans le tube en U; la lumière passe à la surface du métal liquide, et impressionne le papier photographique en pénétrant dans le second objectif O'; elle trace sur le papier photographique en mouvement une courbe qui représente les oscillations du mercure dans le tube en U, et par suite les températures de l'air. Un autre système semblable, a', b' sert de psychromètre enregistreur : le réservoir a' est enfoui dans le sol, l'autre réservoir b', humecté d'eau, reste exposé à l'atmosphère. Tous deux communiquent encore, par l'intermédiaire d'un tube, aux deux branches d'un tube en U contenant du mercure à la surface duquel passe le rayon lumineux.

La photographie ne s'applique pas seulement aux variations du baromètre et du thermomètre, elle peut servir à enregistrer l'inclinaison de l'aiguille aimantée, comme le savant docteur Brooke l'a prouvé par la construction d'un appareil aussi ingénieux que précis, et qui est constamment en usage à l'Observatoire de Greenwich.

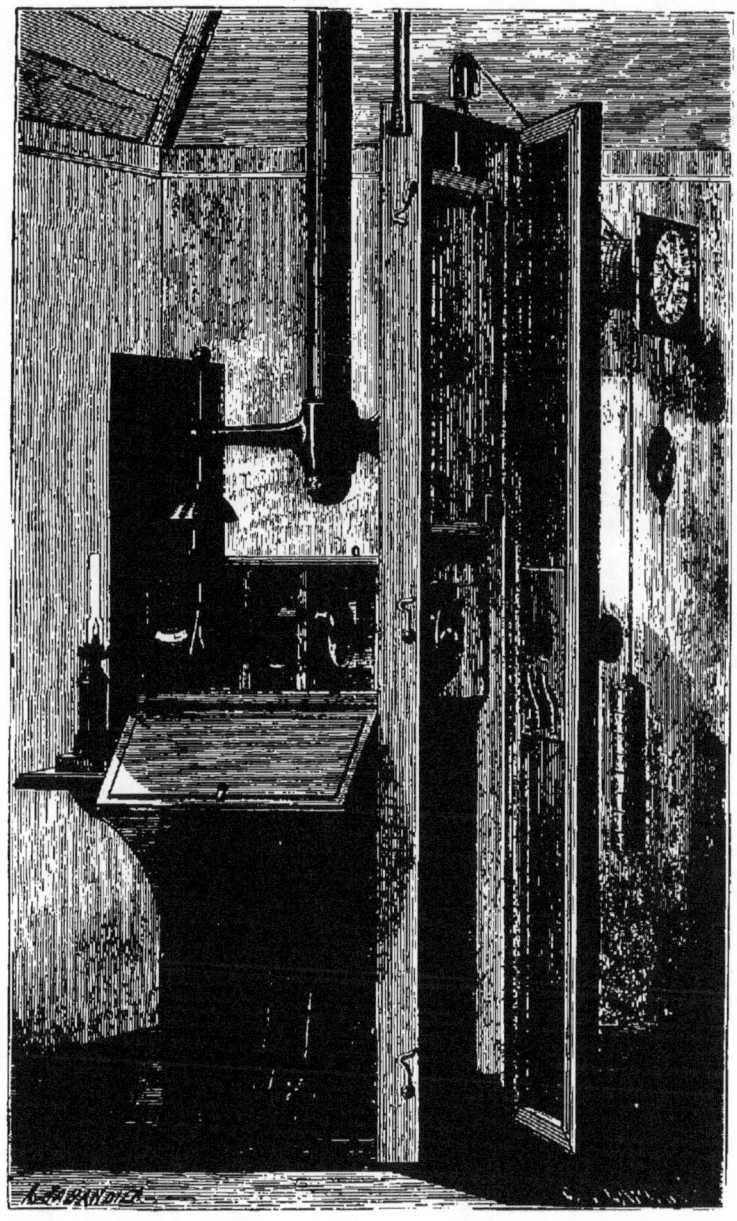

Fig. 56. — Photo-électrographe de l'Observatoire de Kiew, enregistrant par la photographie les variations de l'état électrique de l'air.

L'aiguille aimantée porte à son extrémité un petit miroir, où tombe la lumière d'une lampe. Le rayon réfléchi se projette sur un papier sensibilisé, placé dans une chambre noire; il y trace un arc d'autant plus grand que sa distance à cette surface photographique est plus considérable. L'aiguille aimantée fait-elle le moindre mouvement, la marque du rayon réfléchi se déplace sur l'écran, elle suit fidèlement la marche de l'aiguille, elle n'en laisse pas perdre la plus petite oscillation.

Le papier sensible n'est pas immobile; il est fixé à un cylindre qui, en vingt-quatre heures, opère une révolution sur son axe. A chaque moment, le reflet du miroir s'est tracé sur la feuille photographique; celle-ci, à la fin de la journée, est développée, et fixée par les procédés ordinaires.

On obtient ainsi une ligne continue qui indique la marche du rayon lumineux, réfléchi par le miroir adapté à l'aiguille magnétique, et qui en donne les moindres mouvements pendant le cours de vingt-quatre heures.

A l'Observatoire de Kiew, un système analogue est usité pour enregistrer les variations de l'état électrique de l'air. Le photo-électrographe (fig. 56) se compose d'un paratonnerre mis en relation avec un électroscope ordinaire, dont les feuilles d'or comme on le sait, s'écartent plus ou moins l'un de l'autre, suivant que la quantité d'électricité libre de l'air est plus ou moins considérable. Les feuilles d'or sont fortement éclairées par une lampe, comme on le voit sur notre gravure; elles jouent le rôle de deux miroirs qui réfléchissent la lumière et projettent leur double image sur un papier sensibilisé, qui se déroule régulièrement de haut en bas, sous l'influence d'un mécanisme d'horlogerie. On obtient ainsi deux courbes sinueuses qui se rapprochent ou s'écartent à toute heure du jour, accusant avec une exactitude absolue l'état électrique de l'atmosphère à tout moment de la journée (fig. 57).

C'est à Francis Ronalds qu'appartient l'honneur d'avoir imaginé cet admirable système d'enregistrement. Son photo-électrographe, comme nous l'avons dit, fonctionne à Kiew. Ouvrier infatigable, il inscrit nuit et jour, pendant le cours des années, les moindres variations électriques des phases atmosphériques.

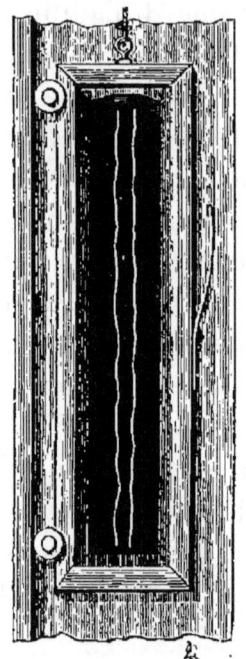

Fig. 57. — Courbes tracées sur le curseur de l'électrographe.

Une autre branche de la physique, la photométrie, a trouvé dans les opérations photographiques de puissants auxiliaires d'expérimentation. Quand les physiciens veulent mesurer l'intensité de deux foyers lumineux, ils les font briller simultanément, et en mesurent la puissance par la valeur comparative de leurs ombres. Mais comment opérer une telle mesure quand les deux sources de lumière ne peuvent briller ensemble? Si la comparaison est facile entre l'intensité lumineuse d'une bougie et celle d'une lampe, que l'expérimentateur allume en même temps, comment pourrait-il agir s'il voulait mesurer la puissance relative de la lumière solaire et de la lumière des étoiles ou de la lune? Les moyens photographiques ont seuls permis de résoudre des problèmes aussi délicats. Que l'on expose un papier sensibilisé à l'influence de l'image formée au foyer d'une lentille par une source lumineuse, le degré d'altération, plus ou moins sensible, de la surface impressionnable ne servira-t-il pas à mesurer l'intensité de la lumière émise? La trace du foyer lumineux n'est plus fugitive, comme l'ombre qu'elle projette en éclairant la règle du photomètre ordinaire, elle est durable et permanente ; elle pourra se comparer avec celle fournie par une source de lumière qui brillera à d'autres moments.

La photométrie photographique a permis à la science de comparer l'intensité lumineuse des rayons solaires à celle des rayons lunaires. L'astre du jour donne une lumière qui est trois cent mille fois plus considérable que celle de l'astre des nuits!

Grâce à ces procédés, la physique a pu se tracer une voie nouvelle dans des domaines qu'elle considérait comme inaccessibles, avant l'apparition de la photographie. MM. Herschel, Edmond Becquerel ont pu étudier avec efficacité les caractères propres aux rayons solaires, à différentes heures du jour; grâce à l'emploi des papiers photographiques, l'étude de l'action chimique de la lumière, à laquelle se sont consacrés ces savants émérites, a pris rang parmi les chapitres les plus intéressants de la science moderne.

On voit, par la description succincte des admirables instruments que quelques-uns de nos grands observatoires mettent en action, combien l'enregistrement photographique est précieux, puisqu'il permet d'obtenir des indications précises et continues. Mais ces appareils sont à peine nés d'hier, leur usage n'est pas encore très-répandu; ils sont certainement appelés à se modifier rapidement, pour céder la place à d'autres systèmes plus complets et plus ingénieux encore. En outre, l'enregistrement photographique peut s'appliquer à d'autres appareils d'observation. Rien n'empêche, par exemple, de munir le pluviomètre d'un système qui accuserait les variations de son niveau par l'intermédiaire d'un tube faisant fonction de vase communiquant; l'avenir prouvera que l'enregistrement est la base fondamentale de la météorologie, qui ne peut formuler ses lois qu'en les étayant sur des observations continues. Un jour viendra où les observatoires fonctionneront d'eux-mêmes; le rayon lumineux écrira en silence la marche et la variation de tous les appareils, l'observateur n'aura plus qu'à venir, une fois par jour, consulter les registres sensibilisés, où la nature aura, pour ainsi dire, marqué de son propre sceau les changements périodiques ou intermittents dont elle subit sans cesse la mystérieuse influence.

Il ne faudrait pas supposer, d'après ce que nous venons de dire, que le système photographique est le seul que l'observateur puisse employer pour l'enregistrement ; nous avons uniquement parlé de celui-là parce que seul il rentre dans notre cadre ; il abonde au reste, comme on l'a vu, en appareils nouveaux et ingénieux. Il n'est pas superflu d'ajouter, pour donner au lecteur une idée plus complète de l'enregistrement météorologique, qu'en dehors du système photographique, la science a souvent recours à deux autres systèmes : celui qui est basé sur les procédés mécaniques et celui qui repose sur des méthodes électro-magnétiques.

Le premier consiste à trouver, dans les variations qu'éprouvent les appareils, la force nécessaire à mettre en mouvement les styles enregistreurs, de telle façon qu'il soit possible de leur faire laisser des traces. Ce système est le plus ancien, mais il est difficilement applicable, en raison du peu d'intensité de la force dont on dispose. Le second, comme son nom l'indique, est basé sur l'emploi de l'électricité dynamique.

L'emploi de l'enregistrement par la photographie offre, dans un grand nombre de cas, de très-sérieux avantages, mais il y a en France une opposition assez manifeste contre ce système, qui n'est pas représenté dans notre pays, comme il serait digne de l'être.

L'exemple donné par nos voisins d'outre-Manche, qui ont multiplié à l'observatoire de Kiew, les instruments enregistreurs photographiques, et qui utilisent chaque jour avec succès et profit ces beaux appareils, devrait cependant décider nos savants à y recourir plus fréquemment.

CHAPITRE IX

LE STÉRÉOSCOPE

Un mot sur la vision stéréoscopique. — Moyens de donner un relief apparent aux épreuves photographiques. — Stéréoscopes de Wheastone et de Brewster. — Monostéréoscope. — Stéréoscope à colonne. — Comment se produisent les épreuves photographiques destinées au stéréoscope.

Notre intention n'est pas de décrire ici le stéréoscope au point de vue optique ; nous voulons seulement en parler en ce qui concerne la photographie.

Nous croyons toutefois devoir donner brièvement quelques explications au sujet d'un instrument qui permet de voir en relief un dessin tracé sur une surface plane.

Nos yeux nous montrent les objets tels qu'ils sont avec leurs reliefs ; ils ne sont pas perçus par notre vision comme des objets tracés sur un plan : ils nous apparaissent solides et saillants. L'étude de la vision démontre que cet effet est produit en nous par la superposition de deux images planes que chacun de nos yeux perçoit simultanément. Voici une expérience très-facile à exécuter qui démontre ce fait en toute évidence. Placez devant vos deux yeux un livre dans une position verticale, de manière que le dos en soit seul visible. Fermez l'œil droit et ouvrez l'œil gauche, vous apercevrez seulement alors la face de gauche. Après cette expé-

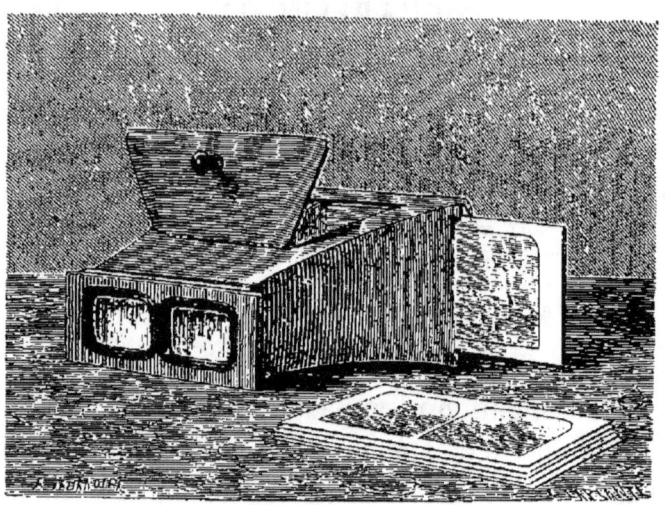

Fig. 58. — Stéréoscope de Brewster.

rience, fermez l'œil gauche et ouvrez l'œil droit, c'est la face de droite seule que vous percevrez. Pour donner plus de netteté à cette expérience, on peut fixer une feuille de papier blanc sur une des faces d'un livre relié en rouge, et, dans ce cas, on apercevra alternativement le côté blanc ou le côté rouge, suivant que l'on ouvrira l'œil droit ou l'œil gauche. Quand les deux yeux sont ouverts, on aperçoit en même temps les deux faces. Notre esprit, par l'habitude, sait combiner ces deux plans, et cette combinaison nous donne l'impression du relief ou de la saillie.

Pour construire un stéréoscope, c'est-à-dire un appareil qui nous donne d'une image plane l'impression d'un relief, il faut prendre deux dessins de cette image, de telle façon que chacune de ces images soient envoyée sur chacun de nos yeux, comme le ferait l'objet lui-même.

Un des premiers stéréoscopes qui ait été mis entre les mains du public a été imaginé par Wheastone. Cet instrument est emprisonné dans une boîte rectangulaire. Deux dessins du même objet sont représentés conformément aux principes de la vision stéréoscopique; ils sont appliqués dans la boîte de telle façon qu'ils forment entre eux un biseau. Les yeux de l'observateur se placent devant une lunette extérieure et perçoivent les images par réflexion dans deux miroirs. Les petites lunettes peuvent être réglées selon la vue de l'observateur. Quand elles sont mises au point, les deux images sont perçues en une seule, qui offre l'aspect d'un objet saillant et en relief.

Le stéréoscope à prismes, de Brewster, a apporté de singuliers perfectionnements à cette branche si intéressante de la physique. C'est celui qui est l'objet d'un commerce très-important depuis un grand nombre d'années. Tout le monde aujourd'hui a regardé des photographies dans cet instrument (fig. 58) : son maniement est trop usité pour que nous nous y arrêtions.

Le stéréoscope a été découvert à peu près en même temps que le daguerréotype. Il a d'abord servi à regarder des épreuves faites à la main; dès que la photographie fut créée, les deux arts nouveaux se prêtèrent un mutuel appui, et se lièrent si étroi-

Fig. 59. — Monostéréoscope.

tement entre eux, que le stéréoscope et l'épreuve photographique ne semblent plus être aujourd'hui que les deux parties d'un même instrument.

En 1858, un habile praticien, M. Claudet, a imaginé un système stéréoscopique assez curieux, en ce sens que plusieurs personnes peuvent profiter à la fois des effets de relief produits par l'appareil.

Cet instrument se compose d'un écran noir où l'on a ménagé un espace qu'occupe une glace dépolie. On envoie sur cet écran, à l'aide de deux objectifs, les deux images d'un même objet, qui se confondent en une seule et donnent la sensation du relief sans le secours d'aucun instrument d'optique (fig. 59). Ce système ingénieux n'est pas très-usité.

La facilité de se procurer par la photographie des épreuves naturelles aussi délicates que précises, a contribué à perfectionner singulièrement les stéréoscopes que l'on construit de nos jours avec une admirable précision.

Après le stéréoscope à crémaillère, de Brewster, le stéréoscope à colonne surtout, imaginé par M. Février, donne aux photographies une saillie, un relief et un grossissement tels, que rien ne représente mieux la nature. Dans ce dernier appareil, les yeux braqués sur les oculaires, on fait tourner un simple bouton qui met en rotation un axe autour duquel sont disposées des photographies stéréoscopiques (fig. 60). La Suisse, les Pyrénées, la Chine, le Japon se succèdent aux yeux de l'observateur, qui peut admirer sans bouger de son fauteuil, les sites les plus difficilement accessibles au voyageur.

Arrivons à présent aux procédés employés pour produire des épreuves photographiques propres à être vues à travers l'oculaire du stéréoscope.

La vue photographique doit être double; c'est-à-dire qu'il faut prendre deux vues du même sujet;

ces deux vues doivent être identiques dans leurs parties centrales et différer d'une certaine quantité sur leurs parties latérales. Pour arriver à ce résultat, on prend une première vue de l'objet, en plaçant l'appareil vers la droite ; on en prend une deuxième en

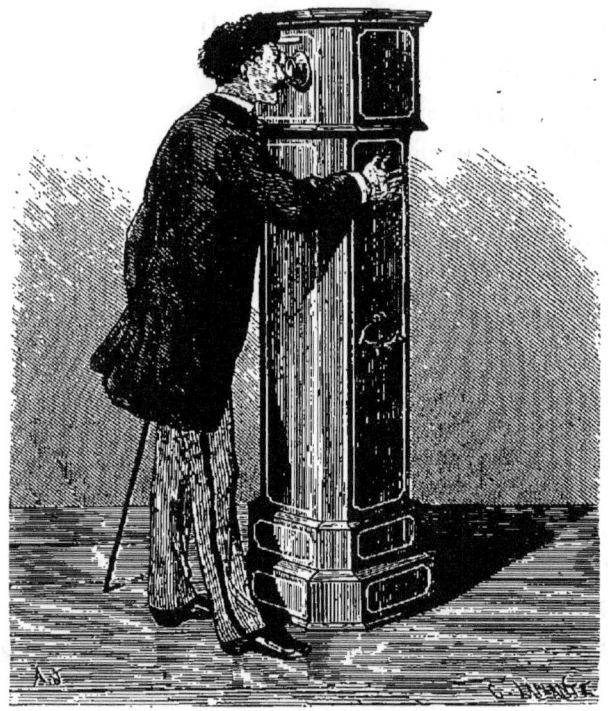

Fig. 60. — Stéréoscope à colonne.

détournant l'objectif vers la gauche. Pour donner plus de précision aux épreuves, on prend généralement les deux vues à la fois, à l'aide de deux chambres noires distinctes, reliées entre elles par un châssis mobile à la partie supérieure d'un trépied.

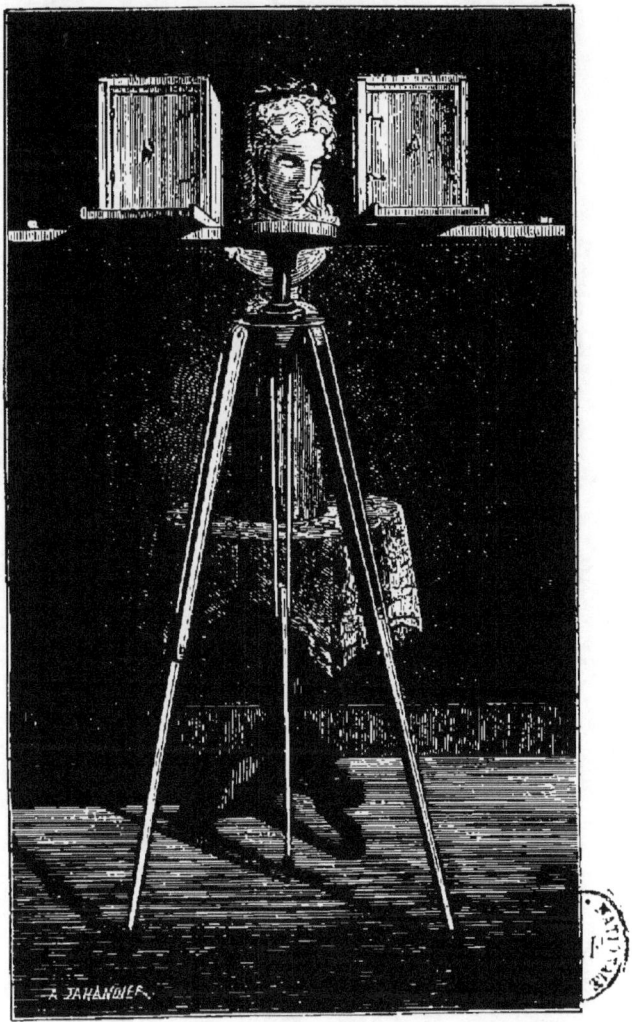

Fig. 61. — Appareil pour l'obtention des deux épreuves photographiques du stéréoscope.

Si l'on veut prendre les deux vues stéréoscopiques d'un objet tel qu'un buste ou une statue, on place les deux chambres à 2 mètres environ du modèle; on les écarte l'une de l'autre de 0^m,15 à peu de chose près. On doit avoir soin, avant d'introduire dans les chambres les glaces collodionnées, de bien s'assurer que l'inclinaison des deux images produites au foyer des chambres noires est convenable pour donner l'effet voulu. A cet effet, on s'assure que le point du modèle, qui est au centre de la glace dépolie de droite, se trouve également au centre du verre dépoli de gauche. Cette observa-

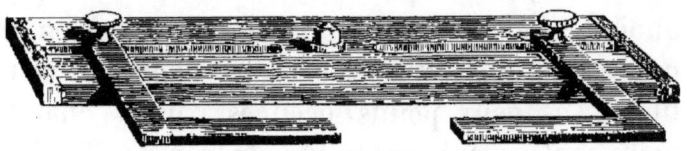

Fig. 62. — Planchette de la chambre noire pour la prise des vues stéréoscopiques.

tion fondamentale une fois faite, on prend les vues photographiques par la méthode ordinaire.

L'appareil prêt à fonctionner est représenté ci-contre (fig. 61).

Il est bon, pour le stéréoscope, de tirer les positifs sur verre; la transparence du verre éclaire mieux le dessin, et contribue à lui donner du relief et de la saillie.

Quand on veut prendre des vues stéréoscopiques de paysages, de monuments, ou en général de vues éloignées, on ne prend qu'une seule vue à la fois, avec une même chambre noire. Cette chambre est soutenue par une planchette, où elle glisse facilement en se portant à gauche ou à droite de la position première, entraînée par deux équerres que l'on peut à volonté faire glisser dans une rainure (fig. 62). On prend une première vue du paysage, en plaçant la chambre à la partie gauche de la planchette, et en s'étant bien rendu compte de l'objet qui occupe dans la chambre noire le centre de figure. Cette vue prise, on transporte l'appareil à gauche de la planchette, on le fait varier de position par tâtonnement, jusqu'à ce que le même objet occupe encore le centre de figure, quoique l'objectif ait été changé de sa position première. On prend une seconde vue dans ces conditions. Les deux points occupés par la chambre noire sont séparés entre eux environ de $0^m,07$, espace qui correspond à peu près à l'écartement moyen des deux prunelles humaines.

CHAPITRE X

LA PHOTOGRAPHIE ET L'ART

La photographie est-elle un art? — Ses usages au point de vue de la peinture. — Reproduction des estampes. — Voyages d'exploration. — Photographie au magnésium. — Les portraits-cartes considérés comme documents historiques.

Les peintres ne sont généralement pas portés à l'admiration de la photographie ; ses procédés physico-chimiques semblent incompatibles avec les sentiments qui les animent ; il leur répugne de placer le collodion à côté de la palette des couleurs à l'huile. Beaucoup d'entre eux sont même d'une sévérité outrée à l'égard de l'art de Daguerre ; il en est qui s'exaspèrent quand on fait devant eux l'éloge d'épreuves photographiques. La photographie, disent-ils, ne compose rien, elle ne donne qu'une copie, un calque inexorable, brutal dans sa vérité. Elle manque de sentiment, nulle flamme de génie ne lui donne la vie, elle est maladroite, elle donne une valeur égale aux masses et aux détails accidentels.

Fait-elle un portrait, elle saisit son modèle avec gaucherie, elle dessine mieux les ganses de son habit qu'elle ne sait rendre l'impression de son visage ; l'œil du personnage n'est pas mieux rendu que le bouton de ses manchettes. La photographie, c'est de la mécanique, ce n'est pas de l'art !

Pour produire un bon cliché, disent au contraire les photographes, il faut étudier l'image, choisir et combiner les effets de lumière, ce qui nécessite l'intervention du sentiment artistique. « Le premier cliché obtenu, dit un praticien émérite, l'œuvre est à peine ébauchée. La lumière est un instrument quinteux, qui n'obéit jamais d'une manière complète... Il faut que le photographe, appréciant ses défauts et ses qualités, pallie les uns et fasse ressortir les autres. C'est alors, ajoute notre apologiste, que le photographe se montre peintre dans toute l'acception du mot, qu'il fait passer son âme, son génie, si le génie l'anime, dans l'épreuve, qu'il rend la couleur et arrive à cet admirable ensemble, à ces effets qui impressionnent et saisissent aussi vivement l'âme en présence de certains portraits, de certains paysages photographiques qu'en présence de la *Joconde* ou d'une toile de Ruysdaël et du Titien. »

« Dans une suite de vues photographiques, dit un éminent écrivain scientifique, on rencontre tour à tour un van Dyk et un Delaroche, un Metzu et un Decamps, un Titien et un Scheffer, un Ruysdaël et un Corot, un Claude Lorrain et un Marilhat. »

Ces appréciations sont évidemment exagérées. Essayons de nous faire une opinion juste et raisonnable entre ces deux écueils du dénigrement systématique, et de l'admiration trop enthousiaste.

Certes, la photographie offre de graves inconvénients ; l'instrument qui agit n'a pas l'habileté de la main artistique que guident l'amour du beau et la juste impression des effets de la nature. Il altère souvent la perspective linéaire, comme la perspective aérienne; les procédés de développement de l'image reproduisent souvent les lointains avec autant de vigueur que les premiers plans; les ombres forment quelquefois dans la photographie des taches noires, des teintes plates et massives, qui ôtent au dessin tout modelé et toute harmonie. Cela est surtout vrai si l'instrument est guidé par une main inexpérimentée.

Mais on ne peut nier que l'appareil photographique, manœuvré par un artiste, est susceptible de produire des épreuves marquées au sceau de l'art. S'il y a de mauvaises photographies, il faut convenir qu'il ne manque pas de mauvais tableaux. En considérant quelques-uns des produits qui sortent des ateliers de nos premiers photographes, on conviendra que souvent nulle miniature, et nul dessin, ne peuvent leur être comparés.

Nous ne nous engagerons pas plus loin dans cet ordre d'idées et de discussions. Il est dangereux, à notre avis, de vouloir établir un parallèle entre la peinture et la photographie, qui diffèrent essentiellement dans leurs procédés et dans leurs moyens. Il nous semble toutefois profondément injuste de vouloir nier que la photographie est un art. Elle constitue à n'en pas douter un art véritable et un grand art ; mais nous quitterons ce terrain glissant, pour aborder une question bien plus intéressante, celle des services que la photographie est susceptible de rendre à tous les artistes, au peintre, au sculpteur, à l'architecte.

L'illustre Paul Delaroche, à la naissance du daguerréotype, ne craignit pas de dire, en présence des membres de l'Académie des sciences : « Le daguerréotype porte si loin la perfection de certaines conditions essentielles de l'art, qu'il deviendra pour les peintres les plus habiles un sujet d'observations et d'études. »

Paul Delaroche disait vrai. Une collection photographique est actuellement pour l'artiste une inépuisable source d'enseignements utiles ; il est certain que nul peintre aujourd'hui, quel que soit son talent, n'exécutera un portrait sans avoir de bonnes épreuves photographiques de son modèle. Il est évident qu'un paysagiste ne saurait trop s'inspirer de quelques-unes de ces admirables études photographiques de la nature, que de vrais artistes savent aujourd'hui fixer sur leurs glaces collodionnées. — L'étudiant trouvera encore des modèles incomparables dans ces belles photographies qui reproduisent les sublimes cartons du Louvre, estampes incomparables et uniques dues

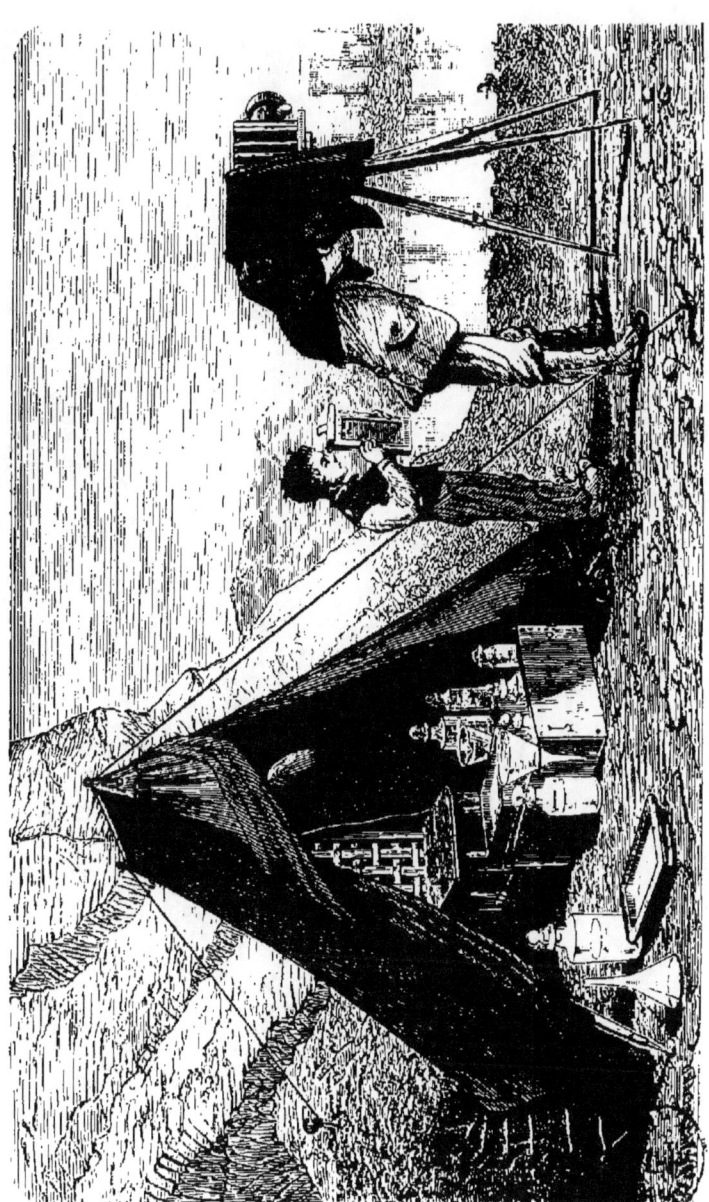

Fig. 65. — La photographie dans les voyages d'exploration.

au crayon magique de Raphaël, ou au pinceau puissant de Michel-Ange. Nul audacieux n'oserait reproduire les dessins de nos grands maîtres par le burin ou par la lithographie. La photographie réalise ce miracle, de multiplier à l'infini une estampe du Corrége ou du Titien.

De quelles ressources sont entre les mains d'un architecte ou d'un archéologue, les vues des monuments de pays lointains ! Les merveilles d'Athènes et de Rome, les inimitables richesses des monuments de l'Inde, les formidables temples égyptiens, peuvent tenir dans son carton, non pas modifiés et défigurés par un crayon peut-être infidèle, mais tels qu'ils sont, avec leurs beautés, leurs imperfections, et les marques de destruction que le temps y a gravées. Les épreuves photographiques sont les miroirs où se reflètent les rives du Nil et de l'Indus, les constructions et les sites naturels de tous les pays où la chambre noire a passé.

L'explorateur, armé de son bagage photographique, que l'on sait construire aujourd'hui de façon à l'utiliser partout avec facilité (fig. 63), rapporte de son voyage des documents incomparables, en ce sens qu'il est impossible d'en nier l'exactitude. Un photographe représente l'objet tel qu'il est, le paysage tel que la nature l'a formé, le monument tel qu'il l'a vu. Une colonne cassée, une tache dans une pierre, rien ne manque à l'épreuve. Un tableau, une aquarelle ne peuvent jamais être d'une précision aussi rigoureuse. L'artiste est souvent tenté de retrancher quelque objet qui semble nuire à l'effet de l'ensemble, ou d'ajouter quelque ornement à son œuvre. Enfin, dans certains cas, la photographie est capable de reproduire, à l'aide de la lumière artificielle, l'aspect de chefs-d'œuvre ou de beautés naturelles plongés dans les ténèbres. Il existe dans quelques souterrains des temples égyptiens, des peintures hiéroglyphiques, que l'on peut reproduire exactement par la photographie à l'aide de la lumière au magnésium. Le mode d'opérer est identique à celui qui a été employé pour prendre les vues photographiques de certaines parties curieuses des catacombes de Paris (fig. 64).

Les applications de la photographie à l'art sont innombrables, et l'avenir nous réserve certainement bien des surprises à cet égard. La photoglyptie, née d'hier, ne tardera certainement pas à produire des épreuves inaltérables, aussi durables que les caractères typographiques ; elle perpétuera ainsi dans l'histoire la figure des grands hommes qui ont joué un rôle dans les évolutions de la société moderne. Quel prix incomparable n'attacherait-on pas aujourd'hui à la photographie des grands écrivains du siècle de Louis XIV, ou des philosophes du dix-huitième siècle ! quelles émotions profondes n'éprouverait-on pas à la vue de l'image fidèle des génies qui ont éclairé l'humanité ! Nos descendants jouiront assurément de ces surprises, et de bien d'autres encore que nous sommes impuissants à soupçonner.

LA PHOTOGRAPHIE ET L'ART. 299

Si nombreux que soient les usages de la photographie, ils s'accroîtront encore ; si merveilleux que puissent être les résultats déjà obtenus, ils se perfectionneront jusqu'à atteindre des sommets inouïs que notre œil ne peut entrevoir à travers l'épaisse brume qui nous voile l'image de l'avenir. Nous avons vu les efforts de Becquerel, de Niepce de

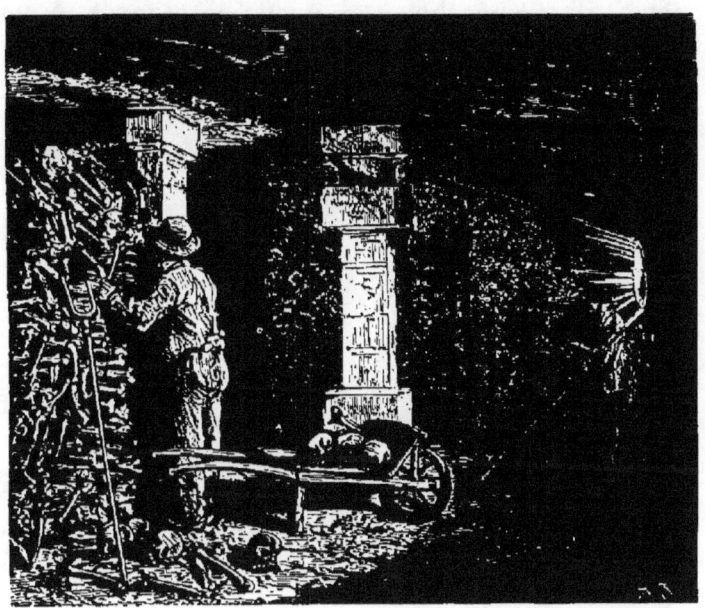

Fig. 64. — Photographie au magnésium dans les catacombes.

Saint-Victor, pour obtenir l'épreuve photographique avec les couleurs de la nature; le problème de la photographie colorée n'est pas insoluble, il sera résolu. L'art marchera alors dans une voie nouvelle, étonnamment féconde en richesses.

Il est souvent imprudent, téméraire même, de chercher à envisager l'avenir, mais dans certains cas, il est possible de le faire, sans trop s'écarter des limites de la raison ; il faut alors s'appuyer sur des faits et se mettre en garde contre les écarts de l'imagination. Nous avons étudié le passé de la photographie, nous avons admiré les résultats qui lui sont dus dans le présent ; le lecteur nous pardonnera-t-il de chercher à plonger nos regards un peu plus loin ?

CHAPITRE XI

L'AVENIR DE LA PHOTOGRAPHIE

Le lever des plans. — L'art de la guerre. — Les travaux d'art. — Les criminels et la photographie judiciaire. — Les miracles de photographie instantanée.

Si nous voulons sonder l'avenir, tout en restant dans les limites du bon sens, il nous faut examiner le terrain sur lequel nous pourrons étayer nos prévisions. Nous envisagerons d'abord ce qui a été fait jusqu'ici pour utiliser la photographie dans l'art de lever les plans, et nous serons conduit à envisager les ressources qu'on en peut tirer pendant la guerre.

Déjà un ancien chirurgien militaire, M. Chevalier, a cru pouvoir unir étroitement ensemble la photographie et l'art de lever les plans. Il a placé une chambre noire sur la planchette de l'arpenteur, il l'a rendue mobile autour d'un axe de telle façon que l'objectif tournant puisse regarder, en faisant une rotation complète, tous les points de l'horizon. Un prisme à réflexion totale renvoie l'image des objets extérieurs sur la planchette. L'objectif et la chambre noire tournent lentement autour de leur axe, et l'on obtient une série de tableaux partiels, véritable panorama, doué d'une exactitude absolue, à l'aide duquel on pourra tracer le plan, au moyen de certaines opérations dans le détail trop technique desquelles nous ne pouvons entrer.

En 1859, pendant la guerre d'Italie, quelques officiers du génie militaire, se souvenant sans doute du polémoscope, réfléchissant des images, à l'aide de miroirs (fig. 65), sorte de précurseur de l'emploi de la chambre noire, se servirent de la planchette photographique ; les expériences qu'ils purent faire permirent d'apprécier, sinon d'approfondir, les avantages de cet art nouveau. Nul doute que la photographie ne puisse fournir directement un utile concours à l'art militaire.

L'application de la photographie au lever des plans militaires et des cartes panoramiques, est, de l'avis des hommes compétents, bien près d'être réalisée d'une façon complète[1]. Quand cette application nouvelle sera trouvée, la science se sera signalée encore une fois par un progrès immense.

Se rend-on bien compte des services inouïs que la chambre noire doit rendre dans cet ordre de travaux ? Plus d'inexactitude dans le lever du plan, plus de calculs minutieux, plus d'embarras, plus

---

[1] *Traité de photographie militaire*, Dumaine, éditeur.

d'ennuis ! le terrain sera calqué, la carte sera faite, sans que, pour ainsi dire, on y songe. En temps de guerre, un général aura les photographies de son terrain de bataille, des forteresses qu'il devra assiéger, et si quelque point de l'horizon lui est caché, la chambre noire juchée dans la nacelle d'un ballon captif, dominant ainsi bois et collines, se saisira des images, dont elle prendra comme l'empreinte fidèle.

Les fabulistes et les conteurs les plus extravagants ont souvent mis entre les mains de leurs héros, des miroirs magiques, admirables talismans qui reflétaient subitement l'image d'objets lointains. La photographie réalise ces conceptions de l'imagination des poëtes. Nous nous rappelons avoir assisté récemment à une scène singulière que nous allons essayer de reproduire. Un ingénieur de nos amis, chargé de surveiller les travaux d'un chemin de fer, faisait devant nous des reproches à l'entrepreneur chargé de la construction d'un pont.

Il se plaignait de certains défauts de construction, et surtout de la lenteur des travaux.

— Mais pardon, répondit l'entrepreneur, les renseignements qui vous ont été donnés sont-ils bien exacts, car vous n'avez pas visité notre chantier?

— Je ne me suis pas dérangé, il est vrai, répliqua l'ingénieur, mais voici un miroir qui m'est envoyé régulièrement, et qui me dit, chaque semaine, quel volume de pierre vous avez rassemblé, quel nombre de poutres de fer vous avez réunies. Et il sortit de son tiroir quelques photographies.

Toutes les semaines, continua-t-il, j'ai un photographe, qui m'envoie le cliché, pris sur place, de votre travail. En voici la série complète. La grue mobile, qui était, il y a quinze jours, à 3 mètres de la seconde pile, et qui avait avancé de 5 mètres la semaine précédente, a été bien lente depuis huit jours ; il faudrait, comme je vous le disais, être plus actif. Tout ce que vous faites là-bas, je le vois ici ; les photographies que l'on m'envoie me donnent même l'allure de vos ouvriers, et si l'un d'eux a flâné pendant que le cliché a été pris, je pourrais, de mon bureau, lui envoyer des reproches.

J'écoutais cette conversation singulière, et je me disais que l'avenir exploiterait cet usage déjà usité aujourd'hui, de la photographie. Un jour viendra où le cliché sera pris peut-être à distance, par l'intermédiaire d'un fil électrique ! Et si quelque lecteur criait à l'impossible, je le renverrais à certains systèmes télégraphiques de création récente, qui nous permettent d'entrevoir ce nouveau miracle.

Non moins miraculeuse est l'arrestation de criminels à l'aide de leurs photographies. Voici quelques renseignements puisés en Angleterre, et qui sont de nature à nous montrer les ressources de la photographie judiciaire.

Il résulte d'un rapport sur les photographies des

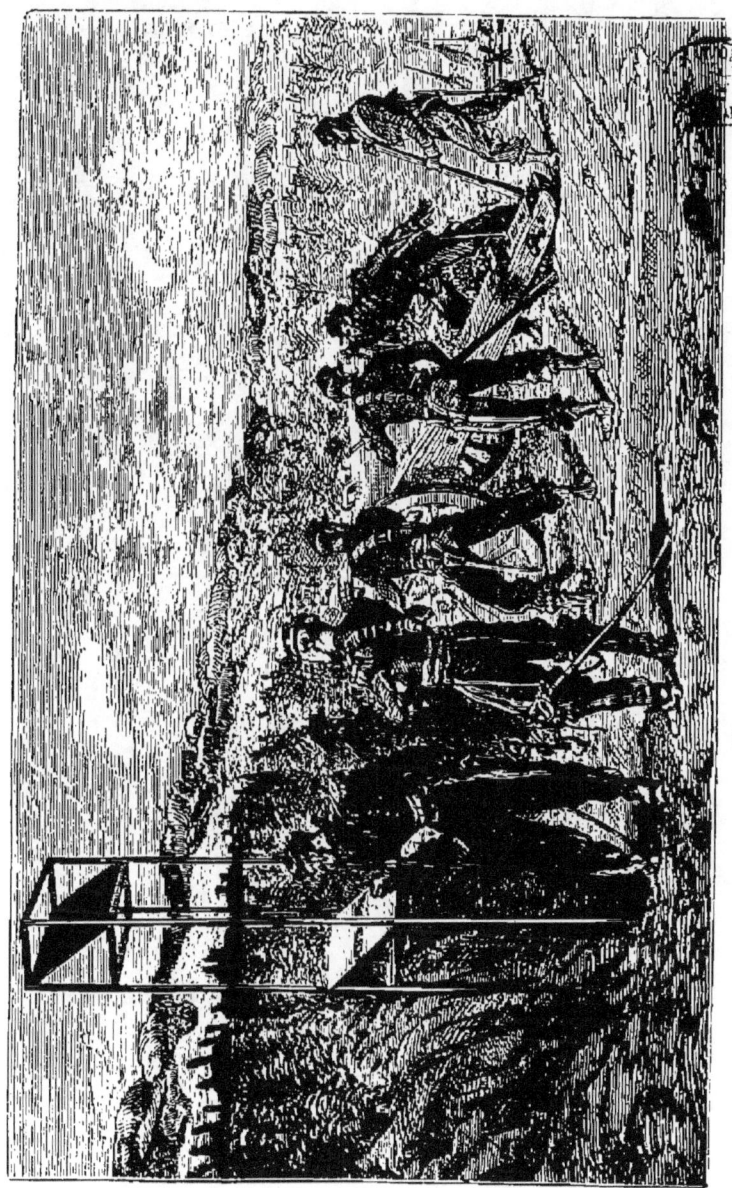

Fig. 65. — Le pelenoscope.

criminels à Londres, que, du 2 novembre 1871 au 31 décembre 1872, 375 arrestations ont eu lieu en Angleterre, parce que l'identité des criminels avait pu être établie grâce à leurs portraits photographiés. Pendant cette période, en effet, on a reçu des prisons de comtés et de bourgs à l'Habitual Criminal's Office, 30,463 photographies de criminels. Ce qui précède prouve donc que l'habitude de faire le portrait des malfaiteurs au moyen de la photographie est utile, et nous dirons de plus qu'il ne coûte pas très-cher, puisque les portraits des détenus de 115 prisons de l'Angleterre et du pays de Galles, depuis le jour où l'acte de 1870 eut force de loi jusqu'au 31 décembre de l'année dernière, n'ont coûté que 2,948 l. st. 18 sh. 3 pence. Peut-être devrait-on désirer, pour qu'elle pût rendre des services plus réels, que la galerie des portraits des criminels fût ouverte au public. Il serait possible par là d'arrêter plus facilement les malfaiteurs que la police recherche et sur lesquels elle ne peut mettre la main. Il en serait de même des corps de personnes mortes et qui n'ont pas été réclamées. On trouverait par là, nous n'en doutons pas, le moyen d'arrêter des meurtriers, dont le nom, le plus souvent, reste aussi bien un secret que celui de leurs victimes.

C'est encore de l'étranger, et des États-Unis cette fois, que nous puisons quelques renseignements plus singuliers peut-être, sur les usages de l'art de Daguerre. Un témoin oculaire, qui avait assisté de l'autre côté de l'Atlantique à quelques-unes des scènes tumultueuses des dernières élections, nous a affirmé qu'un opérateur américain était arrivé à prendre la photographie instantanée d'une réunion publique en plein vent. Il avait subitement fixé au foyer de la chambre noire l'orateur qui gesticulait du haut de sa tribune improvisée, le groupe des auditeurs, qui levaient les bras et s'agitaient, les uns avec des marques d'approbation et d'enthousiasme, les autres avec des signes d'impatience ou de colère. Ce photographe courut à son atelier pour transformer le cliché en planche typographique par les procédés de l'héliogravure; s'il avait réussi, le soir même, on eût répandu sur la place, 100,000 exemplaires de la photographie, tirée à la presse. Il échoua. Mais d'autres réaliseront plus tard ce prodige inouï qui consiste à reproduire sur le collodion, les scènes animées, à retracer d'une manière impérissable l'homme en action, en mouvement, la foule qui s'agite, les armées qui combattent, l'orateur qui parle, la vague qui écume ou l'étoile filante qui trace dans l'azur du ciel son sillon lumineux !

Nous pourrions encore énumérer les ressources que l'art de l'arpenteur, la géographie, l'histoire, toutes les branches de la science, comme toutes les conceptions du savoir humain, trouveront un jour dans l'emploi de la photographie; mais le lecteur, après avoir appris à connaître la puissance actuelle de la sublime création moderne qui est l'objet de ce volume, saura lui-même envisager des applications futures qui dérivent logiquement de celles que l'on met actuellement en pratique. La photographie instantanée, l'héliogravure, la photographie naturellement colorée par la lumière, seront les rameaux les plus riches de l'arbre que Niepce et Daguerre ont planté. Leurs bourgeons sont à peine sortis de la tige mère, mais ils apparaissent déjà, et nul ne peut dire aujourd'hui, jusqu'à quels sommets ils s'élèveront.

APPENDICE

APPENDICE

Note A

TRAITÉ SIGNÉ PAR NIEPCE ET DAGUERRE

LE 5 DÉCEMBRE 1826.

Entre les soussignés, M. Joseph-Nicéphore Niepce, propriétaire, demeurant à Châlon-sur-Saône, département de Saône-et-Loire, d'une part; et

M. Louis-Jacques-Mandé Daguerre, artiste peintre, membre de la Légion d'Honneur, et administrateur du Diorama, demeurant à Paris, au Diorama, d'autre part;

Lesquels, pour parvenir à l'établissement de la Société qu'ils se proposent de former entre eux, ont préalablement exposé ce qui suit:

M. Niepce, désirant fixer par un moyen nouveau, sans avoir recours à un dessinateur, les vues qu'offre la nature, a fait des recherches à ce sujet. De nombreux essais constatant cette découverte en ont été le résultat. Cette découverte consiste dans la reproduction spontanée des images reçues dans la chambre noire.

M. Daguerre, auquel il a fait part de sa découverte, en

ayant apprécié tout l'intérêt, d'autant mieux qu'elle est susceptible d'un grand perfectionnement, offre à M. Niepce de s'adjoindre à lui pour parvenir à ce perfectionnement, et de s'associer pour retirer tous les avantages possibles de ce nouveau genre d'industrie.

Cet exposé fait, les sieurs comparants ont arrêté entre eux, de la manière suivante, les statuts provisoires et fondamentaux de leur association.

Article 1er. — Il y aura, entre MM. Niepce et Daguerre, société sous la raison de commerce *Niepce-Daguerre*, pour coopérer au perfectionnement de ladite découverte, inventée par M. Niepce et perfectionnée par M. Daguerre.

Art. 2. — La durée de cette société sera de dix années à partir du 14 décembre courant, et elle ne pourra être dissoute avant ce terme sans le consentement mutuel des parties intéressées. En cas de décès de l'un des deux associés, celui-ci sera remplacé dans ladite société, pendant le reste des dix années qui ne seraient pas expirées, par celui qui le remplace naturellement. Et encore, en cas de décès de l'un des deux associés, ladite découverte ne pourra jamais être publiée que sous les deux noms désignés dans l'article premier.

Art. 3. — Aussitôt après la signature du présent traité, M. Niepce devra confier à M. Daguerre, sous le sceau du secret, qui devra être conservé à peine de tous dépens, dommages et intérêts, le principe sur lequel repose sa découverte, et lui fournir les documents les plus exacts et les plus circonstanciés sur la nature, l'emploi et les différents modes d'applications des procédés qui s'y rattachent, afin de mettre par là plus d'ensemble et de célérité dans les recherches et les expériences dirigées vers le but du perfectionnement et de l'utilisation de la découverte.

Art. 4. — M. Daguerre s'engage, sous les susdites peines, à garder le plus grand secret, tant sur le principe fondamental de la découverte que sur la nature, l'emploi et les applications des procédés qui lui seront communiqués, et à coopérer, autant qu'il lui sera possible, aux améliorations jugées nécessaires par l'utile intervention de ses lumières et de ses talents.

Art. 5. — M. Niepce met et abandonne à la Société, à titre de mise, son invention, représentant la valeur de la moitié des produits dont elle est susceptible, et M. Daguerre y apporte une nouvelle combinaison de chambre noire : ses talents et son industrie équivalant à l'autre moitié des susdits produits.

Art. 6. — Aussitôt après la signature du présent traité, M. Daguerre devra confier à M. Niepce, sous le sceau du secret, qui devra être conservé à peine de tous dépens, dommages et intérêts, le principe sur lequel repose le perfectionnement qu'il a apporté à la chambre noire, et lui fournir les documents les plus précis sur la nature dudit perfectionnement.

Art. 7. — Les sieurs Niepce et Daguerre fourniront par moitié, à la caisse commune, les fonds nécessaires à l'établissement de cette société.

Art. 8. — Lorsque les associés jugeront convenable de faire l'application de la dite découverte au procédé de la gravure, c'est-à-dire de constater les avantages qui résulteraient pour un graveur de l'application desdits procédés, qui lui procurerait par là une ébauche avancée, MM. Niepce et Daguerre s'engagent à ne choisir aucune autre personne que M. Lemaître pour faire ladite application.

Art. 9. — Lors du traité définitif, les associés nommeront entre eux le directeur et le caissier de la Société, dont le siége sera à Paris. Le directeur dirigera les opérations arrêtées par les associés, et le caissier recevra et payera les bons et mandats délivrés par le directeur, dans l'intérêt de la Société.

Art. 10. — Les fonctions du directeur et du caissier seront de la durée du présent traité; néanmoins ils pourront être réélus : leurs fonctions seront gratuites, ou il leur sera alloué une retenue sur les produits, selon qu'il sera jugé convenable par les associés, lors du traité définitif.

Art. 11. — Chaque mois, le caissier rendra ses comptes au directeur, en donnant l'état de la situation de la Société, et, à chaque semestre, les associés se partageront les bénéfices, ainsi qu'il est dit ci-après.

Art. 12. — Les comptes du caissier et l'état de situation seront arrêtés, signés et paraphés chaque semestre par les deux associés.

Art. 13. — Les améliorations et perfectionnements apportés à ladite découverte, ainsi que les perfectionnements apportés à la chambre noire, seront et demeureront acquis au profit des associés, qui, lorsqu'ils seront parvenus au but qu'ils se proposent, feront un traité définitif entre eux sur les bases du présent.

Art. 14. — Les bénéfices des associés, dans les produits nets de la Société, seront répartis par moitié entre M. Niepce, en sa qualité d'inventeur, et M. Daguerre pour ses perfectionnements.

Art. 15. — Les contestations qui pourraient s'élever entre les associés, à raison du présent, seront jugées définitivement, sans appel ni recours en cassation, par des arbitres nommés par chacune des parties, à l'amiable, conformément à l'article 51 du Code de commerce.

Art. 16. — En cas de dissolution de cette Société, la liquidation s'en fera par le caissier, à l'amiable, ou par les associés ensemble, ou enfin par une personne tierce qu'ils nommeront à l'amiable, ou qui sera nommée par le tribunal compétent, à la diligence du plus actif des associés.

Le tout a été ainsi réglé provisoirement entre les parties, qui, pour l'exécution du présent, font élection de domicile en leurs demeures respectives, ci-devant désignées.

Fait double et signé à Châlon-sur-Saône, le quatorze décembre mil huit cent vingt-neuf.

Signé :   Niepce.   Daguerre.

Note B

« *Acte additionnel aux bases du traité provisoire passé entre MM. Joseph-Nicéphore Niepce, et Louis-Jacques-Mandé Daguerre, le 14 décembre 1829, à Châlon-sur-Saône.*

« Entre les soussignés Louis-Jacques-Mandé Daguerre, artiste-peintre, membre de la Légion d'honneur, administrateur du Diorama, demeurant à Paris; et Jacques-Marie-Joseph-Isidore Niepce, propriétaire, demeurant à Châlon-sur-Saône, fils de M. feu Nicéphore Niepce, en sa qualité de seul héritier, conformément à l'article 2 du traité provisoire, en date du 14 décembre 1829, il a été arrêté ce qui suit, savoir :

« 1° Que la découverte dont il s'agit, ayant éprouvé de grands perfectionnements par la collaboration de M. Daguerre, lesdits associés reconnaissent qu'elle est parvenue au point où ils désiraient atteindre, et que d'autres perfectionnements deviennent à peu près impossibles.

« 2° Que M. Daguerre ayant, à la suite de nombreuses expériences, reconnu la possibilité d'obtenir un résultat plus avantageux, sous le rapport de la promptitude, à l'aide d'un procédé qu'il a découvert, et qui (dans la supposition d'un succès assuré) remplacerait la base de la découverte exposée dans le traité provisoire, en date du 14 décembre 1829, l'article 1er dudit traité provisoire serait annulé et remplacé ainsi qu'il suit :

« Art. 1er. Il y aura entre MM. Daguerre et Isidore Niepce société sous la raison de commerce Daguerre et Isidore Niepce, pour l'exploitation de la découverte inventée par M. Daguerre et feu Nicéphore Niepce.

« Tous les autres articles du traité provisoire sont et demeurent conservés.

« Fait et passé double entre les soussignés, le 9 mai 1835, à Paris. »

Note C

« Je soussigné déclare par le présent écrit que M. Louis-Jacques-Mandé Daguerre, peintre, membre de la Légion d'honneur, m'a fait connaitre un procédé dont il est l'inventeur ; ce procédé a pour but de fixer l'image produite dans la chambre obscure, non pas avec les couleurs, mais avec une parfaite dégradation de teintes du blanc au noir. Ce nouveau moyen a l'avantage de reproduire les objets avec soixante ou quatre-vingts fois plus de promptitude que celui inventé par M. Joseph-Nicéphore Niepce, mon père, perfectionné par M. Daguerre, et pour l'exploitation duquel il y a eu un acte provisoire d'association, en date du 14 décembre 1829, et par lequel acte il est stipulé que ledit procédé serait publié ainsi qu'il suit :

« Procédé inventé par M. Joseph-Nicéphore Niepce, et perfectionné par Louis-Jacques-Mandé Daguerre.

« Ensuite de la communication qu'il m'a faite, M. Daguerre consent à abandonner à la société formée en vertu du traité provisoire ci-dessus relaté, le nouveau procédé dont il est l'inventeur et qu'il a perfectionné, à la condition que ce nouveau procédé portera le seul nom de Daguerre, mais qu'il ne pourra être publié que conjointement avec le premier procédé, afin que le nom de M. Joseph-Nicéphore Niepce figure toujours comme il le doit dans cette découverte.

« Par ce présent traité il est et demeure convenu que tous les articles et bases du traité provisoire, en date du 14 décembre 1829, sont conservés et maintenus.

« D'après ces nouveaux arrangements pris entre MM. Daguerre et Isidore Niepce, qui forment le traité définitif dont il est parlé de l'article 9 du traité provisoire, lesdits associés ayant résolu de faire paraître leurs divers procédés, ils ont donné le choix au mode de publication par souscription.

« L'annonce de cette publication aura lieu par la voie des journaux. La liste sera ouverte le 15 mars 1838, et close le 15 avril suivant.

« Le prix de la souscription sera de mille francs.

« La liste de souscription sera déposée chez un notaire ; l'argent sera versé entre ses mains par les souscripteurs, dont le nombre sera porté à quatre cents.

« Les articles de la souscription seront rédigés sur les bases les plus avantageuses, et les procédés ne pourront être rendus publics, qu'autant que la souscription atteindrait au moins le nombre de cent ; alors, dans le cas contraire, les associés aviseront à un autre mode de publication.

« Si avant l'ouverture de la souscription, on trouvait à traiter pour la vente des procédés, ladite vente ne pourrait être consentie à un prix au-dessous de deux cent mille francs.

« Ainsi fait double et convenu, à Paris, le 13 juin 1837, en la demeure de M. Daguerre, au Diorama, et ont signé :

« Isidore Niepce.   Daguerre. »

TABLE DES GRAVURES

Fig. 1. — La chambre noire.................... 4
2. — L'expérience du professeur Charles........ 11
3. — Le diorama de Daguerre................ 21
4. — Joseph Niepce........................ 47
5. — Daguerre............................ 60
6. — Polissoir pour le daguerréotype.......... 66
7. — Boîte à développement par le mercure.... 68
8. — Dorure de la plaque daguerrienne........ 70
9. — Cabinet noir.......................... 95
10. — Appareil photographique à soufflet...... 98
11. — Objectif avec sa crémaillère, son diagramme et son couvercle.................... 100
12. — Appareil photographique simple.......... 101
13. — Détail de l'objectif.................... 102
14. — Support de la chambre noire............ 103
15. — Châssis servant de support à la glace sensible... 104
16. — Chambre noire photographique avec ses tuyaux porteurs d'objectif, et son châssis........ 105
17. — Appui-tête pour la pose des modèles...... 106
18. — Presse à polir les glaces................ 108
19. — Manière d'étendre le collodion. — Première position des mains.................... 111
20. — Deuxième position des mains............ 111
21. — Immersion de la glace dans le bain d'argent... 113
22. — Crochet de la mise au bain.............. 115
23. — Développement de l'image.............. 116

TABLE DES GRAVURES.

Fig. 24. — Support à rainures pour les clichés... 119
25. — Boîte à rainures... 120
26. — Châssis à reproduction... 125
27. — Châssis à reproduction exposé au soleil... 126
28. — Châssis anglais... 126
29. — Presse à satiner les épreuves positives... 130
30. — L'appareil photographique de voyage... 137
31. — Photographie caricature... 147
32. — Appareil d'agrandissement de M. Monckoven... 153
33. — Chambre solaire universelle... 155
34. — Spécimen d'une gravure héliographique... 195
35. — Photographie sur émail montée en broche... 214
36. — Préparation des émaux photographiques... 215
37. — Lunette-breloque de l'Exposition 1867... 217
38. — Microscope incliné adapté à la chambre noire... 220
39. — Installation de l'appareil de photomicrographie sur une tablette... 223
40. — Microscope vertical adapté à la chambre noire... 224
41. — Appareil pour la photomicrographie à la lumière artificielle... 225
42. — Fac simile de la photographie d'une puce... 227
43. — Fac simile de la photomicrographie de coupes d'une tige de roseau... 229
44. — Bois de sapin... 229
45. — Diatomées groupées... 229
46. — Coupe d'un fanon de baleine... 231
47. — Epiderme d'une larve de Tipule... 232
48. — Pigeon voyageur du siége de Paris, muni d'une dépêche microscopique... 234
49. — Tuyau de plume où est contenue la dépêche microscopique... 235
50. — Timbres de réception et d'expédition imprimés sur l'aile d'un pigeon... 236
51. — Fac simile d'une dépêche microscopique du siége de Paris... 237
52. — Agrandissement des dépêches microscopiques pendant le siége de Paris... 239
53. — Sifflet chinois pour les pigeons voyageurs... 243
54. — Départ de pigeons voyageurs aux Champs-Elysées. 245
55. — Barométrographe et thermométrographe photographiques de M. Salleron... 269
56. — Photo-électographe de l'Observatoire de Kiew, enregistrant par la photographie des variations de l'état électrique de l'air... 273
57. — Courbes tracées sur le curseur de l'électrographe. 276

TABLE DES GRAVURES. 323

Fig. 58. — Stéréoscope de Brewster.................. 282
     59. — Monostéréoscope.................. 284
     60. — Stéréoscope à colonne.................. 286
     61. — Appareil pour l'obtention des deux épreuves photographiques du stéréoscope.................. 287
     62. — Planchette de la chambre noire pour la prise des vues stéréoscopiques.................. 289
     63. — La photographie dans les voyages d'exploration. 295
     64. — Photographie au magnésium dans les catacombes. 299
     65. — Le polémoscope.................. 305

TABLE DES MATIÈRES

PREMIÈRE PARTIE

L'HISTOIRE DE LA PHOTOGRAPHIE

CHAPITRE PREMIER

LES ORIGINES DE LA PHOTOGRAPHIE.

J.-B. Porta et la chambre noire. — L'alchimiste Fabricius. — La lune cornée. — Les silhouettes du professeur Charles. — Wedgwood, Humphry Davy et James Watt. 5

CHAPITRE II

DAGUERRE.

Le décorateur Degotti. — La jeunesse de Daguerre. — Invention du diorama. — La chambre noire. — L'ingénieur Chevalier. — Histoire d'un inconnu. — Daguerre et Niepce. 15

CHAPITRE III

NICÉPHORE NIEPCE.

Les deux frères Niepce. — Leur enfance. — Leurs travaux. — Le pyréolophore. — Machine hydraulique. — Culture du pastel. —

Recherches de Nicéphore sur l'héliogravure. — Résultats obtenus.. 29

CHAPITRE IV

LA SOCIÉTÉ NIEPCE-DAGUERRE.

Correspondance échangée entre les deux inventeurs. — Méfiance et réserve de Niepce. — Son voyage à Paris. — Ses entrevues avec l'inventeur du diorama. — Son voyage à Londres. — Acte d'association. — Mort de Niepce................ 43

CHAPITRE V

LE DAGUERRÉOTYPE.

Recherches et travaux de Daguerre. — Il cède son invention à l'État. — Arago et la photographie naissante. — Un projet de loi. — Exposé des motifs du ministre Duchâtel. — La séance de l'Académie des sciences du 10 août 1839............. 55

CHAPITRE VI

LES PROGRÈS D'UN ART NAISSANT.

Les procédés du daguerréotype. — Substances accélératrices. — Perfectionnement de l'objectif. — Les portraits. — Agents fixateurs. — Création de la photographie sur papier par Talbot. — M. Blanquart-Évrard.............................. 65

CHAPITRE VII

LA PHOTOGRAPHIE.

John Herschell. — L'hyposulfite de soude. — Le négatif sur verre de M. Niepce de Saint-Victor. — Le coton-poudre et le collodion. — M. Auguste Poitevin........................ 79

DEUXIÈME PARTIE

LES OPÉRATIONS ET LES PROCÉDÉS PHOTOGRAPHIQUES

CHAPITRE PREMIER

L'ATELIER ET LES APPAREILS.

Organisation d'un bon atelier. — Cabinet noir. — Terrasse. — Atelier de pose. — De l'influence de la lumière. — Dispositions à prendre pour éclairer les objets ou les personnes que l'on veut photographier. — Les appareils. — Objectifs et chambres noires. 91

CHAPITRE II

LE CLICHÉ OU LE NÉGATIF.

Manipulations du photographe. — Nettoyage des glaces. — Comment on étend le collodion. — Mise au bain d'argent. — Exposition à la chambre noire. — Développement, fixage et vernissage. 107

CHAPITRE III

LE POSITIF.

Tirage des épreuves positives sur papier. — De la nature et de la qualité des papiers photographiques. — Épreuves dégradées. — Exposition à la lumière. — Virage. — Fixage. — Satinage des épreuves. 123

CHAPITRE IV

THÉORIE ET PRATIQUE.

Explication des opérations photographiques. — Nécessité d'une longue pratique. — Modification du mode d'opérer avec le genre de photographie. — Photographie en voyage. — Paysages. — Les ciels. — Portraits-cartes.— Photographie instantanée. . . 133

CHAPITRE V

LES RETOUCHES.

Les accidents dans les clichés et dans les épreuves. — Moyen d'y porter remède. — Retouche des négatifs — Imperfections des positifs. — Retouche des épreuves photographiques à l'encre de Chine. — Coloration des photographies. — Les photographies caricatures. 143

CHAPITRE VI

AGRANDISSEMENT DES ÉPREUVES.

Appareils employés pour amplifier les épreuves négatives. — Système Woodward. — Appareil de Monckoven. — Chambre solaire universelle. 151

CHAPITRE VII

LES PROCÉDÉS.

Procédé au collodion sec. — Emploi de l'albumine, du miel, du tannin. — Procédé au papier ciré. — Photographie inaltérable au charbon. — Méthode de Poitevin, de Schwan, etc. 157

CHAPITRE VIII

PROBLÈMES A RÉSOUDRE.

La fixation des couleurs. — Expériences de M. Edmond Becquerel. — Tentatives de M. Niepce de Saint-Victor. — Une mystification américaine. — Le tirage des épreuves photographiques. . 173

TROISIÈME PARTIE

LES APPLICATIONS DE LA PHOTOGRAPHIE

CHAPITRE PREMIER

L'HÉLIOGRAVURE.

La plaque daguerrienne transformée en planche de gravure. — M. Donné. — M. Fizeau. — La gravure photographique de M. Niepce de Saint-Victor. — La photo-lithographie et l'héliogravure, créées par M. Poitevin. — Procédés de MM. Baldus, Garnier, etc. — L'albertypie, procédé de M. Obernetter.. . 185

CHAPITRE II

LA PHOTOGLYPTIE.

M. Woodbury. — Empreinte d'une plaque gélatinée dans un bloc de métal. — Exploitation des méthodes photographiques à Paris. — Description de l'établissement de M. Goupil. — M. Lemercier.. 199

CHAPITRE III.

LA PHOTOSCULPTURE.

Une découverte inattendue. — La photographie appliquée à la sculpture. — Procédé de M. Willème en 1864. — Description de la photosculpture. 205

CHAPITRE IV

LES ÉMAUX PHOTOGRAPHIQUES.

Vitrification d'une épreuve. — Procédé de M. Lafon de Camarsac. — L'émail des bijoux. — Mode d'opérer. — Méthode de M. Poitevin. — Vitraux inaltérables photographiques. 211

CHAPITRE V
LA PHOTOMICROGRAPHIE.

Les lunettes breloques de l'Exposition universelle. — 450 députés sur une tête d'épingle. — Dispositions des appareils de photomicrographie. — Les sciences naturelles et la photomicrographie. — Ressources empruntées à l'héliogravure 217

CHAPITRE VI
LES DÉPÊCHES MICROSCOPIQUES DU SIÉGE DE PARIS.

Application de la photographie microscopique à l'art de la guerre. — 3,000,000 de lettres typographiques sur la queue d'un pigeon. — Agrandissement des dépêches. — Leur transport par les pigeons-voyageurs. 233

CHAPITRE VII
L'ASTRONOMIE PHOTOGRAPHIQUE.

La photographie céleste. — Difficultés des opérations photographiques astronomiques. — M. Warren de la Rue. — Rutherford, Grubb, etc. — Les montagnes lunaires. — Les taches du soleil, etc. — Importance des documents photographiques pour l'histoire du ciel. 249

CHAPITRE VIII
LES INSTRUMENTS ENREGISTREURS PHOTOGRAPHIQUES.

Importance des instruments enregistreurs. — Baromètres et thermomètres photographiques. — L'enregistrement des oscillations de l'aiguille aimantée. — Photo-électrographe de Ronald. — La photométrie photographique. 263

CHAPITRE IX
LE STÉRÉOSCOPE.

Un mot sur la vision stéréoscopique. — Moyens de donner un relief apparent aux épreuves photographiques. — Stéréoscopes de

Wheastone et de Brewster. — Monostéréoscope. — Comment se produisent les épreuves photographiques destinées au stéréoscope. 281

CHAPITRE X

LA PHOTOGRAPHIE ET L'ART.

La photographie est-elle un art? — Les usages au point de vue de la peinture. — Reproduction des estampes. — Voyages d'exploration. — Photographie au magnésium. — Les portraits-cartes considérés comme documents historiques.. 291

CHAPITRE XI

L'AVENIR DE LA PHOTOGRAPHIE.

Le lever des plans. — L'art de la guerre. — Les travaux d'art. — Les criminels et la photographie judiciaire. — Les miracles de la photographie instantanée.. . . . .

PARIS. — IMP. SIMON RAÇON, ET COMP., RUE D'ERFURTH, 1.

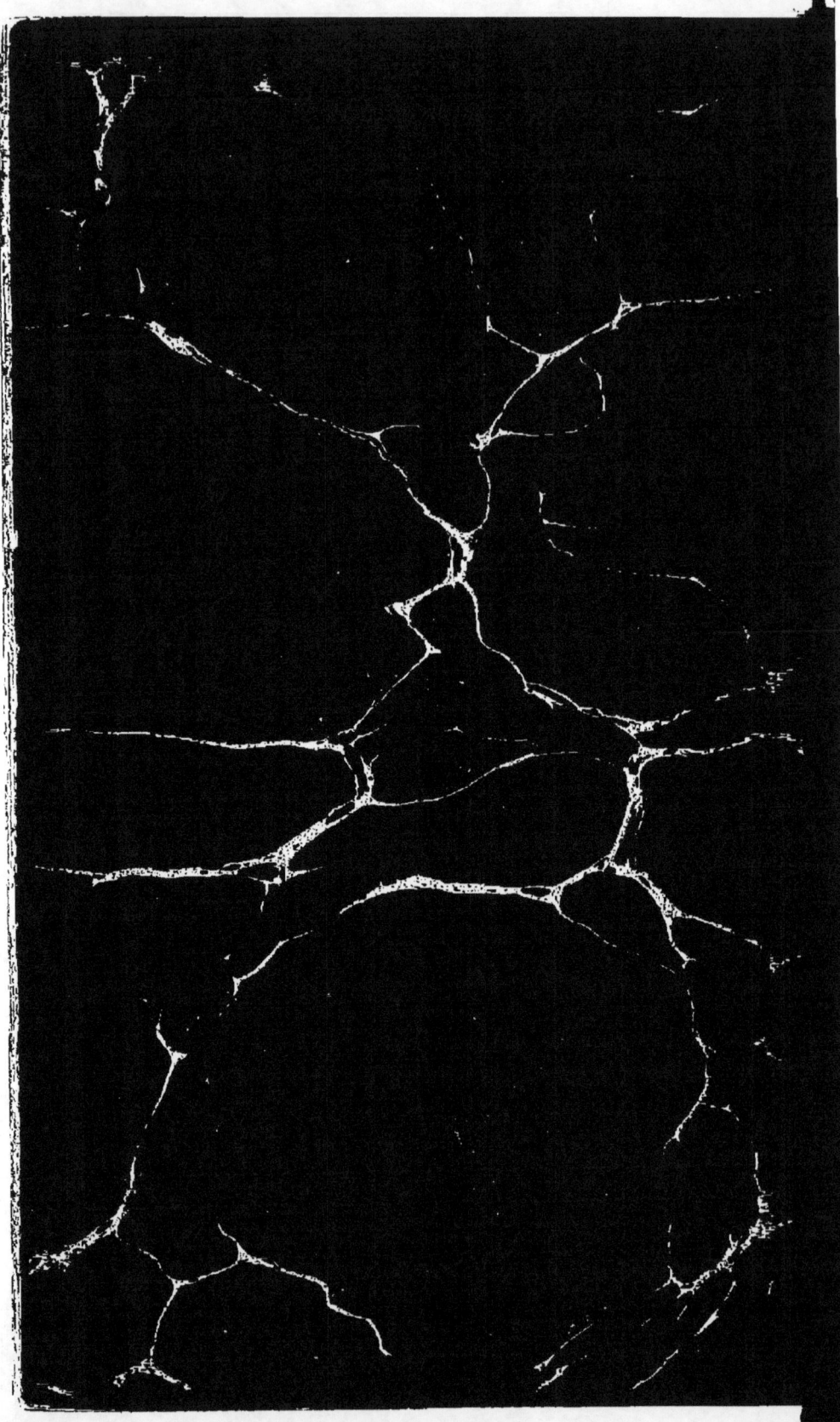

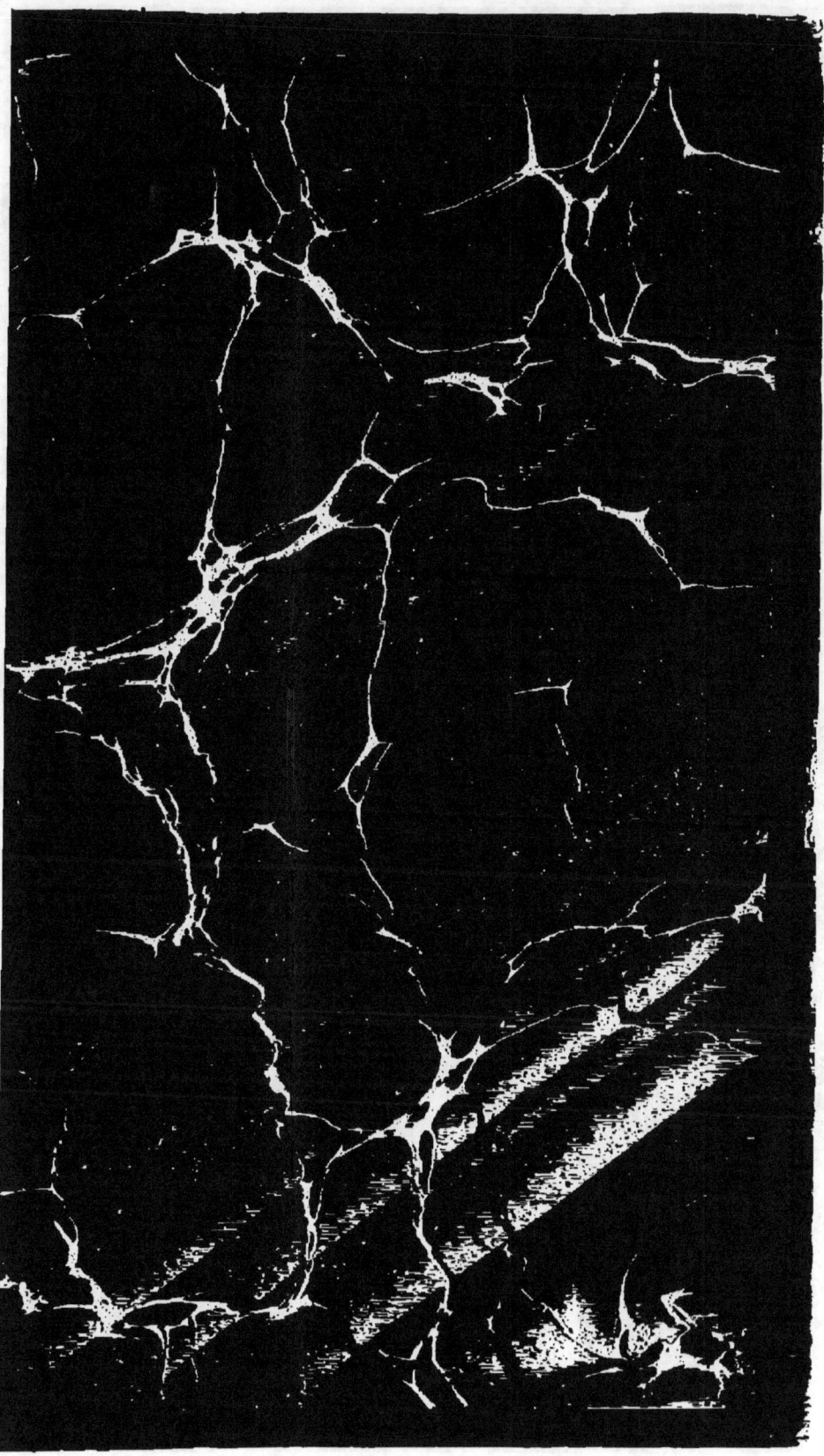

www.ingramcontent.com/pod-product-compliance
Lightning Source LLC
Chambersburg PA
CBHW050155230526
45470CB00001B/97